Mathe vernetzt

Anregungen und Materialien für einen vernetzenden Mathematikunterricht

Band 1

Herausgegeben von Astrid Brinkmann · Jürgen Maaß · Hans-Stefan Siller

Aulis Verlag

Bibliografische Information der Deutschen Nationalbibliothek
Die Deutsche Nationalbibliothek verzeichnet diese Publikation in der Deutschen Nationalbibliografie; detaillierte bibliografische Daten sind im Internet über *http://dnb.d-nb.de* abrufbar.

Best.-Nr. A302836
© Aulis Verlag in der Stark Verlagsgesellschaft 2011
Umschlaggestaltung: Eva M. Schwoerbel Text & Form Kommunikation, Düsseldorf
ISBN: 978-3-7614-2836-8

> Das vorliegende Werk wurde sorgfältig erarbeitet. Dennoch übernehmen Autoren, Herausgeber und Verlag für die Richtigkeit von Angaben, Hinweisen und Ratschlägen sowie für eventuelle Druckfehler keine Haftung.
> Das Werk und seine Bestandteile sind urheberrechtlich geschützt. Jede vollständige oder teilweise Vervielfältigung, Verbreitung und Veröffentlichung bedarf der ausdrücklichen Genehmigung des Verlages.

Inhaltsverzeichnis

Vernetzt Vernetzen Lernen — 1

Kommentiertes Inhaltsverzeichnis — 2

Astrid Brinkmann, Jürgen Maaß, Günther Ossimitz, Hans-Stefan Siller
Vernetzungen und vernetztes Denken im Mathematikunterricht — 7

Kapitel I: Unterrichtsmethoden

Astrid Brinkmann
Visualisieren und Lernen von vernetztem mathematischen Wissen mittels Mind Maps und Concept Maps — 22

Michael Wildt
Lernlandkarten als Arbeitsmittel zur Selbststeuerung beim Lernen im Mathematikunterricht in individuellen und kooperativen Arbeitsformen — 36

Swetlana Nordheimer
Kapitelübergreifende Rückschau als Unterrichtsmethode: Lernende vernetzen Mathematik — 58

Kapitel II: Mögliches inhaltliche Vernetzungen

Christoph Ableitinger
Problemlösen am Billardtisch — 70

Hans Humenberger und Berthold Schuppar
Problemlösen und Vernetzungen bei Zerlegungen von $\{1, 2, …, n\}$ in summengleiche Teilmengen — 82

Reinhard Oldenburg
Beschreibung als Modellbildung — 94

Matthias Brandl
Der Lotto-Jackpot in der (Kurven-)Diskussion – eine vernetzende Unterrichtseinheit für den Stochastik- und Analysisunterricht der Oberstufe — 98

Kapitel III: Vernetztes Denken fördern

Jürgen Maaß und Hans-Stefan Siller
„Hunger in Afrika" – Wir vernetzen Mathematik, Geografie und Wirtschaftskunde mit Systemdynamik — 108

Günther Ossimitz
Vernetztes Denken, Stock-Flow-Diagramme und die Modellierung von Zeit — 115

Die Herausgeberin und Herausgeber, die Autorinnen und Autoren — 134

Vernetzt Vernetzen lernen

In der Schriftenreihe „Mathe vernetzt – Anregungen und Materialien für einen vernetzenden Mathematikunterricht" wird eine altbekannte und zentrale Forderung an das Lernen von Mathematik neu betrachtet: Mathematische Kenntnisse und Fähigkeiten sollen nicht isoliert voreinander, sinnlos und beziehungslos nebeneinander gelehrt und gelernt werden, sondern in ihrer Wechselbeziehung zueinander, also vernetzt.

Viel Kritik am Mathematikunterricht bezieht sich auf eine weit verbreitete Unterrichtsgestaltung, in der jeweils für einige Wochen ein oder zwei Typen von Algorithmen eines Kalküls für die nächste Leistungsüberprüfung antrainiert und dann wieder vergessen werden.

Inhaltlich geht es in der Schriftenreihe darum, innermathematische Beziehungen zwischen den üblicherweise zu unterrichtenden Teilgebieten aufzuzeigen und deren Vernetzungsmöglichkeiten ins Bewusstsein der Lehrenden zu rücken. Beim Erwerb zentraler Kompetenzen wie Modellieren und Problemlösen sollen möglichst viele Gebiete der Schulmathematik vernetzt werden, um einen reichhaltigen Vorrat an Werkzeugen und Problemlösetechniken zu erhalten. Es geht aber auch um eine ganzheitliche (Ein-)Sicht in die Mathematik. Es soll der vollständige und vernetzte Weg vom Auffinden einer Fragestellung, über das Suchen nach Daten, die Präzisierung von Fragen sowie die (Grund-)Tätigkeiten des Modellierens, Berechnens, Interpretierens und des Visualisierens umgesetzt werden. Annahmen, Modelle, Berechnungsergebnisse sowie deren Interpretation und Darstellung sollen miteinander in Beziehung gesetzt werden. Schüler/innen sollen erkennen, dass Mathematik weit mehr ist als das Berechnen von (numerischen) Ergebnissen mit Hilfe vorgegebener Formeln.

Die Leitidee Vernetzung wird im Unterricht auch eigenständig thematisiert. Das betrifft sowohl Methoden zum Erkennen und Lernen von Zusammenhängen und Vernetzungen, wie Mind Mapping, Concept Mapping oder Lernlandkarten, als auch System Dynamics als Schlüssel zur Modellierung und zum Verständnis von vernetzten Problemen unserer Welt, insbesondere aus Umwelt, Natur und Ökonomie.

Methodisch wirkt der Anspruch „vernetzendes Lernen" zunächst wie eine weitere schwer erfüllbare Forderung der Mathematikdidaktik an die ohnehin schon stark geforderten Mathematiklehrer/innen. Tatsächlich zeigen aber Unterrichtserfahrungen, die wir gesammelt haben und vermitteln wollen, dass gerade die Bemühungen um vernetzenden Mathematikunterricht entlastend und motivierend wirken – wer vernetzend unterrichtet, macht es den Lernenden, aber auch sich selbst leichter!

Die Herausgeber/innen und Autor/innen der Schriftenreihe „Mathe vernetzt – Anregungen und Materialien für einen vernetzenden Mathematikunterricht" gehören dem 2009 gegründeten Arbeitskreis „Vernetzungen im Mathematikunterricht" der GDM an. Mit dem Anspruch einer „sozialen Vernetzung" werden hier vielfältige Ideen und Vorschläge zum Mathematikunterricht in kooperativer und kollegialer Form aufgenommen und diskutiert. Die Ergebnisse fließen in diese Schriftenreihe ein und werden so aufbereitet, dass Lehrende sie möglichst unmittelbar und gewinnbringend in ihrem Unterricht einsetzen können.

Ich wünsche allen Leser/innen viel Freude bei der Umsetzung unserer Anregungen im Unterricht im Namen der Herausgeber/innen, Autor/innen und des GDM-Arbeitskreises „Vernetzungen im Mathematikunterricht"

Astrid Brinkmann

Homepage des Arbeitskreises „Vernetzungen im Mathematikunterricht":
http://www.math-edu.de/Vernetzungen.html

Kommentiertes Inhaltsverzeichnis

Astrid Brinkmann, Jürgen Maaß, Günther Ossimitz, Hans-Stefan Siller

Vernetzungen und vernetztes Denken im Mathematikunterricht 7

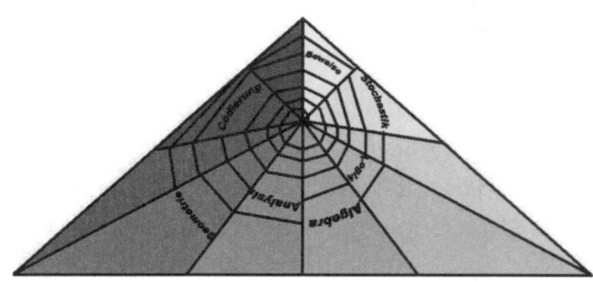

In der mathematisch-didaktischen Diskussion ist „Vernetzung" ein viel und vielschichtig verwendetes Schlagwort. Dieser Beitrag führt in die Thematik der Vernetzungen und des vernetzten Denkens im Mathematikunterricht ein und liefert entsprechende begriffliche Grundlagen. Es werden mögliche Defizite in Lehr- und Lernprozessen, Vernetzungen betreffend, aufgezeigt, woraus sich entsprechender Handlungsbedarf ergibt. Damit wird gleichzeitig die Motivation für den Beginn dieser Schriftenreihe dargestellt.

Kapitel I: Unterrichtsmethoden

Astrid Brinkmann

Visualisieren und Lernen von vernetztem mathematischen Wissen mittels Mind Maps und Concept Maps 23

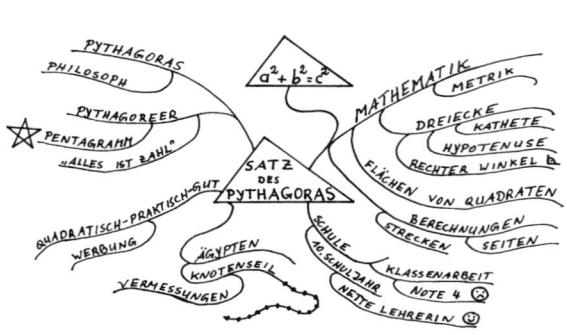

Graphische Darstellungen, die sich sowohl zum Visualisieren als auch zum Lernen vernetzten mathematischen Wissens in besonderer Weise eignen, sind Mind Maps und Concept Maps. In diesem Beitrag werden verschiedene Einsatzmöglichkeiten von Mind Maps und Concept Maps im Mathematikunterricht samt deren Grenzen vorgestellt und entsprechend Rückmeldungen und Erfahrungen aus dem Unterricht eingefügt.

Kommentiertes Inhaltsverzeichnis

Michael Wildt

Lernlandkarten als Arbeitsmittel zur Selbststeuerung beim Lernen im Mathematikunterricht in individuellen und kooperativen Arbeitsformen 37

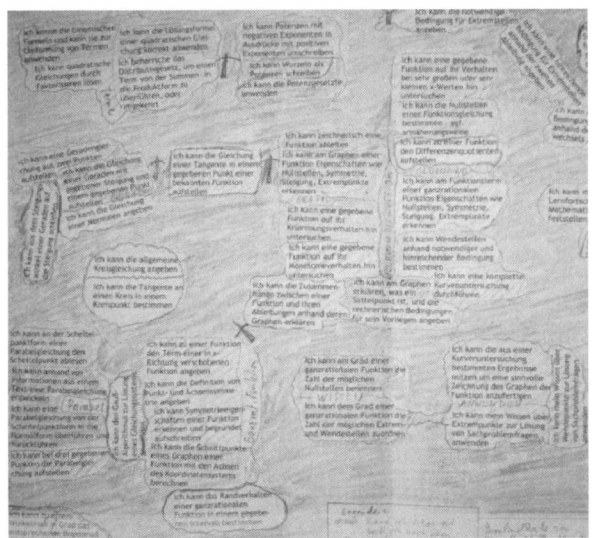

Lernlandkarten visualisieren möglicher Lernwege. Selbsterstellte Lernlandkarten bilden gleichzeitig auf den eigenen Lernprozess bezogene kognitive Strukturen der sie erstellenden Subjekte ab. Im Rahmen von Erprobungen von Lernlandkarten als diagnostisches Arbeitsmittel in selbstgesteuerten individuellen oder kooperativen Arbeitsformen verschiedener Schulformen von der Primarstufe bis zur Sekundarstufe II zeigt sich: Das Arbeitsmittel Lernlandkarten bietet dem lernenden Subjekt die Chance, einen realistischen Blick auf das eigene Lernen zu gewinnen und auf dieser Grundlage sinnvolle Ansatzpunkte für effektives Weiterlernen zu bestimmen. Die Arbeit mit Lernlandkarten ermöglicht den Lernenden, ihre Lernschritte, basierend auf den individuellen Lernvoraussetzungen, mit den in der Lerngruppe ablaufenden Prozessen so zu verknüpfen, dass die individuellen Ziele erreichbar erscheinen und erreicht werden. Der Text skizziert die Grundidee der Lernlandkarte als selbstgestaltetes Arbeitsmittel und stellt Beispiele des Einsatzes im Unterricht vor.

Swetlana Nordheimer

Kapitelübergreifende Rückschau als Unterrichtsmethode: Lernende vernetzen Mathematik 59

Im Mittelpunkt dieses Artikels stehen Vernetzungen im Mathematikunterricht, wobei der Schwerpunkt auf der Konstruktion einer schülerzentrierten Unterrichtsmethode zur Vernetzung von mathematischem Wissen in der Sek. I liegt. Dafür werden zunächst normative Vorgaben und deskriptive Befunde verglichen. Anschließend werden einige bereits existierende Unterrichtsmethoden zur Vernetzung im Mathematikunterricht zur Methode der „kapitelübergreifenden Aufgabenvariation" zusammengefügt. Dabei liegt das Augenmerk auf der Verzahnung von mathematischen Inhalten mit geeigneten Sozialformen. Ergänzt wird der Beitrag durch die Darstellung der schulischen Erprobungen.

Kapitel II: Mögliche inhaltliche Vernetzungen

Christoph Ableitinger

Problemlösen am Billardtisch 71

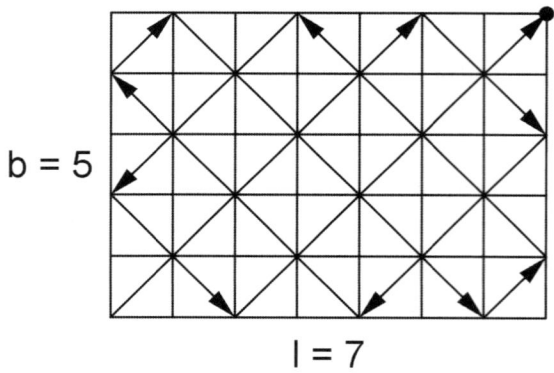

Es wird ein stark vereinfachtes Modell des Billards vorgestellt, das eine Möglichkeit eröffnet, Problemlösefähigkeiten auf unterschiedlichen Niveaus zu trainieren und über sie zu reflektieren. Auf dem Weg zur Lösung der zentralen Frage „In welche Tasche fällt die Kugel?" ergeben sich in natürlicher Weise interessante Vernetzungen mathematischer Inhalte und Beweistechniken, aber auch Vernetzungen genuin mathematischer Tätigkeiten und Handlungsweisen.

Hans Humenberger und Berthold Schuppar

Problemlösen und Vernetzungen bei Zerlegungen von $\{1, 2, \dots, n\}$ in summengleiche Teilmengen 83

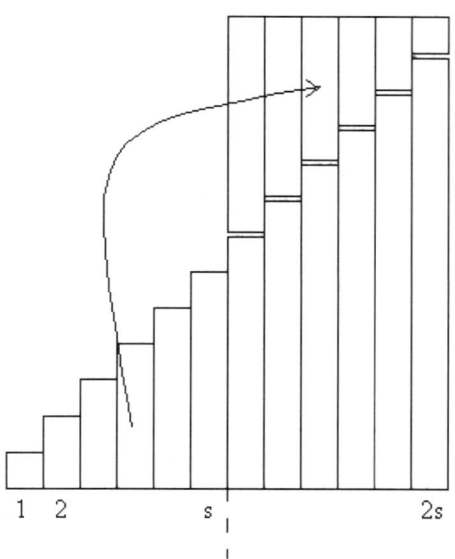

Vernetzen von Wissen ist eine Forderung, die oft bei der Formulierung von Curricula erhoben wird – zu Recht! Unterricht soll nicht nur Häppchen linear nacheinander behandeln, sondern es soll immer wieder erlebt werden, dass und inwiefern das schon früher Gelernte hilfreich sein kann bei der Bewältigung von Problemen. Dabei kann es sich vielfach um außermathematische Probleme handeln, wobei der Aspekt der Anwendungsorientierung bzw. des Modellbildens eine zentrale Rolle spielt. Aber es kann sich – wie bei dem folgenden Problem – um ein rein innermathematisches handeln. Beim Problemlösen und heuristischen Vorgehensweisen müssen allgemein implizit viele Vernetzungen geleistet werden, weil hier nicht nur nach einem vorher eintrainierten Schema gearbeitet wird, sondern Schüler/innen selbstständig einen bestimmten Problemkreis untersuchen (die Situation explorieren) und ihr bisheriges Wissen und Können vernetzend einbringen müssen. Hier bei unserem Thema, das auf vielen verschiedenen Klassenstufen behandelt werden kann – von der Grundschule bis Klasse 10 bzw. sogar in der Lehramtsausbildung an der Universität –, können diese Vernetzungen an vielen Stellen auch explizit gemacht werden.

Reinhard Oldenburg

Beschreibung als Modellbildung 95

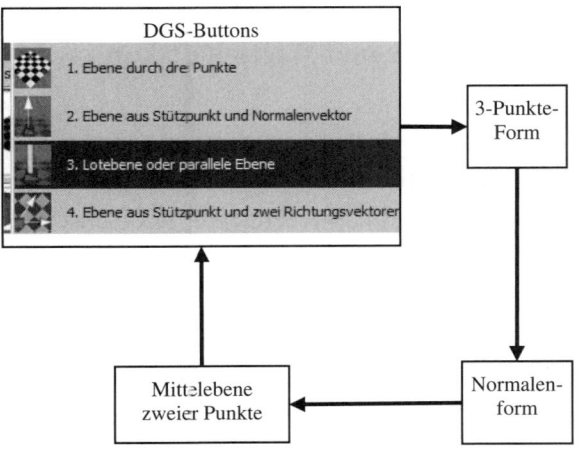

Modellieren wird oft ausschließlich als Beschreibung außermathematischer Objekte oder Prozesse in mathematischer Sprache gesehen. Dagegen ist das innermathematische Modellieren weit weniger in der Diskussion, obwohl es in authentischer Mathematik allgegenwärtig ist: Mathematische Beschreibungen mathematischer Objekte sind innermathematische Modellbildungen. Sie sind besonders interessant, weil sie oft verschiedene Gebiete wie etwa Algebra und Geometrie vernetzen, und weil sie meist nicht eindeutig sind.

Matthias Brandl

Der Lotto-Jackpot in der (Kurven-)Diskussion – eine vernetzende Unterrichtseinheit für den Stochastik- und Analysisunterricht der Oberstufe 99

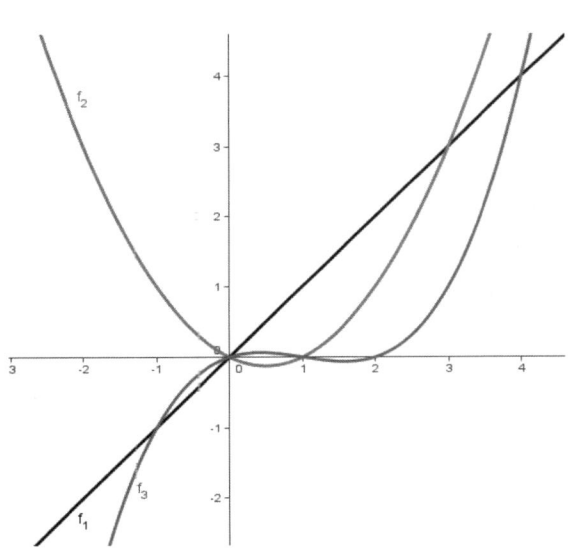

Im Rahmen der Begabtenförderung am Gymnasium durch vernetzende Lernumgebungen wird eine Unterrichtseinheit für die Oberstufe vorgestellt, die auf natürliche Art Elemente der Stochastik und Analysis zusammenbringt. Ausgehend von der Fragestellung, ob man einen eventuellen Jackpot-Gewinn bei der „6-aus-49"- Lotterie bei steigender Teilnehmerzahl wahrscheinlicher mit anderen Gewinnern teilen muss, mündet die mathematische Modellierung in einen Funktionsterm, dessen Diskussion zu einem – miteinander vernetzten – tieferen Verständnis mathematischer Konzepte und Begriffe führt.

Kapitel III: Vernetztes Denken fördern

Jürgen Maaß, Hans-Stefan Siller

„Hunger in Afrika"– Wir vernetzen Mathematik, Geografie und Wirtschaftskunde mit Systemdynamik   **109**

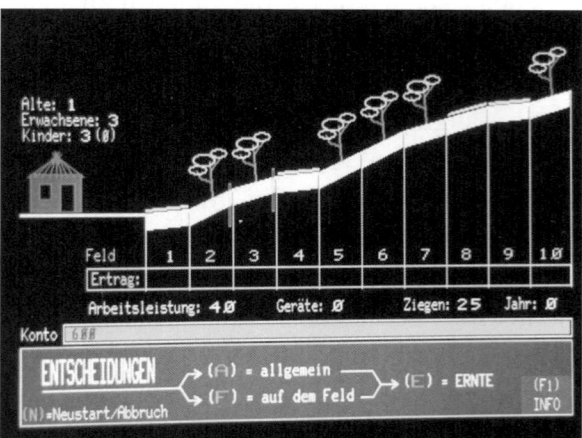

Wir beschreiben ein (größeres) Unterrichtsprojekt rund um eine Wirtschaftssimulation namens „Hunger in Afrika", das in mehrfacher Hinsicht zum vernetzenden Unterricht zählt. Einerseits werden verschiedene Unterrichtsfächer miteinander in Verbindung gebracht, zunächst, um das Computerspiel zu verstehen, später, um zu gewinnen. Aus der intensiven Beschäftigung mit dem Spiel erwächst die Motivation, sich mit dem schnell verdrängten Thema „Hunger" intensiv auseinanderzusetzen. Wer das Spiel mit dem Vorurteil startet, dass Menschen in Afrika verhungern, weil sie faul und dumm sind, wird durch das Spiel schnell lernen, wie schwer es mit guter Sachkenntnis ist, wenigstens das Überleben der Familie zu sichern, die in dieser Simulation von Jahr zu Jahr geleitet wird. Gibt man nach den ersten durchaus frustrierenden Fehlversuchen nicht einfach auf, kann man sehr viel über das Leben in Afrika lernen – auch, um erfolgreicher spielen zu können. Über das Spielinteresse hinaus wächst jedoch das Interesse, diesen Teil der Welt besser zu verstehen. Wer das Spiel sicher und nicht nur einmal zufällig „gewinnen" will (also eine gute Spielstrategie entwickelt), entdeckt – vielleicht – zum eigenen Erstaunen, wie nützlich Mathematik sein kann. Methoden zur systemdynamischen Steuerung als weiterer Aspekt vernetzenden Denkens kommen zum Tragen und Methoden aus verschiedenen Teilgebieten des Mathematikunterrichts werden vernetzt, um die Black Box „Hunger in Afrika" als Computersimulation zu analysieren.

Günther Ossimitz

Vernetztes Denken, Stock-Flow-Diagramme und die Modellierung von Zeit   **116**

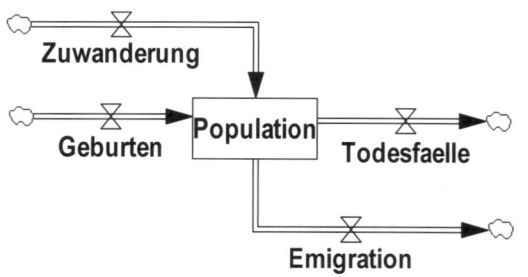

Unter den vier Dimensionen systemischen Denkens (vernetztes Denken, Denken in Zeitabläufen, Denken in Modellen, systemgerechtes Handeln) ist der Aspekt des Verstehens von Zeitabläufen bzw. der Modellierung von Zeit von besonderer Bedeutung. In diesem Paper wird gezeigt, dass eine Unterscheidung von Bestands- und Flussgrößen (stocks und flows) sowie entsprechende Darstellungsmittel (Stock-Flow-Diagramme) sehr hilfreich sind, um zeitliche Prozesse richtig zu beurteilen. Ausgangspunkt ist das Fallbeispiel „Spaghetti-Produktion – Nimm zwei, zahl eins", das mit empirischen Untersuchungen zu „Bathtub-Dynamics" in Verbindung gebracht wird.

Vernetzungen und vernetztes Denken im Mathematikunterricht

Astrid Brinkmann, Münster
Jürgen Maaß, Linz
Günther Ossimitz, Klagenfurt
Hans-Stefan Siller, Salzburg

In der mathematisch-didaktischen Diskussion ist „Vernetzung" ein viel und vielschichtig verwendetes Schlagwort. Dieser Beitrag führt in die Thematik der Vernetzungen und des vernetzten Denkens im Mathematikunterricht ein und liefert entsprechende begriffliche Grundlagen. Es werden mögliche Defizite in Lehr- und Lernprozessen, Vernetzungen betreffend, aufgezeigt, woraus sich entsprechender Handlungsbedarf ergibt. Damit wird gleichzeitig die Motivation für den Beginn dieser Schriftenreihe dargestellt.

Es ist ... schlecht, wie wir zulassen, daß Lehrer die Mathematik unserer Kinder zu schmalen und fragilen Türmen und Ketten formen, statt zu widerstandsfähigen querverbundenen Netzen. Eine Kette kann an jedem Glied zerbrechen, ein Turm kann beim leichtesten Stoß umfallen. Und das ist es, was in einer Mathematikstunde mit dem Geist eines Kindes geschieht, dessen Aufmerksamkeit nur einen Augenblick lang von einer hübsch geformten Wolke am Himmel abgelenkt wird. (Minsky 1990, S. 193).

1 Vernetzung in der mathematikdidaktischen Diskussion

Das mäßige Abschneiden deutsch-(sprachig-er)er Schüler/innen in den internationalen Studien TIMSS und PISA hat dazu beigetragen, dass der Begriff Vernetzung in der (didaktischen) Diskussion zu einem viel verwendeten Schlagwort geworden ist.

In einer Abhandlung zur TIMS-Studie wird hervorgehoben:

„... wir wissen, daß **Schlüsselqualifikationen** nicht direkt erwerbbar oder gar vermittelbar sind, sondern der Weg zu ihnen über den mühsamen Aufbau einer **breiten und gut vernetzten Wissensbasis** in spezifischen Wissensdomänen führt, die auch den Ausgangspunkt für die Übertragung erworbenen Wissens in andere Anwendungsbereiche darstellen. Die **Mathematik** und die Naturwissenschaften sind solche Wissensdomänen" (vgl. Baumert & Lehmann 1997, S. 18, eigene Hervorhebung).

Die PISA-Studie erhebt die sog. „Mathematical Literacy" von Lernenden. Diese beschränkt sich nicht nur auf die Kenntnis mathematischer Begriffe, Fakten, Konzepte und Verfahren. Sie setzt diese vielmehr voraus und fokussiert auf eine *kreative Vernetzung* solcher Kenntnisse, um auch neuartige, mathematisch noch nicht strukturierte, lebensnahe Situationen zu analysieren, zu strukturieren, zu interpretieren und zu kommunizieren (siehe http://www.bifie.at/pisa2006eb-3-7).

Für die Pisa-Studie waren also Vernetzungen („*interconnections*") eines der zentralen Elemente, auf denen die Studie aufbaut (OECD 1999, S. 48).

In ersten Stellungnahmen zu den unbefriedigenden Leistungen deutscher Schüler/innen wird darauf hingewiesen, dass „*eine zu häufig nur additive Aneinanderreihung der Inhalte ... einem Schubladendenken in der Mathematik Vorschub [leistet]. Auf diese Weise werden die zu Sicherheit im mathematischen Umgang notwendigen Wiederholungs-, Vertiefungs- und Vernetzungseffekte beim Schüler nicht gefördert ..."* (vgl. Erklärung der Fachverbände DMV, GDM, MNU vom 21. 05. 1998).

Die „*NCTM Principles and Standards for School Mathematics 2000*", die in den USA den Mathematikunterricht richtungsweisend bestimmen, führen Vernetzungen („*connections*") als einen von zehn „*standards*" auf. Es wird herausgestellt, dass das mathematische Verständnis von Schüler/innen tiefer und nachhaltiger ist, wenn die Lernenden mathematische Ideen verbinden können; ferner, dass ein Unterricht, der die Vernetztheit mathematischer Ideen betont, zudem die Nützlichkeit von Mathematik für Schüler/innen erfahrbar macht. Als zentrale Forderung bzgl. dieses Standards wird formuliert (vgl. NCTM 2000, S. 64):

„*Instructional Programs from prekindergarten through grade 12 should enable all students to –*
– *recognize and use connections among mathematical ideas;*
– *understand how mathematical ideas interconnect and build on one another to produce a coherent whole;*
– *recognize and apply mathematics in contexts outside of mathematics.*"

Die in Deutschland neu eingeführten Bildungsstandards für den mittleren Schulabschluss definieren keinen eigenständigen „Vernetzungsstandard", zielen jedoch insgesamt „*auf systematisches und **vernetztes Lernen** und folgen so dem Prinzip des kumulativen Kompetenzerwerbs*" (vgl. KMK 2003, S. 3, eigene Hervorhebung). Allerdings wird nicht näher erläutert, was unter „*vernetztem Lernen*" zu verstehen ist. Man kann anhand der aufgeführten Aufgaben bestenfalls eine Vorstellung vom Gemeinten bekommen.

Eine fundamentale Bedeutung der Vernetzungsthematik für den Mathematikunterricht ist darin begründet, dass nur durch ein wirkliches Erschließen der Vernetzungen mathematischer Inhalte sowohl fachintern als auch mit außermathematischen Anwendungen Schüler/innen das Lösen komplexer Probleme gelingen kann, ähnlich wie dies Hodgson (1995, S. 13–14) charakterisiert:

„*In the NCTM Standards, mathematical connections are characterized as problem-solving "tools".*"

Kießwetter (1993, S. 5) hebt Vernetzung als unverzichtbare, zentrale Leitidee für jedweden Mathematikunterricht hervor. Er führt aus, dass und welche Vernetzungen für mathematisches Problemlösen unentbehrlich sind:

„*Unverzichtbar sind Vernetzungen der Wissenselemente, von Verhaltens- und Handlungsmusterbausteinen, von sozialen und motivationalen Einbindungen mit- und untereinander in der Mathematik, wenn man diese primär als produktiven Prozeß versteht, bei dem es ja u. a. um die Lösung von Problemen geht. Beim Problemlösen werden vom erfolgreichen Bearbeiter vor allem zwei Vernetzungen benutzt. Das ist zum einen der Abruf eines zum Problem passenden Netzes von Wissensbausteinen aus dem Langzeitgedächtnis ins Arbeitsgedächtnis. Und da ist zum anderen die Gewinnung von weiteren Informationen und deren Vernetzung durch heuristische Strategien für die Weiterarbeit dieses Arbeitsgedächtnisses.*"

Derzeit wird ferner eine mangelnde schulische Förderung des Denkens in komplexen Systemen beklagt. In unserer technologisierten Welt, in der die Einflussnahme der Technik auf unsere Umwelt über viele Wege zunimmt, ist aber vernetztes Denken notwendiger denn je.

Bereits in 60er-Jahren des letzten Jahrhunderts wurden Auswirkungen der industriellen Produktion und des automobilen Verkehrs auf die Umwelt immer mehr Thema der öffentlichen Diskussion. Die Politik versprach beispielsweise im Wahlkampf, den blauen Himmel im Ruhrgebiet wieder sichtbar zu machen. Eine ganze Serie von biologischen, chemischen und medizinischen Forschungsarbeiten setzte ein, um Ursachen von Umweltverschmutzungen und ihre Wirkungen zu erkunden. In diesem Zusammenhang entstand die Forderung, Umweltprobleme und gesundheitliche Folgen gemeinsam zu betrachten, ihre Vernetzungen zu erkennen und Umwelt als System von Wechselwirkungen zu respektieren. Einzelne, auch gut gemeinte Maßnahmen zur Reduktion eines Problems oder einer Ursache für unerwünschte Folgen hatten zwar oft die gewünschte Wirkung, wegen Wechselwirkungen im System Umwelt aber auch unerwünschte Nebenwirkungen, die bisweilen sogar zu einem insgesamt negativen Ergebnis führten. Im Ruhrgebiet beispielsweise wurden hohe Schornsteine gebaut, die den Schmutz aus der Schwerindustrie so hoch in die Atmosphäre beförderten, dass die Luft tatsächlich spürbar besser wurde. Der Schmutz jedoch kam als saurer Regen einige Hundert Kilometer weiter östlich zur Erde zurück und schädigte Wälder z. B. in der Gegend von Kassel oder im Harz.

Im größeren Maßstab fand eine Schmutzverfrachtung von England nach Skandinavien statt: Wer in Schweden die wunderbar klaren Seen bewunderte, konnte dort auf Informationstafeln lesen, dass sie nicht besonders sauber, sondern wegen sauren Regens tot waren.

Für den Unterricht ergeben sich daraus interessante Anknüpfungsmöglichkeiten. Einen solchen Ansatz – Umwelt als System zu sehen und vernetzt zu denken – hat Vester populär gemacht. Er fordert (1999, S. 18):

„Das vernetzte Denken müßte in Schule und Weiterbildung ab sofort einen angemessenen Platz finden. Denn in Zukunft werden diejenigen von uns, die darin nicht ausgebildet sind, mit Sicherheit noch größere Probleme haben, das Mosaik der realen Wechselwirkungen zu interpretieren und mit ihren Spielregeln zurechtzukommen."

Sein didaktischer Versuch, systemisches Denken in Form eines Spieles zu lehren (Ökolopoly, später Ecolopoly) wurde insbesondere im fächerübergreifenden Mathematikunterricht mehrfach eingesetzt und mathematikdidaktisch reflektiert (vgl. MUED).

Im Spiel werden Zusammenhänge zwischen verschiedenen Bereichen einer Gesellschaft kybernetisch modelliert und durch einfache Funktionstabellen vernetzt. Wer seine Aktionspunkte in einen Bereich investiert, kann zusehen, wie sich diese Investition in anderen Bereichen auswirkt, weil im Spiel über die Funktionstabellen entsprechende Änderungen durchgeführt werden. Themen für einen experimentellen Mathematikunterricht waren dementsprechend die Rekonstruktion dieser Funktionstabellen, d. h. die Analyse von Black Boxes *(vgl. Maaß & Siller in diesem Buch)*, zum Zwecke der Konstruktion einer optimalen Investitionsstrategie. Sie lässt sich aufgrund der relativ einfachen Spielkonstruktion tatsächlich finden. Gleichzeitig öffnet sich in solchem Mathematikunterricht ein naheliegendes Fenster zu einer fächerübergreifenden Debatte: Wie ist das Modell einer Gesellschaft zu verstehen, das dem Spiel zugrunde liegt? Stimmt es? Sind die richtigen und wichtigen Strukturen im Modell abgebildet? Ist es gerechtfertigt, dass eine Investition von x Punkten im Bereich A zu einer Änderung von y Punkten im Bereich B führt? Wie ändern sich der Spielverlauf und die Botschaft des Spieles, wenn wir diese Funktionstabellen ändern? Derartige Fragen führen vom fächerübergreifenden Unterricht wieder zurück zu einem Kernthema modernen Mathematikunterrichts, nämlich der Modellierung. Wer sie zufriedenstellend beantworten kann, hat auch einiges und etwas sehr Wichtiges über mathematische Modellierung gelernt (vgl. Hinrichs 2008, Siller 2008).

In Österreich konnte im Mathematiklehrplan der Sekundarstufe II lange Zeit (explizit) ein Unterrichtsgebiet zu Vernetztem Denken/ Systemdynamik gefunden werden (vgl. BMUKK 1985). In einem Pilotprojekt (vgl. Ossimitz 1990) wurden Grundüberlegungen zu den möglichen Unterrichtsinhalten sowie Unterrichtsbeispiele erarbeitet und veröffentlicht. Kubicek (2008) hat im Zuge ihrer Dissertation nach Möglichkeiten zum empirischen Erforschen des Umgangs mit diesem Lehrplanabschnitt gesucht, aber in ganz Oberösterreich lediglich eine Person gefunden, die diese Thematik für den Unterricht tatsächlich zufriedenstellend aufbereitet – den Co-Autor des erwähnten Pilotprojektes. Im derzeitig gültigen Lehrplan ist der Abschnitt nur noch als gekürzte Option vorhanden.

Ein weiterer bedeutsamer Ansatz zur Verbreitung von vernetztem Denken sind die Bemühungen im Rahmen des St. Gallener Modells systemischen Managements, vernetztes Denken als Managementkompetenz zu etablieren. Schlagwörter wie *„Vernetztes Denken im Management"* (vgl. Gomez & Probst 1987) stehen für diese Initiativen.

Um das Thema für den Mathematikunterricht erreichbar zu machen, muss zunächst eine Modellierung durchgeführt werden, d. h., Schüler/innen müssen die Fähigkeit entwickeln, reale Situationen gezielt in entsprechende Modelle umzusetzen. Das ist viel komplexer als rein operative Tätigkeiten im Unterricht auszuführen. Insbesondere die Methoden der *Systemdynamik* bieten dazu einfache Symbole, die zu Netzen verknüpft werden können *(vgl. Ossimitz in diesem Buch)*.

Damit können Schüler/innen schon in der Unterstufe Modelle von realen Situationen bilden und qualitativ verstehen, die sie auch mit Oberstufenmathematik nicht berechnen könnten, etwa ein mehrstufiges Räuber-Beute-Modell. In vielen Fällen reichen schon sehr vereinfachte Wertetabellen, um durch Berechnungen (also das Einsetzen der jeweils aktuellen Werte in die nächste Tabelle) etwa Rückkopplungs- oder Schwingungsphänomene zu erkennen. Sogar prinzipiell nicht berechenbare Situationen wie das folgende „Ehekrachmodell" (vgl. Ossimitz 1990, S. 24) können modelliert und verstanden werden: Sie ist mit ihm unzufrieden und nörgelt, weil er sich zurückzieht. Er zieht sich zurück, weil sie nörgelt. Mit wenigen Strichen ist ein Modell gezeichnet, dass einen eskalierenden Kreislauf erkennen lässt.

Wer einen Dauerkonflikt auf diese Weise als System sieht, hat schon einen wichtigen Schritt zur Lösung getan.

Wie anhand dieses Abschnitts deutlich wurde, sind die Begriffe „Vernetzung" und „System" unterschiedlich belegt. Wir werden im Folgenden zunächst eine Begriffspräzisierung vornehmen und dann Defizite in Lehr- und Lernprozessen, Vernetzungen betreffend, aufzeigen. Hieraus ergeben sich Bereiche mit Entwicklungs- und Veränderungsbedarf.

2 Vernetzte Systeme und Netzwerkstruktur

Im Allgemeinen versteht man unter einem *vernetzten System* ein System, in dem die einzelnen Komponenten in vielfältiger Weise in Beziehung zueinander stehen. Man unterscheidet dynamische und statische vernetzte Systeme (vgl. Vester 1990, S. 20).

In *dynamischen Systemen* sind Abhängigkeiten zwischen den Systemkomponenten definiert, sodass die Manipulation einer Komponente Veränderungen anderer nach sich zieht. Man kann hier den Zustand einer Komponente als Funktion der jeweiligen Zustände der mit dieser Komponente verbundenen Komponenten verstehen. Ein Beispiel wäre das gegenseitige Aufschaukeln von Löhnen und Preisen in einem Wirtschaftssystem.

In *statischen Systemen* haben die Komponenten keine veränderlichen Zustände. Mathematische Systeme zählen zu den statischen Systemen (vgl. Vester 1990, S. 20); hier sind die einzelnen Komponenten mathematische Objekte (d. h. Begriffe, Lehrsätze, Beweise, Algorithmen, Formeln, Terme usw.) und damit feststehende (unveränderliche) Konzepte.[1]

Jedem vernetzten System liegt das Netzwerk seiner Systemkomponenten zugrunde. Mathematisch lässt sich ein Netzwerk durch einen Graphen beschreiben: Die einzelnen Systemkomponenten werden durch die Knotenpunkte des Graphen repräsentiert, existierende Beziehungen zwischen den Systemkomponenten werden durch die Kanten des Graphen aufgezeigt. Systemkomponenten werden wie die sie repräsentierenden Knotenpunkte auch *Vernetzungsknoten* genannt (vgl. Brinkmann 2002, 2007).

Die Beziehungen zwischen Systemkomponenten können einseitig oder wechselseitig sein. Steht ein Vernetzungsknoten a in (einseitiger) Beziehung zum Vernetzungsknoten b, so wird dies graphisch üblicherweise durch einen Pfeil von a nach b repräsentiert. Steht sowohl a in Beziehung zu b als auch b zu a, so wird dies im darstellenden Graphen durch eine a und b verbindende Linie oder durch zwei Pfeile, einen von a nach b und einen von b nach a, dargestellt.[2]

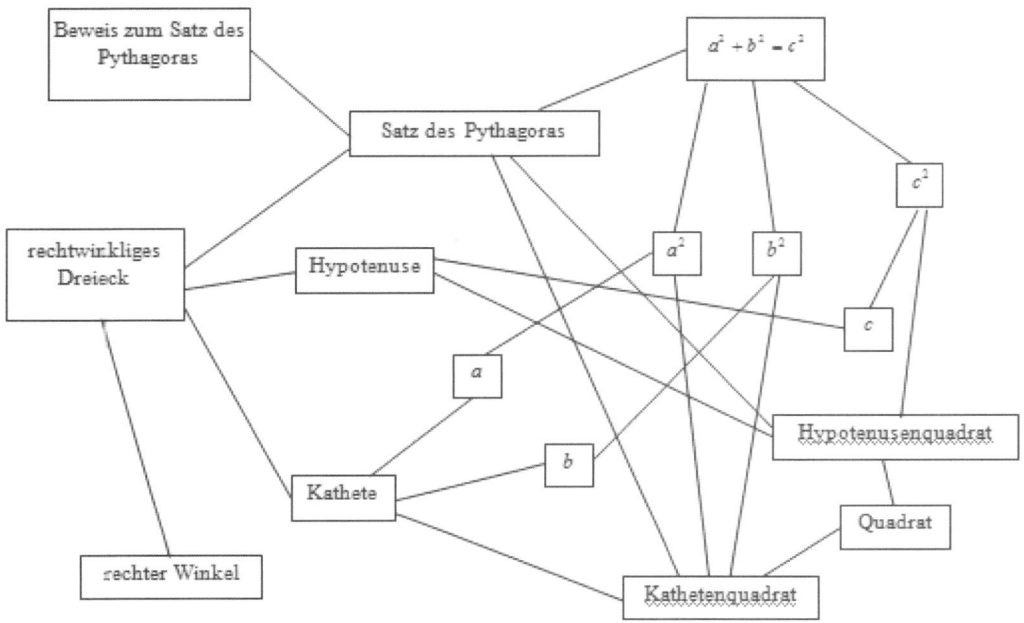

Abbildung 1 Mögliches Netzwerk zur Thematik „Satz des Pythagoras"

Die Kantenmenge eines darstellenden Graphen G für ein vernetztes System kann als Relation R auf der Menge der Vernetzungsknoten aufgefasst werden. *Vernetzung* lässt sich als solch eine Relation definieren. Teilaspekte der Vernetzung entsprechen Teilrelationen R_i von R und definieren Teilgraphen von G. Im Hinblick auf R_i wird auch von der *Vernetzungskategorie R_i* gesprochen (vgl. Brinkmann 2002, 2007).

Vernetzung bezeichnet dabei sowohl den *Prozess des Vernetzens*, also das In-Relation-Setzen, als auch das *Ergebnis* (vgl. Fischer 1991, S. 121). Ein Knotenpunkt a eines Systems *wird* mit einem Knotenpunkt b des Systems *vernetzt*, wenn a zu b in eine Relation gesetzt wird; ein Knotenpunkt a eines Systems *ist* mit einem Knotenpunkt b des Systems *vernetzt*, wenn a mit b in Relation steht.

Mathematisches Wissen zeichnet sich durch einen Netzwerkcharakter aus, da mathematische Objekte in vielfältigen Beziehungen zueinander, aber auch zu nichtmathematischen Komponenten stehen. Abb. 1 verdeutlicht als Beispiel eine Graphenstruktur mathematischen Wissens rund um den Satz des Pythagoras (ohne Anspruch auf Vollständigkeit); die einzelnen Knotenpunkte sind durch die Konzepte benannt, für die sie stehen. In Bezug auf Vernetzungen im Mathematikunterricht sind insbesondere diejenigen Vernetzungen von Interesse, bei denen für jede Kante mindestens ein Endpunkt ein mathematisches Objekt repräsentiert, das zum Unterrichtsgegenstand Mathematik gehört.

3 Inhaltliche Qualitäten von Mathematik-Vernetzungen

Dieser Abschnitt stellt verschiedene inhaltliche Qualitäten von Vernetzungen vor. Entsprechend werden unterschiedliche Vernetzungskategorien erklärt, die im Mathematikunterricht relevant sind. Diese Kategorisierung wurde von Brinkmann vorgenommen; eine ausführlichere Darstellung findet man z. B. in Brinkmann 2007.

Zudem wird Vernetzung selbst als fundamentale Idee des Mathematikunterrichts herausgearbeitet, sodass das Erkennen und Ver- bzw. Be- bzw. Nachfolgen eines roten Fadens – auch für Lehrer/innen – leichter möglich wird.

3.1 Innermathematische Vernetzungen

Innermathematische Vernetzungen lassen sich grob in zwei Kategorien einteilen: in solche, die zur Fachsystematik beitragen (*„fachsystematische Vernetzung"*), und in solche, die vornehmlich beim Anwenden von Mathematik in Problemlöseprozessen zum Tragen kommen (*„anwendungsbezogene Vernetzung"*).

3.1.1 Unterkategorien der fachsystematischen Vernetzung

Relationen, die durch die Fachsystematik gegeben sind, lassen sich über die Frage nach einer Grundstrukturierung der Mathematik herleiten. Griesel & Postel (1992, S. 370–371) z. B. beschrieben in einem Schulbuch den Aufbau der Mathematik aus den folgenden drei Blickwinkeln: Zum ersten wird auf die Einteilung der Mathematik in verschiedene Inhaltsbereiche/Gebiete eingegangen, zum zweiten auf die Systematisierung der Mathematik durch Bourbaki und zum dritten wird die Mathematik als deduktive Wissenschaft beschrieben. Da Vernetzungen entsprechend der Systematisierung der Mathematik durch Bourbaki im Allgemeinen nicht schulrelevant sind (vgl. Brinkmann 2002, S. 48), werden hier nur die beiden anderen Aspekte weiterverfolgt.

Die Inhaltsbereiche, in welche die Schulmathematik üblicherweise in einer ersten übersichtlichen Darstellung eingeteilt wird, sind:

– Primarstufe: Arithmetik, Geometrie, Größen und Sachrechnen

– Sekundarstufe I: Aufbau des Zahlensystems, Rechnen mit den jeweiligen Zahlen, Algebra und Geometrie

– Sekundarstufe II: Funktionen/Funktionale Abhängigkeiten Analysis, Lineare Algebra/Geometrie und Stochastik.

Auf der Menge der Begriffe, die für diese Inhaltsbereiche stehen, ist eine fachsystematische Vernetzung durch die Relation *„ist ein Teilbereich von"* gegeben (zum Beispiel „Differentialrechnung" „ist ein Teilbereich von" „Analysis"). Weiter bestimmt die Zuordnung einzelner mathematischer Objekte zu Inhaltsbereichen gemäß der Relation *„ist ein Objekt aus dem Bereich"* ebenfalls eine fachsystematische Vernetzung (zum Beispiel „Dreieck" „ist ein Objekt aus dem Bereich" „Geometrie").

Derzeit gewinnt die Betrachtung von Leitideen (vgl. Klika 2003; Kuntze, Lerman & Siller 2010), als grundlegende, fundamentale oder zentrale Ideen gegenüber der Einteilung der Mathematik in Inhaltsbereiche didaktisch an Bedeutung. Solche Ideen durchziehen den Mathematikunterricht gleichsam wie „rote Fäden"; sie bündeln miteinander stark vernetzte mathematische Konzepte, die unter einem gemeinsamen übergeordneten Gesichtspunkt gesehen werden können. In den deutschen Bildungsstandards z. B. werden für die Primarstufe die Leitideen „Zahlen und Operationen", „Raum und Form", „Muster und Strukturen", „Größen und Messen" und „Daten, Häufigkeit und Wahrscheinlichkeit" betrachtet; in den Bildungsstandards für den mittleren Schulabschluss sind es die Ideen „Zahl", „Messen", „Raum und Form", „Funktionaler Zusammenhang" und „Daten und Zufall". Aus diesen Leitideen werden Standards für inhaltsbezogene mathematische Kompetenzen abgeleitet. Die Bündelung mathematischer Konzepte unter Leitideen entspricht weniger einer üblichen Fachsystematik, sondern eher einer Systematik der Mathematik aus fachdidaktischer Sicht. Ähnlich wie bei der Betrachtung der Inhaltsbereiche (s. o.) ist die Zuordnung eines mathematischen Inhalts/Konzepts zu einer Leitidee eine Vernetzung, die zu einer Systematisierung beiträgt.

Nicht nur über Inhaltsbereiche lassen sich Ordnungsrelationen definieren, die zur Fachsystematik beitragen. Viele Begriffe der Schulmathematik lassen sich über *verschiedene Ausprägungen der Teilmengenrelationen* „$\subseteq$" oder „$\subset$" bzw. ihrer Umkehrungen „$\supseteq$" oder „$\supset$" ordnen. Hierzu gehört die *„Obermengen-Relation"* („ist eine Obermenge von") bzw. ihre Umkehrrelation, die *„Untermengen-Relation"* („ist eine Untermenge von"), durch welche Mengen mathematischer Objekte in Beziehung zueinander gesetzt werden (z. B. „Menge aller reellen Zahlen" „ist eine Obermenge von" „Menge aller rationalen Zahlen", „Menge aller Quadrate" „ist eine Untermenge von" „Menge aller Rechtecke"). Spezialfälle dieser Relationen ergeben sich aufgrund von *Kategorisierungen, Klasseneinteilungen, Fallunterscheidungen*. Hier werden Mengen mathematischer Objekte mit bestimmten ihrer Teilmengen (Kategorien, Klassen, Fällen) in Beziehung zueinander gesetzt gemäß der Relationen „hat als eine Kategorie / eine Klasse / einen möglichen Fall" bzw. „ist eine Kategorie / eine Klasse / ein Fall von" (z. B. „Menge der Winkel" „hat als eine (Winkel)-klasse" „Menge der rechten Winkel"). Begriffe lassen sich auch über die *„Oberbegriff-Relation"* („ist ein Oberbegriff von") und ihre Umkehrrelation, die *„Unterbegriff-Relation"* („ist ein Unterbegriff von") ordnen (z. B.: „SSS" „ist ein Unterbegriff von" „Kongruenzsatz für Dreiecke", „rechtwinkliges Dreieck" „ist ein Unterbegriff von" „Dreieck"). Auch die *„Teil-Ganzes-Beziehung"* (Relation „ist ein Teil von") und ihre Umkehrrelation „hat als ein Bestandteil" auf der Menge (oder einer Teilmenge) schulrelevanter mathematischer Objekte bestimmen eine Ordnung innerhalb der Schulmathematik (z. B. „Schenkel" „ist ein Teil von" „Winkel"). Ferner sind bestimmte Eigenschaften/ Merkmale mathematischer Objekte von Bedeutung; z. B. die Eigenschaft eines Dreiecks, rechtwinklig zu sein, im Zusammenhang mit dem Satz des Pythagoras. Bei solchen Betrachtungen werden mathematische Objekte und ihre Merkmale (Eigenschaften, Charakteristika) miteinander verbunden. Die entsprechende Relation *(„Merkmalsvernetzung")* lautet: „ist ein Merkmal/eine Eigenschaft von", ihre Umkehrrelation: „hat als ein Merkmal/eine Eigenschaft" (z. B. „gleichschenkliges Dreieck" „hat als eine Eigenschaft" „2 gleich lange Seiten", „2 gleich lange Seiten" „ist eine Eigenschaft von" „gleichschenkliges Dreieck".)

Die hier aufgelisteten Ordnungsrelationen bedingen jeweils eine *hierarchische Strukturierung* mathematischer Objekte.

Eine weitere Systematisierung der Mathematik ergibt sich, wie oben erwähnt, durch ihr deduktives Gerüst: In der Mathematik werden aus Axiomen, die einer Theorie zugrunde liegen, Sätze gefolgert, und aus bereits bewiesenen Sätzen und Axiomen weitere Sätze. Dies führt zu dem sog. deduktiven Aufbau der Mathematik. Zusammenhänge, in die mathematische Objekte entsprechend dem deduktiven Gerüst der Mathematik gestellt werden, kennzeichnen weitere fachsystematische Vernetzungen. Sie sind auf der Menge aller Aussagen definiert, die Relationen lauten: *„daraus folgt"* / *„$\Rightarrow$"* bzw. *„ist herleitbar aus"* / *„$\Leftarrow$"*. In der Schule erfahren Lernende nur Bruchstücke des deduktiven Gerüstes der Mathematik.

Fachsystematische Vernetzungen erhält man ebenfalls durch die Anbindung von Beweisen an den jeweiligen Satz, der durch sie bewiesen wird, über die Relation „*beweist*", oder die Anbindung von Lösungen eines mathematischen Problems (bzw. einer Aufgabe) an dieses Problem (diese Aufgabe) über die Relation „*ist eine Lösung von*".

3.1.2 Unterkategorien der anwendungsbezogenen Vernetzung

Die Anwendung mathematischer Objekte zur Lösung von Aufgaben oder Problemen führt zu anwendungsbezogenen Vernetzungen. So werden Aufgaben oder Probleme mit Modellen, Sätzen oder Regeln/Algorithmen verbunden, die zu ihrer Lösung geeignet sind. Auf entsprechende Unterkategorien der anwendungsbezogenen Vernetzung wird nachfolgend eingegangen.

Eine Unterkategorie der anwendungsbezogenen Vernetzung ergibt sich durch die Anwendung von Modellen. Mathematische Aufgaben oder Probleme, formuliert in der Sprache eines Modells, lassen sich oft durch Übersetzung in ein anderes Modell (Repräsentationswechsel, Darstellungswechsel) leichter lösen. So gibt es geometrische Probleme, die sich nach Übersetzung in ein algebraisches Modell („Algebraisierung") algebraisch leichter lösen lassen als geometrisch; andererseits lassen sich viele algebraische Probleme durch Übersetzung in die Geometrie („Geometrisierung") leichter lösen. Die Entsprechung eines Problems bzw. einer Aufgabe in einem anderen Modell wird „Modell des Problems" bzw. „Modell der Aufgabe" genannt. Probleme oder Aufgaben, ihre Elemente sowie allgemein mathematische Objekte in der Formulierung eines Modells stehen mit ihren Entsprechungen in anderen Modellen in Relation zueinander (Relation: „*entspricht*", „*ist eine Modellierung von*", „*dargestellt als*", „*beschrieben durch*"). Diese Relation wird „*Modellvernetzung*" oder „*Repräsentationsvernetzung*" genannt.

Weitere Unterkategorien der anwendungsbezogenen Vernetzung ergeben sich durch die Anbindung von Sätzen bzw. speziell von Regeln/Algorithmen an Probleme/Aufgaben/ Aufgabentypen, die mit ihrer Hilfe gelöst werden können (Relation: „*kann gelöst werden unter Anwendung von*"). So wird z. B. für die Berechnung der Diagonalen in einem Rechteck mit bekannten Seitenlängen der Satz des Pythagoras angewandt; das Berechnungsproblem ist dadurch mit dem Satz des Pythagoras vernetzt. Ähnlich ist die Aufgabe 6 : 3/7 mit der Regel „Eine Zahl wird durch einen Bruch dividiert, indem man die Zahl mit dem Kehrwert des Bruches multipliziert." vernetzt. Diese Vernetzungskategorie wird als „*Theoremvernetzung*" bzw. „*Regelvernetzung*"/„*Algorithmusvernetzung*" definiert. Die Umkehrrelation ordnet mathematischen Sätzen bzw. Regeln/Algorithmen jeweils Probleme/Aufgaben/Aufgabentypen zu, die mit ihrer Hilfe gelöst werden können (Relation: „*kann angewandt werden für die Lösung von*").

Bei der Anwendung eines Algorithmus zur Lösung einer Aufgabe werden einzelne Verfahrensschritte in einer festen Reihenfolge durchgeführt. Diese Verfahrensschritte stehen gemäß ihrer Abfolge im Algorithmus in einer Ordnungsrelation zueinander, wodurch eine weitere anwendungsbezogene Vernetzungskategorie, die „*Ablaufvernetzung*" (in der Literatur auch als „Vorgänger-Nachfolger-Relation" bezeichnet), charakterisiert ist (Relation „wird gefolgt von" auf der Menge der Verfahrensschritte einer Lösungsmethode/Menge der Anweisungen eines Algorithmus.)

Das Erkennen gewisser Strukturen mathematischer Objekte spielt beim Anwenden von Mathematik oft eine bedeutende Rolle. Strukturbeschreibungen erhält man als Ergebnis von Abstraktionsprozessen. Zwischen zwei mathematischen Objekten, die – auf der Basis einer gewissen Abstraktion – strukturgleich sind, lässt sich eine *Strukturvernetzung* (Relation: „hat die gleiche Struktur wie", „ist strukturgleich mit") definieren – z. B. lassen sich die Gleichungen $y = 3x + 7$ und $y = 0{,}5x - 1$ durch $y = ax + b$ mit $a, b \in R$ abstrahieren und haben in dieser Hinsicht die gleiche Struktur. Eigenschaften eines mathematischen Objekts, die von der Abstraktion im obigen Sinne unberührt bleiben, gelten auch für ein strukturgleiches Objekt. Strukturgleiche Aufgaben definieren hinsichtlich ihrer strukturellen Gemeinsamkeiten einen Aufgabentyp; das Erkennen von Strukturgleichheit kann daher hilfreich bei der Zuordnung einer passenden Lösungsmethode sein.

3.1.3 Anmerkungen

Nachfolgend möchten wir noch drei Hinweise zu innermathematischen Vernetzungen geben, um die gemachten Aussagen zu präzisieren.

- Die aufgeführten Vernetzungskategorien mathematischer Objekte des Unterrichtsstoffes Mathematik erheben nicht den Anspruch auf Vollständigkeit; es sind damit aber wesentliche Kategorien von Vernetzungen erfasst, die im Mathematikunterricht relevant sind.

- Die vorgenommene Kategorisierung innermathematischer Vernetzungen bezieht sich sowohl auf Vernetzungen im Schulstoff Mathematik als auch auf Vernetzungen auf kognitiver Ebene von Individuen (vgl. Brinkmann 2007, S. 25–26).

- Auf kognitiver Ebene handelt es sich bei den betrachteten Vernetzungen um welche, derer wir uns bewusst werden. Ein Großteil unserer Denkprozesse, und damit auch Vernetzungsprozesse, verläuft aber im Unbewussten und ist uns nicht oder nur wenig zugänglich.

3.2 Vernetzungen zwischen mathematischen und nichtmathematischen Knoten

Bezüglich Vernetzungen zwischen mathematischen und nichtmathematischen Knoten sind zunächst realitätsbezogene Anwendungen zu berücksichtigen. Dies sind reale Probleme, die sich mathematisch modellieren (mathematisieren) lassen, also in mathematischer Sprache formuliert werden können. Durch Modellierungen (Mathematisierungen) außermathematischer Problemstellungen erhält man mathematische Modelle der Probleme; sie gestatten oft einen vereinfachten Umgang mit der Wirklichkeit. Eine Problemlösung, die in der Modellebene gewonnen wurde, kann, sehr vereinfacht dargestellt, durch Interpretieren auf die Originalebene der Problemstellung übersetzt werden. Darstellungen eines solchen Ablaufs finden sich beispielsweise bei Tietze, Klika & Wolpers (1997, S. 121 ff.) oder Blum (1985, S. 200 ff.). In diesem Prozess entsprechen Elemente der Originalebene solchen auf der Modellebene und umgekehrt – sie sind miteinander vernetzt (Relation: „*entspricht*", „*beschrieben durch*", „*ist eine Modellierung von*").

Eine Vernetzung, die außermathematische Sachverhalte bzw. Probleme und ihre mathematischen Modelle sowie einzelne Elemente eines außermathematischen Sachverhalts und ihre Entsprechungen in einem mathematischen Modell in Beziehung zueinander setzt, wird als „*Modellvernetzung*" bezeichnet, genau wie die gleichartige Vernetzung im innermathematischen Bereich, die einander entsprechende Elemente unterschiedlicher Modelle in Relation zueinander setzt.

Eine weitere Vernetzungsart ergibt sich durch das Herstellen kultureller, insbesondere historischer Bezüge zu mathematischen Objekten. Die geschichtliche Entwicklung mathematischer Bereiche ist eingebettet in die allgemeine kulturelle Entwicklung und demnach eng damit verknüpft; Anwendungen der Mathematik in frühen Zeiten, aber auch in der modernen Technik stellen kulturelle Errungenschaften dar. Die Beziehungen zwischen Mathematik und außermathematischer Kultur sind dabei sehr vielfältig. Entsprechend unterschiedlich können im Mathematikunterricht aufgezeigte Bezüge zur menschlichen Kulturlandschaft sein. Hierbei werden kulturelle Aspekte und mathematische Inhalte (z. B. das Vermessen von Feldern im alten Ägypten und der Satz des Pythagoras) wechselseitig miteinander vernetzt („*Kulturvernetzung*").

In Lehr- und Lernprozessen kann die Anbindung von Merkhilfen an mathematische Inhalte hilfreich sein. Sie wird als „*mnemotechnische Vernetzung*" bezeichnet (Relation: „*ist eine Merkstütze für*"). Eine Merkhilfe kann z. B. eine „Eselsbrücke", ein Merksatz, ein Merkvers, ein Beispiel oder eine visuelle Merkhilfe (Bild, Symbol) sein. Sie kann im Unterricht zusammen mit einem Lerninhalt dargeboten werden oder vom lernenden Individuum selbst konstruiert werden.

Anwendungen oder kulturelle Aspekte als Vernetzungsknoten, aber auch ein Teil der Merkstützen sind Bestandteile des Unterrichtsstoffs; sie sind auf stofflicher Ebene an mathematische Inhalte gekoppelt und werden auf kognitiver Ebene ebenso mit mathematischen Inhalten vernetzt. Im Bewusstsein von Menschen sind allerdings noch weitere, nicht dem Unterrichtsstoff entstammende Verbindungen zwischen mathematischen Objekten und nichtmathematischen Inhalten vorhanden. Hierzu gehören die Anbindung des Erwerbskontextes eines mathematischen Inhalts an diesen Inhalt („*lernpsychologische Vernetzung*", Relation: „*wurde gelernt/erworben in folgendem Kontext*") und auch die Anbindung von Emotionen, Gefühlen an Lerninhalte („*Affektvernetzung*", Relation: „*weckt die Emotion*"/„*erinnert an das Gefühl*"). Diese Vernetzungen von Lernenden auf kognitiver Ebene beeinflussen das Speichern, Wiedererinnern und Anwenden von Lerninhalten (vgl. Brinkmann 2002, Kap. 4) und sind daher aus didaktischer Sicht bedeutungsvoll. Lehrende können durch gezielte Unterrichtsarrangements Einfluss auf die Ausbildung und Ausprägung solcher Vernetzungen nehmen.

Eine weitere Vernetzungsart auf kognitiver Ebene lässt sich durch konstruktivistische, allenfalls konstruktionistische (vgl. Papert 1991) Lerntheorien beschreiben. Danach werden neu wahrgenommene Informationen mit ähnlichen Gedächtnisinhalten, also altem Wissen, abgeglichen, wobei bereits bestehende Wissensstrukturen gefestigt oder abgeändert bzw. ergänzt werden. Wir haben es dabei mit einer Vernetzung zwischen neuen zu verarbeitenden Informationen, speziell mathematischen Lerninhalten, und alten, ihnen entsprechenden Wissensbeständen zu tun (Relation: „*ist ähnlich/gleich dem Inhalt*"). Sie wird „*Ähnlichkeitsvernetzung*" genannt. Eine bewusste Berücksichtigung dieser kognitiv erfolgenden Vernetzung bei Lernenden erfolgt durch die Gestaltung von Lehr- und Lernprozessen im Sinne eines Spiralcurriculums, wobei früher vermittelte Lerninhalte zu einem späteren Zeitpunkt aufgegriffen und vertiefend dargeboten werden. Auf der Ebene des Unterrichtsstoffes wird in diesem Zusammenhang von „*vertikaler Vernetzung*" gesprochen.

3.3 Vernetzung als fundamentale Idee

Der Begriff der Vernetzung kann im Sinne von Schweiger (2006) als fundamentale Idee charakterisiert werden. Die Kriterien seiner Behelfsdefinition zu fundamentalen Ideen sind (weitestgehend) erfüllt (vgl. Schweiger 1982, S. 103):

„*... ein Bündel von Handlungen, Strategien oder Techniken, sei es durch lose Analogie oder durch Transfer verbunden, die*
1. *in der historischen Entwicklung der Mathematik aufzeigbar sind, die*
2. *tragfähig erscheinen, curriculare Entwürfe vertikal zu gliedern, die*
3. *als Ideen zur Frage, was ist Mathematik überhaupt, zum Sprechen über Mathematik, geeignet erscheinen, die daher*

4. *den mathematischen Unterricht beweglicher und zugleich durchsichtiger machen könnten. Weiters erscheint mir*
5. *eine Verankerung in Sprache und Denken des Alltages, gewissermaßen ein korrespondierender, denkerisch sprachlicher oder handlungsmäßiger Archetyp, notwendig zu sein."*

Vernetzungen tragen also dazu bei, dass Mathematik als unabdingbares Kulturgut (vgl. auch Neubrand, 1990; Pehkonen & Törner, 1996; Zimmermann, 2003; Lengnink, 2004) dargestellt werden kann.

Tragfähige und bewährte Lernprinzipien, die in einem modernen Mathematikunterricht nicht fehlen dürfen, können dadurch leicht angewendet werden – zum einen die von Wittmann (1974, S. 68) formulierten Prinzipien:

– *Prinzip des vorwegnehmenden Lernens*
– *Prinzip der Fortsetzbarkeit*
– *Aufbauprinzip*

zum anderen jenes von Schupp (1992 S. 104):

– *Prinzip der tragfähigen Zwischenabschlüsse.*

4 Vernetztes Denken

International hat sich der Begriff *Vernetztes Denken* bzw. *„Systems Thinking"* auf verschiedenen Ebenen etabliert: einerseits im Zusammenhang mit der quantitativ orientierten System-Dynamics-Methode, andererseits als Paradigma für eine neue Form ganzheitlichen Denkens, das versucht, die Struktur von Systemen zu verstehen und daraus Schlüsse zu ziehen.

Die System-Dynamics-Methode (*vgl. Ossimitz in diesem Buch*) wurde ursprünglich von Forrester (1961) entwickelt, um Lieferketten (Supply Chains) am Computer zu simulieren. Damit konnte Forrester seltsame Schwankungen in der Nachfrage nach Konsumgütern (z. B. Staubsaugern, Kühlschränken) erklären. Die System Dynamics Methode beruht auf einer strengen Unterscheidung von Bestandsgrößen und deren Veränderung durch Zu- und Abflüsse.

Abbildung 2 zeigt als Beispiel ein einfaches System-Dynamics-Modell einer Lieferkette (Supply Chain) für ein bestimmtes Produkt. Es besteht aus drei Beständen, die jeweils die Lagerstände dieses Produktes beim Produzenten, beim Großhändler und beim Einzelhändler darstellen. Das Herstellerlager hat als Zufluss die Produktion neuer Produkte und als Abfluss den Verkauf an die Großhändler. Dieser Abfluss ist gleichzeitig Zufluss im Großhändler-Lager. Analog ist der Verkauf vom Großhändler zum Einzelhändler ein Abfluss beim Großhändlerlager, der gleichzeitig Zufluss beim Einzelhändler ist. Erst vom Einzelhändler werden die Produkte an den Endkunden verkauft.

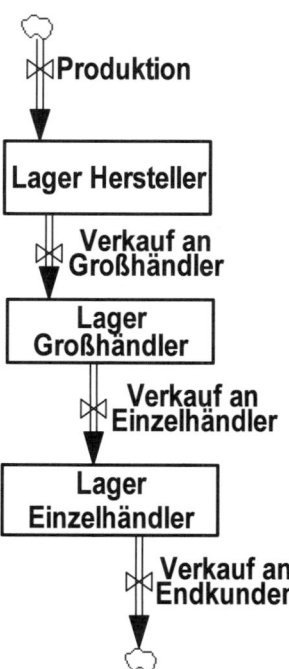

Abbildung 2 Lieferkette mit drei Beständen und vier Flüssen

Wenn die verschiedenen Lager-Bestände einer Lieferkette von verschiedenen Stakeholdern[3] bewirtschaftet werden, dann können bereits kleinste Schwankungen in der Endnachfrage sich zu großen Schwankungen in der Nachfrage beim Produzenten aufschaukeln. Dieses im Supply-Chain-Management heute als „Bullwhip-Effekt" bekannte Verhalten konnte bereits Forrester (1961) in seinen ersten System-Dynamics-Modellen nachweisen. Im Beer-Game-Simulationsspiel können Teams die Wirkung dieses Effekts in einer simulierten Lieferkette nachempfinden (vgl. Senge 1990).

Die System-Dynamics-Methode wurde international mit dem vom Club of Rome finanzierten Weltmodell zu den „Grenzen des Wachstums" (vgl. Meadows et al. 1972) international bekannt.

Mit *systems thinking* wurde die System-Dynamics-Methode erst ab dem Aufkommen der graphischen System-Dynamics-Software Stella in Verbindung gebracht. Richmond, einer der Väter der Stella-Software, vermarktete das Produkt unter der Flagge von *systems thinking*. So schreibt Richmod (1994, S. 4) beispielsweise: „*Systems Thinking is System Dynamics with an Aura*".

Insbesondere Senge (1990) hat dem Begriff *systems thinking* eine neue und international weit beachtete Bedeutung verliehen. Senge beschreibt fünf „Disziplinen" auf denen eine lernende Organisation basiert:
– personal mastery,
– mental models,
– team learning,
– shared vision
– systems thinking

Die letztgenannte Disziplin wird von Senge als zentrale „fünfte Disziplin" beschrieben, mit der die anderen vier Disziplinen zu einem Ganzen integriert werden. Für Senge ist *systems thinking* eine Form des Denkens und Handelns, die Systemstrukturen, zeitliche Entwicklungen und Rückkoppelungen beachtet und insgesamt durch die Bereitschaft geprägt, sein Denken grundlegend zu ändern. Er verwendet dafür den aus dem Griechischen stammenden Begriff „*metanoia*". Ossimitz & Lapp (2006) verwenden diesen Begriff sogar im Titel ihrer Einführung in systemwissenschaftliches Denken und Handeln, um die besondere Bedeutung dieser Bereitschaft zum Umdenken zu unterstreichen. Ossimitz (2000) unterscheidet weiter vier miteinander zusammenhängende Dimensionen systemischen Denkens:
– „Denken in vernetzten Strukturen (vernetztes Denken)
– Denken in zeitlichen Abläufen (dynamisches Denken)
– Denken in Modellen
– systemgerechtes Handeln" (vgl. *Beitrag von Ossimitz in diesem Band*).

Mathematik kommt im Zusammenhang mit vernetztem bzw. systemischem Denken auf mehreren Ebenen ins Spiel:

– Beim Darstellen von Systemen ist Mathematik als Darstellungsmittel – vgl. „Offene Mathematik" im Sinne von Fischer (1984) – von Bedeutung. Wichtige Darstellungsmittel von Systemen sind Ursache-Wirkungsdiagramme (vgl. Ossimitz & Lapp, 2006) oder Stock-Flow-Diagramme zur Darstellung von Stock-Flow-Strukturen bzw. System-Dynamics-Modellen.

– Beim Modellieren und Simulieren von Systemen, insbesondere mit der System-Dynamics-Methode (vgl. Ossimitz 1990, Sterman 2000) kommt praktisch angewandte Mathematik ins Spiel. Das Besondere an System-Dynamics-Modellen ist dabei, dass die hauptsächliche Herausforderung im Entwickeln der Simulationsmodelle liegt, während die Berechnungen selbst sich auf einfachste Grundrechenarten reduzieren lassen.

5 Defizite in Lehr- und Lernprozessen

Ende des 20. Jahrhunderts war noch eine recht vernetzungsarme Darstellung mathematischer Inhalte in Schulbüchern festzustellen. In neueren Schulbüchern hat sich allerdings einiges geändert (vgl. Rezat, 2008):

– Es sind vermehrt kapitelübergreifende Aufgaben zu finden (in 12 von 18 untersuchten Büchern).

- Einleitungen zeigen teils anhand von Beispielen, dass der folgende Stoff in Alltag, Wissenschaft oder Architektur seine Anwendung findet.
- In 11 der 18 untersuchten Bücher werden Zusammenfassungen am Ende eines Kapitels geboten.
- Durch vermischte Aufgaben am Ende eines Kapitels (in 13 der 18 Bücher) werden erworbene Qualifikationen in vermischter Form angewandt und mit den bereits gelernten Inhalten vernetzt.
- Ein Buch verwendet einen Advance Organizer am Anfang jeder Lerneinheit.

Lehrende orientieren sich bei der Planung und Durchführung ihres Unterrichts meist an Schulbüchern; insofern geht diese Entwicklung der Schulbuchgestaltung in eine erfreuliche Richtung. Ob neue Lehrwerke in der Unterrichtspraxis zu besseren Lernergebnissen führen, bleibt abzuwarten.

Besonders bedenklich sind allerdings Ergebnisse von Studien, die zeigen, dass Schüler/innen selbst in den wenigen Fällen, in denen Unterrichtsstoff recht vernetzungsreich im Unterricht dargeboten wurde, Vernetzungen sehr wenig nachhaltig gelernt haben (Brinkmann 2002). Dies betrifft insbesondere Modellvernetzungen zwischen verschiedenen Repräsentationen mathematischer Objekte. Allein eine vernetzungsreiche Darbietung mathematischer Inhalte vermag demnach nicht unbedingt Erfolg bringend zu sein; der Art der Darbietung und der jeweils verwendeten Unterrichtsmethodik kommen offenbar entscheidende Rollen zu.

Vernetztes Denken – bislang in der Schule wenig beachtet (siehe oben) – kann auch und gerade im Mathematikunterricht durch geeignete Darstellungsformen, Modellierungen und Simulationen gefördert werden. Dazu braucht es oftmals die Bereitschaft zu einem Umdenken, sowohl hinsichtlich der Unterrichtsgestaltung als auch hinsichtlich der Rolle der Mathematik. Eine solche Bereitschaft, radikal umzudenken, wird von Senge (1990) und Ossimitz & Lapp (2006) als wesentlich für Systemdenken angesehen.

6 Die Schriftenreihe

Mit dem vorliegenden Buch wird eine neue Schriftenreihe gestartet, die sich an Lehrer/innen wendet und Beiträge für einen vernetzenden Mathematikunterricht und seine methodische Umsetzung liefert.

Es sollen hier vielfältige „Wege" im Wissensnetz des Schulstoffs Mathematik aufgezeigt werden, mit einer besonderen Schwerpunktsetzung auf Modellvernetzungen, insbesondere bei innermathematischen Beschreibungen (*vgl. die Beiträge von Ableitinger, Brandl, Humenberger & Schuppar und Oldenburg in diesem Band*).[4]

Die Beiträge speziell zu Unterrichtsmethoden knüpfen vielfach an die Erkenntnis an, dass die Modellierung von Vernetzungen über Graphen (s. Abschnitt 2) die Möglichkeit einer adäquateren Darstellungsweise für vernetztes mathematisches Wissen bietet als es die übliche Textform vermag. In der Textform werden die koexistierenden Zusammenhänge vernetzter Gegenstände nacheinander, in linearer Weise präsentiert; Graphen hingegen erlauben eine simultane Erfassung vernetzter Gegenstände in ihrem Zusammenhangsgefüge. Der Einsatz von Netzwerkdarstellungen wie Mind Maps oder Concept Maps, Wirkungsdiagramme, Stock-Flow-Diagramme, Lernlandkarten oder Advance Organizer im Unterricht kann gewinnbringend sein (*vgl. die Beiträge von Brinkmann, Wildt und Ossimitz in diesem Band*). Teils ergeben sich Methoden zum Vernetzen mathematischer Inhalte, teils werden vernetzte dynamische Systeme mathematisch modelliert und damit eine Förderung vernetzten Denkens ermöglicht.

Zur Förderung eines vernetzenden Mathematikunterrichts sind spezielle Unterstützungsmaßnahmen, methodische Vorschläge und methodisches Vorgehen aus Lehrer/innensicht notwendig. Besondere Methoden werden in der Schriftenreihe vorgeschlagen und bereitgestellt (*vgl. den Beitrag von Nordheimer in diesem Band*).

Denken in Netzen, das Erkennen komplexer Zusammenhängen und Wechselwirkungen liegt nicht im Trend unserer Zeit. Medien und Politik, Werbeleute und viele andere versuchen, uns von ihrer Position zu überzeugen und von unseren Interessen und Bedürfnissen abzulenken, indem sie Zusammenhänge radikal vereinfachen, einzelne Fakten aus dem Kontext reißen und propagieren (*vgl. den Beitrag von Maaß & Siller in diesem Band*). In diesem Sinne ist vernetzendes Denken auch politische Bildung und wichtiges Lernen für das Leben über die Schule hinaus.

Literatur

Baumert, J.; Lehmann, R. (1997). *TIMSS – Mathematisch-naturwissenschaftlicher Unterricht im internationalen Vergleich. Deskriptive Befunde*. Opladen: Leske+Budrich.

Blum, W. (1985). Anwendungsorientierter Mathematikunterricht in der didaktischen Diskussion. *Mathematische Semesterberichte*, 32 (2), 195–232.

Brinkmann, A. (2002). *Über Vernetzungen im Mathematikunterricht – eine Untersuchung zu linearen Gleichungssystemen in der Sekundarstufe I*. Verfügbar unter: http://duepublico.uni-duisburg-essen.de/servlets/DerivateServlet/Derivate-5386/index.html [30.07.2010]

Brinkmann, A. (2007). *Vernetzungen im Mathematikunterricht – Visualisieren und Lernen von Vernetzungen mittels graphischer Darstellungen*. Hildesheim: Franzbecker.

Brinkmann, A. (2008). *Über Vernetzungen im Mathematikunterricht – eine Untersuchung zu linearen Gleichungssystemen in der Sekundarstufe I*. Saarbrücken: VDM Verlag.

Bundesinstitut für Bildungsforschung, Innovation und Entwicklung des österreichischen Schulwesens – bifie (2010). *PISA 2006*. Verfügbar unter: http://www.bifie.at/pisa2006eb-3-7 [30.07.2010]

Törner, G.; Blum, W.; Wulftange, J. (1998). *Wieder schlechte Noten für den Mathematikunterricht in Deutschland – Anlaß und Chance für einen Aufbruch –* Erklärung der Fachverbände DMV / GDM / MNU zu den Ergebnissen der internationalen Mathematikstudie TIMSS-3. Verfügbar unter: http://www.mathematik.uni-bielefeld.de/DMV/archiv/memoranda/timss3.html [30.07.2010]

Fischer, R. (1984). Offene Mathematik und Visualisierung. *mathematica didactica*, 7, 14–20.

Fischer, R. (1991). „Hierarchie und Alternative – Charakteristika von Vernetzungen." In Ada Pellert (Hrsg.). *Vernetzung und Widerspruch*. München/Wien: Profil Verlag, 121–164.

Forrester, J. (1961). *Industrial Dynamics*. Cambridge, MA: The MIT Press.

Gomez, P.; Probst, G. (1987). *Vernetzes Denken im Management. Die Orientierung 89*. Bern: Schweizerische Volksbank.

Griesel, H.; Postel, H. (1992). *Mathematik heute. Leistungskurs Analysis Gesamtband*. Hannover: Schroedel Schulbuchverlag.

Hinrichs, G. (2008). *Modellierung im Mathematikunterricht*. Heidelberg: Spektrum Akademischer Verlag.

Hodgson, T.R. (1995). „Connections as Problem-Solving Tools." In: Peggy A. House; Arthur F. Coxford (Hrsg). *Yearbook of the National Council of Teachers of Mathematics*. Reston, Va.: The Council, 13–21.

Kießwetter, K. (1993). Vernetzung als unverzichtbare Leitidee für den Mathematikunterricht. *mathematik lehren*, Heft 58, 5–7.

Klika, M. (2003). Zentrale Ideen – echte Hilfen. *mathematik lehren*, Nr. 119, 4–7.

KMK (2003). *Bildungsstandards im Fach Mathematik für den Mittleren Schulabschluss. Beschlüsse der Kultusministerkonferenz*. Verfügbar unter: www.kmk.org/schul/Bildungsstandards/Mathematik_MSA_BS_04-12-2003.pdf. [30.07.2010].

Kuntze, S.; Siller, H.-St.; Lerman, St. (2010). *ABCmaths – Awareness of Big Ideas in Mathematics classrooms* (EU-project). Verfügbar unter: http://www.abcmaths.de [30.07.2010]

Kubicek, A. Ch. (2008). *Dynamische Prozesse im Mathematikunterricht – Verwendung des System Dynamics Ansatzes zur Modellierung von Portfolioaufgaben der International Baccalaureate Organization*. http://media.obvsg.at/AC05040340 [30.07.2010]

Lengnink, K. (2004): Reflektieren und Beurteilen von Mathematik aus der Bildungsperspektive mathematischer Mündigkeit. *Beiträge zum Mathematikunterricht*, 2004, Hildesheim: Franzbecker, 337–340.

Meadows, D.; Meadows, D.; Zahn, E. (1972). *Die Grenzen des Wachstums. Bericht des Club of Rome zur Lage der Menschheit*. Reinbek: Rowohlt.

Minsky, M. (1990). Mentopolis. Stuttgart: Klett-Cotta.

MUED (2010). *Mathematik-Unterrichts-Einheiten-Datei*. Verfügbar unter: http://www.mued.de [30.07.2010].

National Council of Teachers of Mathematics – NCTM (2000). *Principles and Standards for School Mathematics 2000*. Reston, Va.: The Council.

Neubrand, M. (1990): Stoffvermittlung und Reflexion: mögliche Verbindungen im Mathematikunterricht. *mathematica didactica*, 13, 21–48.

Organisation for Economic Co-operation and Development – OECD (1999). *Measuring Student Knowledge and Skills. A new framework for assessment*. Paris: OECD Publication Service.

Ossimitz, G. (1990). *Materialien zur Systemdynamik*. Wien: hpt.

Ossimitz, G. (2000). *Entwicklung systemischen Denkens. Theoretische Konzepte und empirische Untersuchungen*. München: Profil Verlag.

Ossimitz, G. (2002). *Simulation von Supply Chain Management Systemen – The Beer Game*. Verfügbar unter: http://www.beergame.uni-klu.ac.at/ [30.07.2010]

Ossimitz, G.; Lapp, Ch. (2006). *Das Metanoia-Prinzip. Eine Einführung in systemgerechtes Denken und Handeln*. Hildesheim: Franzbecker.

Papert, S.; Idit, H. (1991). *Constructionism (Cognition and Computing)*. Norwood: Ablex Pub.

Pehkonen, E.; Törner, G. (1996): Mathematical beliefs and different aspects of their meaning. *Zentralsblatt für Didaktik der Mathematik – ZDM*, 28 (4), 101–108.

Richmond, B. (1994). *System Dynamics / Systems Thinking: just lets go on with it*. New Hampshire: High Performance Systems.

Schupp, H. (1992): *Optimieren: Extremwertbestimmung im Mathematikunterricht*. Leipzig: BI-Wissenschaftsverlag.

Schweiger, F. (1982): Fundamentale Ideen der Analysis und handlungsorientierter Unterricht. *Beiträge zum Mathematikunterricht*. 103–111.

Schweiger, F. (2006): Fundamental Ideas: A Bridge between Mathematics and Mathematical Education. In Jürgen Maaß; Wolfgang Schlöglmann (Hrsg.). *New Mathematics Education Research and Practice*. Rotterdam: Sense Publishers, 63–73.

Siller, H.-St. (2008). *Modellbilden – eine zentrale Leitidee der Mathematik*. Aachen: Shaker Verlag.

Sterman, J. (2000). *Business Dynamics. Systems Thinking and Modeling for a Complex World*. Boston: Irwin McGraw-Hill

Tietze, U.-P.; Klika, M.; Wolpers, H. (1997). *Mathematikunterricht in der Sekundarstufe II. Band 1: Fachdidaktische Grundfragen – Didaktik der Analysis*. Braunschweig, Wiesbaden: Vieweg & Sohn.

Vester, F. (1990). *Unsere Welt – ein vernetztes System*. München: dtv.

Vester, F. (1999). *Die Kunst vernetzt zu denken: Ideen und Werkzeuge für einen neuen Umgang mit Komplexität*. Stuttgart: Deutsche Verlags-Anstalt.

Vester, F. (2002). *Unsere Welt – ein vernetztes System*. München: dtv.

Vester, F. (2007). *The Art of Interconnected Thinking. Ideas and Tools for tackling complexity*. München: MCB.

Wittmann, E. Ch. (1974). *Grundfragen des Mathematikunterrichts*. Braunschweig: Vieweg & Sohn.

Zimmermann, B. (2003): On the genesis of mathematics and mathematical thinking – a network of motives and activities drawn from the history of mathematics. In Lenni Haapasalo, L.; Kari Sormunen (Hrsg.). *Towards Meaningful mathematics and Science Education*. University of Joensuu. Bulletins of the Faculty of Education 86, 29–47.

Anmerkungen

[1] Vester bezieht sich hierbei offensichtlich auf den systemischen Charakter der Fachwissenschaft Mathematik. Mathematische Systeme als Teil des Wissensnetzes eines Individuums sind insofern keineswegs statisch, als dass die Zustände ihrer Komponenten hinsichtlich der Verständnistiefe einer zeitlichen Veränderung, entsprechend voranschreitender Lernprozesse eines Individuums, unterliegen.

[2] Einige graphische Repräsentationstechniken, z. B. Mind Mapping oder spezielle Formen des Concept Mapping, verwenden der Einfachheit halber nur Linien sowohl zur Darstellung einseitiger als auch wechselseitiger Beziehungen (vgl. z. B. Brinkmann 2007).

[3] Als Stakeholder (engl.) wird eine natürliche Person (der Mensch in seiner Rolle als Rechtssubjekt) oder eine juristische Person (z. B. eine Institution) bezeichnet, die ein Interesse am Verlauf oder Ergebnis eines Prozesses (z. B. eines Projekts oder der wirtschaftlichen Entwicklung eines Unternehmens) hat.

[4] Bezüglich mathematischer Modellierungen von Realitätsproblemen sei auf die Schriftenreihe „Materialien für einen realitätsbezogenen Mathematikunterricht" der ISTRON-Gruppe verwiesen.

Visualisieren und Lernen von vernetztem mathematischen Wissen mittels Mind Maps und Concept Maps

Astrid Brinkmann, Münster

Graphische Darstellungen, die sich sowohl zum Visualisieren als auch zum Lernen vernetzten mathematischen Wissens in besonderer Weise eignen, sind Mind Maps und Concept Maps. In diesem Beitrag werden verschiedene Einsatzmöglichkeiten von Mind Maps und Concept Maps im Mathematikunterricht samt deren Grenzen vorgestellt und entsprechend Rückmeldungen und Erfahrungen aus dem Unterricht eingefügt.

1 Einleitung

Mathematische Objekte (d. h. Begriffe, Lehrsätze, Beweise, Algorithmen, Formeln, Terme usw.) zeichnen sich durch ihren Beziehungsreichtum sowohl untereinander als auch zum „Rest der Welt" aus: Sie sind „vernetzt". Die Struktur dieses Beziehungsgeflechts lässt sich über Graphen modellieren. Dies kann in zwei Richtungen in Unterrichtsprozessen genutzt werden: Wissen eines Individuums kann erfasst/wiedergegeben werden, indem diese Person Graphen erstellt („to map out"); umgekehrt kann ein Lernender, dem vernetztes Wissen in Graphenstruktur präsentiert wird, dieses Wissen in der präsentierten Strukturiertheit abspeichern bzw. in sein Wissensnetz integrieren („to map in"). Als Repräsentationsmöglichkeiten vernetzten mathematischen Wissens eignen sich insbesondere Mind Maps, Concept Maps und hiervon abgewandelte Formen (vgl. ausführliche Darstellung in Brinkmann 2007).

2 Die Technik des Mind Mapping und des Concept Mapping

Mind Mapping ist von Tony Buzan (1976), einem Mathematiker, Psychologen und Gehirnforscher aus Großbritannien, als eine kreative Denk- und Schreibtechnik entwickelt worden, um die Gesamtzusammenhänge zu einem Thema in einem einzigen Bild aufzuzeichnen. Sie ermöglicht es, unter besonderer Berücksichtigung der Funktionsweise unseres Gehirns, Informationen festzuhalten und abzurufen. Die Mind-Map-Technik spricht dabei gezielt beide Gehirnhälften mit ihren jeweils unterschiedlichen Funktionen[1] an, wodurch Synergieeffekte genutzt werden können, die die geistige Leistung erheblich verbessern. Der Brückenschlag zwischen linker und rechter Hirnhälfte wird dadurch erreicht, dass durch die Mind-Map-Technik logische Zusammenhänge durch individuelle Kreativität in einem Bild dargestellt werden.

Zusätzlich trägt Mind Mapping auch dem äußerst komplexen Prozess des Denkens Rechnung. Es wird berücksichtigt, dass Denken kein linearer Vorgang ist, sondern im Gehirn ständig neue Assoziationen und Strukturen gebildet werden, wodurch ein Netzwerk von miteinander verbundenen Informationen entsteht. Entsprechend „wächst" eine Mind Map während des Denkprozesses; die dabei angewandte Technik gestattet es, neue Gedanken mit älteren in Beziehung zu setzen, indem sie in das jeweils aktuelle Bild der Map eingefügt werden.

Um eine Mind Map anzufertigen, geht man wie folgt vor: Zuerst wird das Thema der Map in die Mitte gesetzt; von da aus zeichnet man für jeden weitergehenden Gedanken/Unterpunkt eine Linie („Ast"). An die Linien (oder ans Ende der Linien) werden die einzelnen Schlüsselwörter zu den Unterpunkten geschrieben. Die eingezeichneten Äste können entsprechend einer Untergliederung der Hauptgedanken verzweigt werden; weitere Verästelungen können sich anschließen. Die innere Ordnung gehorcht dabei dem Prinzip: vom Abstrakten zum Konkreten, vom Allgemeinen zum Speziellen. Eine Mind Map ist dadurch hierarchisch strukturiert. Es empfiehlt sich, beim Zeichnen einer Mind Map an einigen Stellen verschiedene Farben, Symbole, selbst definierte Sinnbilder u. ä. zu verwenden, um die Übersichtlichkeit zu erhöhen, Zusammenhänge klarer herauszustellen und der Mind Map eine einzigartige Gestalt zu verleihen. Einige Beispiele für Mathematik-Mind Maps findet man unter http://www.math-edu.de/Mind_Mapping/mind_mapping.html

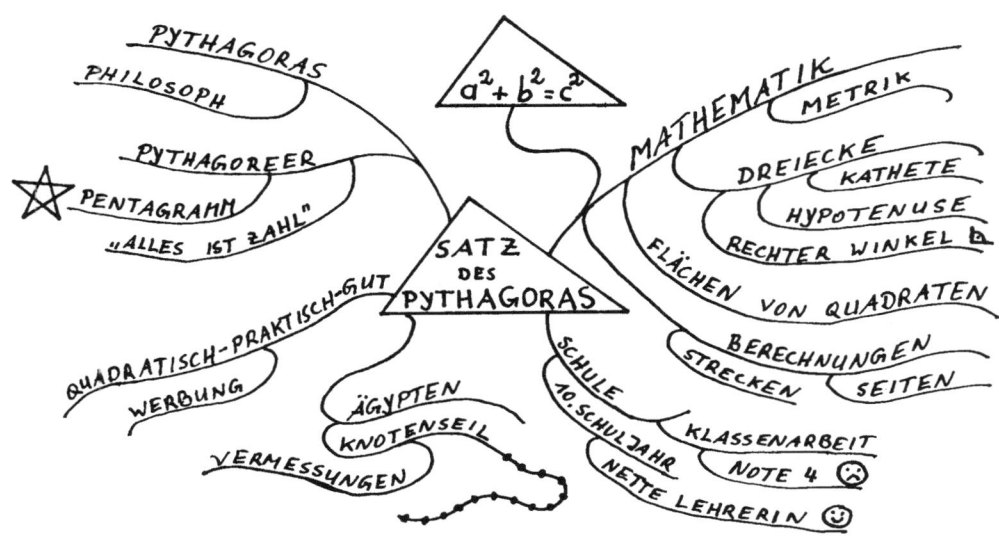

Abbildung 1 Mind Map zum Satz des Pythagoras

Concept Mapping ist, ähnlich wie Mind Mapping, eine Technik, bei der Begriffe (concepts) rund um ein Thema mit ihren Beziehungen untereinander visualisiert werden. Die Methode des Concept Mapping ist entwickelt worden, um die kognitiven Strukturen von Individuen aufzudecken. Basierend auf Ausubels Lerntheorie, der zufolge bereits bekannte Lerninhalte als wichtigster Einflussfaktor für das Lernen angesehen werden, sollten Concept Maps helfen zu ermitteln, was ein Lernender weiß, und danach sollte unterrichtet werden (Novak/Gowin 1984, Novak 1990, 1996).

Entsprechend der Annahme, dass gedächtnismäßig repräsentiertes Wissen hierarchisch strukturiert ist, haben auch Concept Maps (wie sie von Novak entwickelt wurden) eine hierarchische Struktur: Das Thema wird ganz oben aufgeschrieben; darunter werden auf verschiedenen Ebenen Begriffe angeordnet, die in Beziehung zu diesem Thema stehen. Dabei werden allgemeinere, abstrakte Begriffe weiter oben angeordnet und speziellere, konkrete Begriffe weiter unten platziert. Begriffe einer nachrangigen Hierarchieebene werden direkt unter die jeweiligen Begriffe der vorrangigen Hierarchieebene gesetzt, zu denen sie in unmittelbarer Beziehung stehen. Unter die letzte Begriffszeile können Beispiele zu den aufgeführten einzelnen Begriffen gegeben werden. Der Übersichtlichkeit halber werden die einzelnen Begriffe eingekreist oder umrahmt. Dies gilt nicht für Beispiele, die am unteren Ende der Concept Map angeführt werden.

Begriffe verschiedener Ebenen, aber auch derselben Ebene werden mit Linien verbunden, sofern sie in direkter Beziehung zueinander stehen; auf den Verbindungslinien werden diese Beziehungen benannt. (Will man für eine Beziehung zwischen zwei Begriffen hervorheben, dass sie einseitig ist, so werden die beiden Begriffe durch einen Pfeil statt durch eine Linie verbunden. Von Begriffen einer höheren Hierarchieebene werden konventionsgemäß i. A. keine Pfeile zu Begriffen einer nachrangigen Hierarchieebene gezeichnet.)

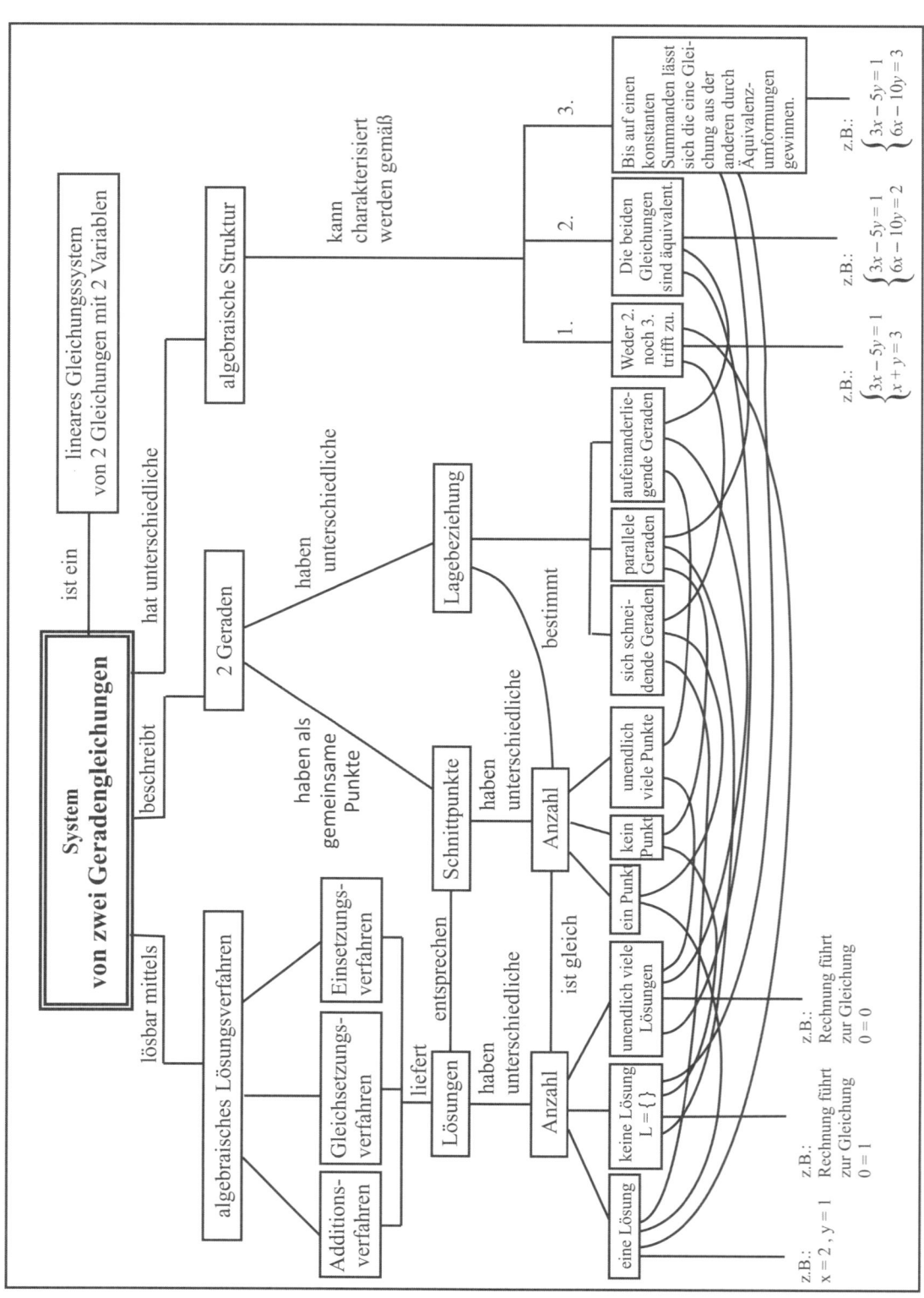

Abbildung 2 Concept Map zu Systemen von zwei Geradengleichungen

Da bei Concept Maps – anders als bei Mind Maps – Querverbindungen zwischen Begriffen verschiedener Hauptäste einzuzeichnen sind und die einzelnen Beziehungen beschriftet werden, erweisen sich Concept Maps als wesentlich differenzierter als Mind Maps.

3 Mind Maps und Concept Maps zu mathematischen Themen

Sowohl Mind Maps als auch Concept Maps erweisen sich als adäquate Mittel, um speziell Vernetzungen im Fachgebiet der Mathematik darzustellen. Ihre hierarchische Struktur erlaubt es insbesondere diejenigen *fachsystematischen Vernetzungen* gut abzubilden, die einer hierarchischen Ordnung der Mathematik zugrunde liegen.

Die bei Concept Maps zusätzlich vorgesehene Möglichkeit, Querverbindungen anzugeben, bietet eine gute Möglichkeit, *Modellvernetzungen*[2] zu visualisieren, die in der Regel Vernetzungen von Konzepten derselben Hierarchieebene anzeigen. (In Abbildung 2 zeigen die vielen Querverbindungen insbesondere in der letzten Begriffszeile eine Modellvernetzung zwischen algebraischen und geometrischen Repräsentationen mathematischer Objekte an.)

4 Anwendungsmöglichkeiten des Mind Mapping und des Concept Mapping als Unterrichtsmittel

Obwohl sich Mind Maps und Concept Maps als besonders geeignete Mittel zur Repräsentation mathematischen Wissens erweisen, wurden sie speziell im Mathematikunterricht bislang wenig eingesetzt. Trotz der unterschiedlichen Intentionen, die der Entwicklung von Mind Maps bzw. Concept Maps zugrunde liegen, bieten diese beiden graphischen Darstellungen im Mathematikunterricht ähnliche Einsatzmöglichkeiten. Nachfolgend werden verschiedene mögliche Anwendungen des Mind Mapping und des Concept Mapping als Unterrichtsmittel aufgelistet und mit entsprechenden Unterrichtserfahrungen ergänzt.

4.1 Maps zum Aufbau von Wissensnetzen durch Visualisierung geordneter Strukturen

Lehrer/innen konnten beim Einsatz von Mind Maps in ihrem Unterricht beobachten, dass insbesondere mathematisch schwache Schüler/innen von der Möglichkeit profitieren, Wissen mit Hilfe von Maps zu strukturieren. Diesen Schüler/innen sind nach eigenen Aussagen oft erst beim Anfertigen einer Mind Map bestimmte Vernetzungen zwischen mathematischen Konzepten bewusst geworden. Auch haben sie ihren Lehrer/innen mitgeteilt, dass sie erst nach Erstellen einer Mind Map die Struktur der dargestellten vernetzten Inhalte „sehen" konnten.

Nutzt man zum Ordnen von Wissen die – gegenüber Mind Maps viel detailliertere – Präsentationsform der Concept Maps, so kann eine Vorgabe von Concept Maps durch das Schulbuch bzw. den Lehrenden sinnvoll sein.

Die Concept Map aus Abbildung 2 z. B. liefert einen geordneten Überblick über Unterrichtsinhalte zum Thema der Systeme von zwei Geradengleichungen in der Mittelstufe. Die Lehrkraft kann diese Map am Ende der entsprechenden Unterrichtseinheit vorlegen und die Schüler/innen auffordern zu beschreiben, was in der Map dargestellt ist. Helfen und unterstützen können hierbei Fragen wie „Welche Lagebeziehungen können zwei Geraden zueinander haben?", „Welche Lösungsverfahren für Gleichungssysteme von zwei Geradengleichungen haben wir kennengelernt?", „Was bedeutet es, wenn wir beim Lösen eines Gleichungssystems genau eine Lösung für x und für y bekommen?", „Was wissen wir, wenn wir erkennen, dass in einem Gleichungssystem die eine Gleichung ein Vielfaches der anderen ist?", „In welchen Fällen erübrigt sich eine Rechnung, weil man das Ergebnis dem Gleichungssystem direkt ‚anschauen' kann?" …

Solch eine Map lässt sich nicht nur am Ende einer Unterrichtseinheit sinnvoll einsetzen, sie kann auch unterrichtsbegleitend stückweise aufgebaut und ergänzt werden. Beim Einstieg in das Thema linearer Gleichungssysteme mit zwei Variablen z. B. werden algebraisch vorgegebene Gleichungen graphisch meist als Geraden in einem Koordinatensystem dargestellt, und – zwecks Klassifikation – die Frage nach den Lagebeziehungen, die zwei Geraden in einer Ebene zueinander haben können, und die Frage nach der Anzahl der jeweils vorhandenen Schnittpunkte gestellt. Das erarbeitete Zwischenergebnis lässt sich dann in einer (Teil-)Map festhalten, wie in Abbildung 3 dargestellt. Später kann man diese Map durch den linken Ast zu den algebraischen Lösungsverfahren ergänzen und hiermit mittels Querverbindungen verlinken; eine weitere Ergänzung durch den Ast zur algebraischen Struktur kann anschließend erarbeitet werden (und ist im Hinblick auf die vorbereitende Vernetzung mit den später im Unterricht zu behandelnden Konzepten der linearen Abhängigkeit bzw. Unabhängigkeit angebracht).

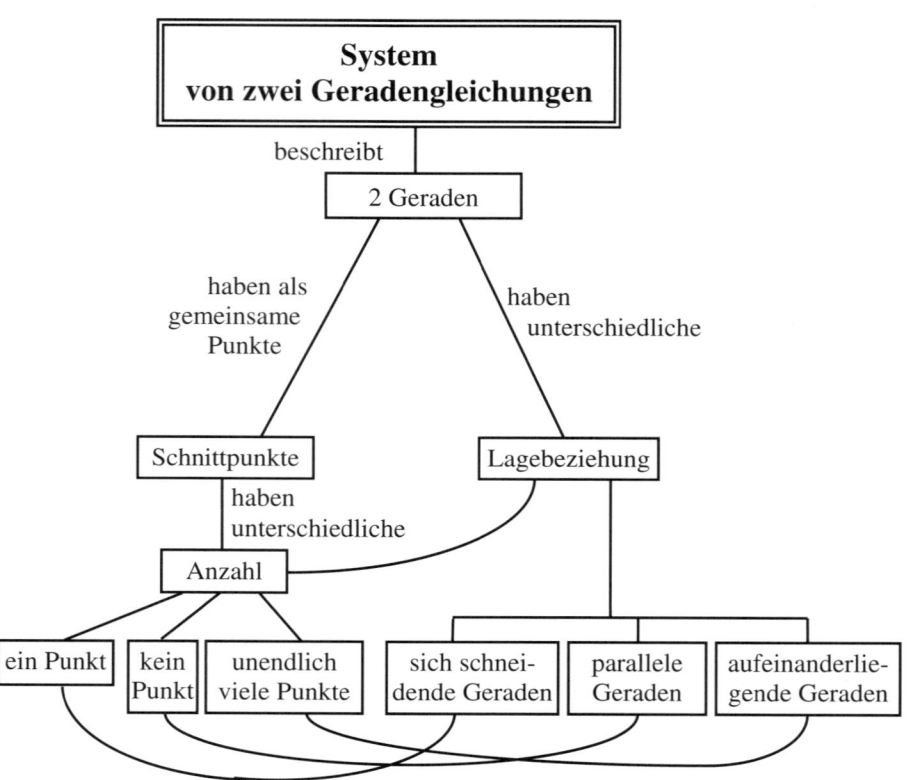

Abbildung 3 Ausschnitt einer Concept Map zu Systemen von zwei Geradengleichungen

Untersuchungen haben gezeigt, dass beim Einsatz einer fertigen „Master"-Concept Map im Unterricht ähnliche Lernerfolge erzielt werden können, wie wenn Schüler/innen selbst Concept Maps mit vorgegebenen Begriffen erstellen (vgl. Hasemann/Mansfield 1995, S. 47). Wenn die Schüler/innen jedoch für ihre Concept Maps die Schlüsselwörter selber vorgeben mussten, war der Leistungszuwachs wesentlich größer.

Für die Nützlichkeit von Concept Maps zur Wissensstrukturierung scheint der Komplexitätsgrad der Map (definiert über die Anzahl der repräsentierten Hierarchiestufen, der Konzepte und der dargestellten Verbindungen) eine Schlüsselrolle zu spielen. Concept Maps von hohem Komplexitätsgrad wirken eher verwirrend als hilfreich. Daher wird man z. B. bei einem Einsatz der Concept Map aus Abbildung 2 in einer leistungsschwächeren Lerngruppe den Ast zur algebraischen Struktur eher weglassen. Ein optimaler Komplexitätsgrad lässt sich nicht ohne weiteres angeben, da er vom Leistungsniveau der Lerngruppe abhängt bzw. individuumsabhängig variiert.

4.2 Anwendung von Maps beim Lernen, z. B. zur Prüfungsvorbereitung

Aufgrund des jeweils sehr individuellen Aussehens einer Map können die dargestellten Inhalte leichter behalten und erinnert werden. Strukturierte Informationen können damit langlebiger im Gedächtnis bleiben.

Mind Maps und Concept Maps erlauben eine zusammenfassende Wiederholung von Lerninhalten zu einem Thema. In Klassen/Kursen, in denen die Methode des Mind Mapping oder/und des Concept Mapping im Unterricht eingeführt wurde, war zu beobachten, dass einige Schüler/innen aus eigenem Antrieb Maps im Zuge der Vorbereitung auf Klassenarbeiten zeichneten, um einen strukturierten Überblick zum behandelten Thema zu bekommen.

4.3 Maps als Visualisierung der kognitiven Strukturen von Individuen

Den Lernenden verhilft die Anfertigung einer Map, die die eigene Sicht auf die Struktur des Lerngegenstands visualisiert, zu einem klareren Bild über Zusammenhänge gemäß ihrer Denkstruktur. Dieser Prozess kann zusätzlich unterstützt werden, indem man Schüler/innen in kleinen Gruppen Maps erstellen lässt. Hierbei müssen sie über die Konzepte diskutieren, die in der Map eingebunden werden sollen, und auch über deren Verbindung zu anderen Konzepten.

Schüler/innen entwickeln nicht nur ein Bewusstsein über die eigene Wissensorganisation, sondern auch über ihnen fehlende Vernetzungen zwischen einzelnen Konzepten. So hatte beispielsweise ein Schüler, der eine Mind Map zu Parabeln zeichnen sollte, Schwierigkeiten, die Gleichung $f(x) = x^2$, die in seinen Unterrichtsmitschriften zum Thema der Parabeln vorkam und sich deshalb als Konzept für die Map anbot, mathematisch zu integrieren und entsprechend sinnvoll in die Map einzubauen.

Über die von Schüler/innen erstellten Maps erhalten Lehrer/innen Informationen über Schülervoraussetzungen, auf deren Basis Unterricht dann effektiver aufgebaut werden kann. Falsche Verknüpfungen werden sichtbar und können korrigiert werden. Hierbei ist, insbesondere beim Mind Mapping, zu empfehlen, erst den/die Schüler/in zu fragen, warum er/sie die betreffende (falsch erscheinende) Verbindung gezeichnet hat. Die Schülererklärung kann mehr Einsicht in die zugrunde liegende kognitive Struktur geben als die einfache und reduzierte Repräsentation in der Map. Eine solche Schülererklärung kann ggf. zeigen, dass eine für den Lehrenden falsch erscheinende Verbindung aufgrund einer andersartigen Sichtweise des Schülers/der Schülerin dennoch fachlich richtig ist.

Beispielsweise ist in Abbildung 6 die Einordnung des Satzes von Vieta unter dem Oberbegriff Funktionsgleichung fragwürdig. Die Schülerin, die diese Map gezeichnet hat, erklärte hierzu, dass sich mit Hilfe des Satzes von Vieta die Formvariablen p und q bestimmen ließen, und hiermit eine weitere Funktionsgleichungsform angegeben werden könne. Allerdings zeigte sich, dass der Schülerin der Zusammenhang von p und q mit a, b und c nicht bewusst war.

Lehrende können sich ein Bild über den Wissenszuwachs bei Schüler/innen zu einer im Unterricht behandelten Thematik machen, wenn die Lernenden zu Beginn und am Ende einer Unterrichtseinheit jeweils eine Map zu dem Thema dieser Einheit zeichnen. Die Lehrkraft kann z. B. sehen, ob zusätzliche Konzepte in einer sinnvollen Weise mit der Thematik verbunden werden. Für die Lernenden selber bietet diese Methode eine Möglichkeit der Beurteilung, wie viel sie gelernt haben. Ferner können solche Maps im Rahmen von Elternsprechtagen dienlich sein, um Eltern die Fortschritte ihrer Kinder sichtbar zu machen.

4.4 Das Arbeiten an Maps als Mittel, Lernfortschritte zu erzielen und festzuhalten

Mind Maps können aufgrund ihrer offenen Struktur im Prozess des Lehrens und Lernens neuer Inhalte wachsen. Hierfür werden die neuen Informationen in passende, früher angefertigte Mind Maps integriert. Solch eine Schüleraktivität kann von dem Lehrer/der Lehrerin initiiert werden, der/die den Überblick über bereits existierende Mind Maps seiner/ihrer Schüler/innen hat.

Eine Mind Map kann auch als gemeinsame Aufgabe einer Klasse entstehen: Das Thema der Map wird in die Tafelmitte geschrieben, die Lernenden werden gefragt, welche Begriffe/Hauptgedanken sie hiermit verbinden. Für jedes entsprechend sinnvoll genannte Konzept zeichnet der/die Lehrer/in einen Ast der Mind Map. Weiterhin werden die Schüler/innen aufgefordert, alle anderen Konzepte anzugeben, die sie mit den bereits genannten verbinden. Aufgrund der offenen Struktur einer Mind Map kann jeder sinnvolle Beitrag integriert werden. In einem begleitenden Unterrichtsgespräch kann mit den Schüler/innen diskutiert werden, wie einzelne der genannten Konzepte in die Map eingeordnet werden sollen bzw. ob die Einordnung bestimmter Konzepte überhaupt sinnvoll ist. Die fertige Mind Map sollte dann von jedem/r Schüler/in (mit seiner/ihrer persönlichen Note) neu gezeichnet werden, wodurch sie sich als Gedächtnisstütze besser eignen kann.

Unterrichtserfahrungen zeigen, dass dies eine sehr fruchtbare Vorgehensweise ist. Die Diskussionen über die Einordnung einzelner Konzepte in die Mind Map geben Aufschluss über verschiedene Denk- und Sichtweisen von Schüler/innen und sind bereichernd für alle Beteiligten. Manchmal machen Schüler/innen auch die wertvolle Erfahrung, dass sich einzelne Konzepte unter verschiedenen Begriffen unterordnen lassen, weil mathematische Objekte in mehrfacher Weise mit anderen verbunden sind.

Durch die Art der Strukturierung von Wissen mittels Map kann sichtbar werden, welchen Konzepten eine größere Bedeutung zukommt als anderen. Über diese Erfahrung berichtet Rasch (2001) mit Bezug auf zwei Mind Maps, die in ihrem Unterricht gezeichnet wurden:

> Wenn jemand zum Beispiel die Fallunterscheidung bei Bruchgleichungen mit Formvariablen nicht beherrscht …, ist das kein Drama; sie stehen ganz am Ende eines Zweiges. Wenn aber jemand nicht faktorisieren kann, dann kann er praktisch gar nichts; das Faktorisieren ist mit fast allen Teilen des Netzes verknüpft. Als wir im Unterricht die fertige Mind Map in diesem Sinne auswerteten, konnte ich das Aha-Erlebnis, das durch die Klasse ging, deutlich beobachten. Vor allem den schwachen Schülerinnen und Schülern war diese Erkenntnis eine große Hilfe … Ich selber war überrascht, dass die schlichte Tatsache des Visualisierens so viel mehr bewirkte als meine zuvor vielmals wiederholten Worte: „Ihr müsst das Faktorisieren üben!"

Insbesondere Mind Maps mit ihrer offenen Struktur können der Verdeutlichung der vielfältigen Bezüge mathematischer Inhalte zum „Rest der Welt" dienen. Schüler/innen sind es gewohnt, dass im Mathematikunterricht von ihnen Denken und Argumentieren innerhalb der Mathematik erwartet wird. Ein Hinweis der Lehrperson, dass auch nichtmathematische Konzepte in eine Map integriert werden können und dürfen, ist ggf. vonnöten. Schüler/innen äußern häufig ihr Erstaunen darüber, nichtmathematische Konzepte in ihre Map einfügen zu dürfen, aber auch ein gewisses gutes Gefühl, das sie dabei haben.

4.5 Concept Maps in der Form von „Lückentexten" zum Lernen mathematischer Vernetzungen

Concept Maps in der Form von „Lückentexten" können im Hinblick auf das Lernen mathematischer Vernetzungen dienlich sein. Hierbei wird den Schüler/innen zu einem

Thema eine unvollständige Concept Map vorgelegt mit dem Arbeitsauftrag, fehlende Konzepte in leer eingezeichnete Felder sowie fehlende Verbindungen einzutragen. Die Lernenden sind dabei aufgefordert, sich intensiv und aktiv mit den Inhalten des betrachteten Wissensbereichs in ihrer Beziehungshaltigkeit auseinanderzusetzen. Natürlich kann es u. U. vorkommen, dass es verschiedene Möglichkeiten für einen sinnvollen Eintrag in ein leer vorgegebenes Feld gibt. Die Lehrkraft muss daher offen für unerwartete Lösungen sein und deren Sinnhaftigkeit in jedem Einzelfall hinterfragen.

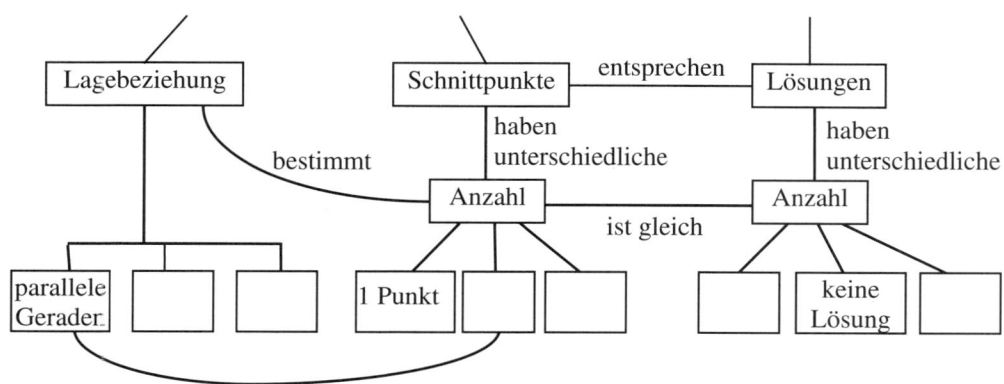

Abbildung 4 Ausschnitt einer Concept Map in „Lückentext"-Form

Wird eine vorher im Unterricht eingesetzte Map von der Lehrkraft zu einer Lückentext-Map umgearbeitet, so sollte die Map optisch verändert werden, um bloß auswendig gelernte jedoch nicht verstandene Eintragungen seitens der Schüler/innen zu unterbinden – Abbildung 4 deutet diese Vorgehensweise an.

Lückentext-Maps eignen sich natürlich auch, um Fehlvorstellungen oder fehlendes Wissen von Schüler/innen aufzuspüren. Trägt ein Schüler in der Map aus Abbildung 4 z. B. unter dem Begriff „Anzahl" unter „Schnittpunkte" in ein leeres Feld „2 Punkte" ein, so ist dies ein Hinweis auf eine Wissens- bzw. Verständnislücke.

4.6 Concept Maps als Hilfe beim Problemlösen

Die Ergebnisse einer Untersuchung (Brinkmann 2005) zeigen, dass eine Verwendung von Concept Maps bei Problemlöseprozessen hilfreich sein kann. Hierfür spielt der Komplexitätsgrad der verwendeten Concept Map offenbar eine entscheidende Rolle: Für schwächere Schüler/innen sollten Concept Maps eher weniger Informationen – zu Gunsten einer besseren Übersichtlichkeit – enthalten, um hilfreich zu sein.

Problemlöseprozesse bestehen nicht einfach nur aus dem Anwenden eines mathematischen Algorithmus, sondern benötigen ein beziehungshaltiges Wissen als Grundlage. Die Concept Map aus Abbildung 2 zu Systemen von zwei Geradengleichungen kann beispielsweise beim Lösen folgender Aufgabe hilfreich sein:

Durch die Gleichung $3x + 2y = 7$ wird eine Gerade g beschrieben. Gib die Gleichung einer weiteren Geraden h an, die
a) parallel zu g ist,
b) g im Punkt $P(1; 2)$ schneidet,
c) mehr als einen Schnittpunkt mit g hat.

Als wirkungsvoll erweist es sich, wenn Schüler/innen am Ende einer Lerneinheit aufgefordert werden, eine Map als zusammenfassenden Überblick über erworbenes Wissen zum Thema zu erstellen, wobei ihnen gleichzeitig in Aussicht gestellt wird, diese Map beim späteren Bearbeiten von komplexeren Aufgaben zum Thema nutzen zu dürfen. Die Lernenden haben dann einen Ansporn, ihre Map mit besonderer Sorgfalt anzufertigen. Die Maps in den Abbildungen 5 und 6 sind so entstanden. Lehrer/innen sollten ihren Schüler/innen behilflich dabei sein, ihre auf diese Weise entstandene Map zu verbessern und zu ergänzen. Die Map in Abbildung 5 ist von einer leistungsschwachen Schülerin (der schwächsten in ihrer Schulklasse) erstellt worden; sie enthält noch etliche Fehler und ist – im Hinblick auf eine Wissensdarstellung als Hilfe beim Problemlösen – noch sehr lückenhaft. Geeignete Problemstellungen, die zum Thema der Parabeln gestellt werden können, wären z. B.:

a) Eine Parabel hat den Scheitelpunkt $S(-2;5)$ und schneidet bei –4 die x-Achse. Wie lautet die allgemeine Form der Funktionsgleichung?

b) Eine Parabel hat die Nullstellen $x_1 = -1$ und $x_2 = 3$. In der allgemeinen Form der Funktionsgleichung hat der Koeffizient a von x^2 den Wert 2. Gib eine Funktionsgleichung für die Parabel an. Gib die Koordinaten des Scheitelpunkts der Parabel an.

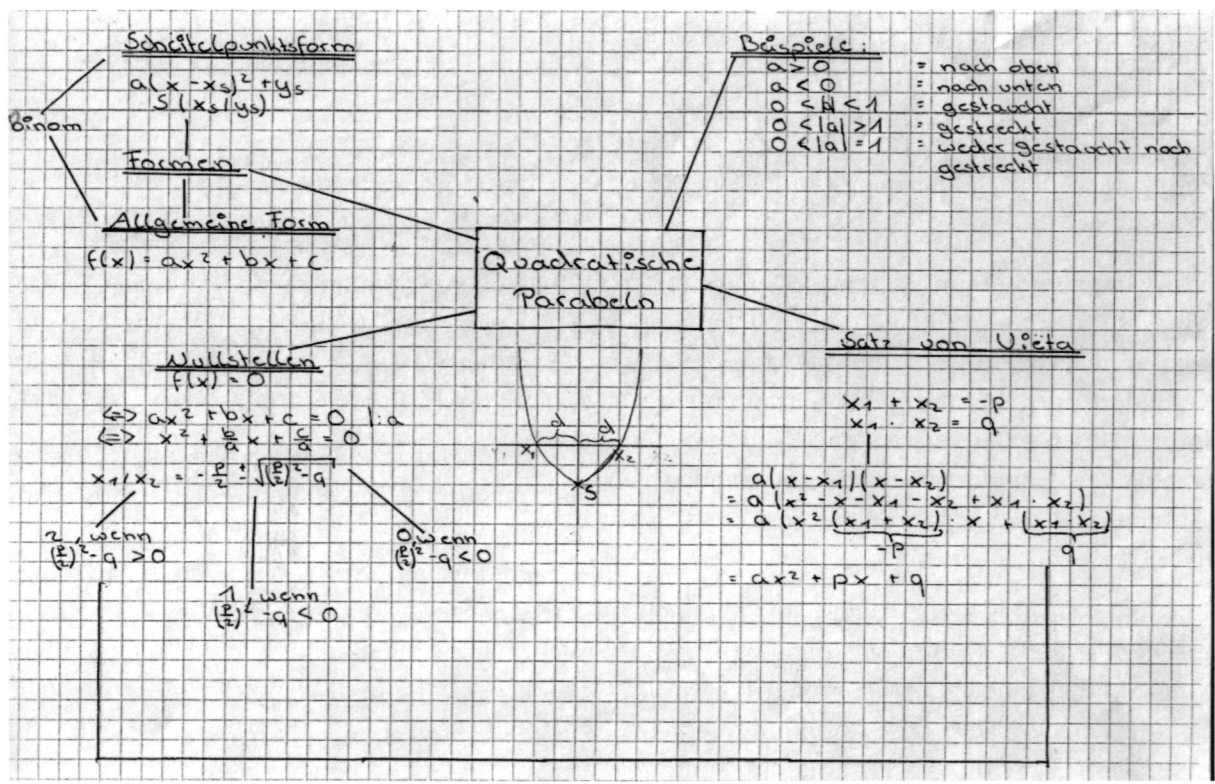

Abbildung 5 Map einer leistungsschwachen Schülerin zum Thema Parabeln

5 Eingrenzende Sachverhalte

Als eingrenzende Sachverhalte sind beim Einsatz des Mind Mapping als Unterrichtsmittel zu beachten:

– Mind Maps sind sehr individuelle Darstellungen. Verschiedene Menschen haben unterschiedliche Assoziationen und stellen daher unterschiedliche Mind Maps zu demselben Thema her. Das korrekte Erfassen des Inhalts einer Mind Map erfordert die richtige Assoziation zu den verwendeten Schlüsselwörtern, insbesondere, weil Verbindungen zwischen Schlüsselwörtern zwar gekennzeichnet, aber nicht näher beschrieben werden.

– Deshalb sollten möglichst selbst angefertigte oder mitangefertigte Mind Maps verwendet werden.

- Eine Mind Map kann trotz ihres wohlstrukturierten und geordneten Inhalts auf den ersten Blick unübersichtlich wirken.
- Die Struktur der Mind Maps sieht i. d. R. keine Verbindungen zwischen Begriffen unterschiedlicher Äste vor. Dadurch gewinnen Mind Maps an Übersichtlichkeit; zugleich werden aber bestehende Zusammenhänge nicht aufgezeigt.

Grenzen beim Einsatz des Concept Mapping als Unterrichtsmittel ergeben sich aus folgenden Sachverhalten:

- Die Erstellung einer Concept Map erfordert einen recht hohen Zeitaufwand.
- Bei der Interpretation einer Map muss berücksichtigt werden, dass eine Concept Map immer nur einen Wissensausschnitt darstellen kann; nicht dargestellte Konzepte oder Verbindungen sind möglicherweise dennoch Bestandteil des Wissens des Autors/der Autorin der Map.
- Aus den dargestellten Beziehungen kann nicht eindeutig auf die Tiefe des Verständnisses derselben geschlossen werden.
- Bei der Anfertigung einer Concept Map ist eine Zuordnung der Konzepte zu bestimmten Hierarchiestufen nicht immer eindeutig. Sind einem Individuum verschiedene mögliche Ordnungsaspekte bewusst, so muss es sich in seiner Darstellung doch für einen entscheiden, und nur dieser Aspekt wird sichtbar.
- Bei einer Wissensrepräsentation durch Concept Maps ist – wie auch in anderen Situationen, in denen Wissen abgefordert wird – möglicherweise nicht jede aufgezeigte Relation zwischen Begriffen ein Hinweis auf sinnvolles Lernen; solch eine Relation könnte nur auswendig gelernt sein.
- Eine Concept Map hat keine so offene Form wie eine Mind Map, wodurch das nachträgliche Einfügen neuer Ideen (Konzepte) – wie in Abschnitt 4.4 für Mind Maps beschrieben – schwierig ist.

6 Einführung im Unterricht

Es empfiehlt sich, im Unterricht mit der einfacheren Methode des Mind Mapping einzusteigen und die Technik des Concept Mapping darauf aufbauend einzuführen.

6.1 Einstieg mit Mind Mapping

Die Methode des Mind Mapping ist Schüler/innen oft bereits aus dem Unterricht in anderen Fächern bekannt. Es kann daher ausreichen, Lernenden eine Beispielmap zu einem mathematischen Thema vorzulegen, um ihnen zu verdeutlichen, dass und wie auch mathematische Inhalte in einer Mind Map dargestellt werden können.

Sind die Lernenden mit der Methode des Mind Mapping noch nicht vertraut, so kann eine Einführung auf folgende Weise erfolgen:

1. In einer Phase des Brain Storming sammeln die Schüler/innen Begriffe, die sie mit einer vorgegebenen Thematik in Verbindung bringen; der/die Lehrer/in schreibt die Begriffe an die Tafel.

2. Die Schüler/innen suchen Oberbegriffe, unter denen sich mehrere der gesammelten Begriffe zusammenfassen lassen. Die Oberbegriffe werden an die Tafel geschrieben; unter jedem Oberbegriff werden die entsprechenden Unterbegriffe aufgelistet.

3. Nun wird eine Mind Map gezeichnet: Das Thema wird in die Mitte gesetzt, die Oberbegriffe bilden die Schlüsselwörter an den Ästen, und die jeweils zugehörigen Unterbegriffe bilden die Schlüsselwörter an den entsprechenden Zweigen.

Auf diese Weise wird den Lernenden die Struktur einer Mind Map verdeutlicht. Bereits ihre zweite Mind Map können sie i. d. R. ohne die Vorarbeiten aus dem 1. und 2. Schritt direkt und entsprechend ihrem freien Gedankenfluss zeichnen.

4. Jetzt werden die Schüler/innen noch auf hilfreiche und kreative Ausgestaltungsmöglichkeiten ihrer Mind Maps hingewiesen. Sie werden aufgefordert, ihre bereits angefertigten Mind Maps unter Berücksichtigung dieses Aspekts nochmals zu zeichnen.

Es zeigt sich, dass Schüler/innen sehr gerne ihre Maps neu zeichnen, wenn sie dabei ihrer Kreativität in einem bestimmten Rahmen freien Lauf lassen können. Ein positiver Nebeneffekt, der sich hierbei einstellt, ist, dass die in der Mind Map dargestellten Zusammenhänge wiederholt und neu durchdacht werden und sich damit besser einprägen.

6.2 Einführung des Concept Mapping

Sind Lernende mit der Methode des Mind Mapping im Mathematikunterricht bereits vertraut, so lässt sich die Technik des Concept Mapping leicht als eine Erweiterung der Mind-Map-Technik einführen: Das Thema wird nicht in die Blattmitte, sondern oben auf das Zeichenblatt geschrieben; Schlüsselbegriffe werden nicht an den Ästen und Zweigen, sondern am Ende hiervon notiert (spezielle Mind-Map-Techniken nutzen bereits diese Notationsweise); Querverbindungen zwischen Begriffen verschiedener Äste sind einzuzeichnen und Verbindungslinien zu beschriften.

Will man direkt die Methode des Concept Mapping ohne Rückgriff auf die Mind-Map-Technik einführen, so kann folgendermaßen vorgegangen werden:

1. Die Schüler/innen suchen zunächst aus einem Text Schlüsselbegriffe heraus.
2. Sie werden an der Tafel oder mittels OHP aufgelistet.
3. Im Klassengespräch wird ein Oberbegriff gefunden, der an die Spitze einer neuen Liste von Begriffen gesetzt wird. In dieser neuen Liste werden die Begriffe der ersten Liste in einer Reihenfolge von allgemeineren hin zu spezielleren angeordnet. Die in der Regel wenigen Differenzen über die Rangordnung der Begriffe sind nicht hinderlich, sondern sogar nützlich, zeigen sie doch, dass es mehr als nur eine Interpretationsmöglichkeit eines Textes gibt.
4. Man beginnt mit der Konstruktion der Concept Map, indem man sich an der Begriffshierarchie der letzten Liste orientiert.

Verbindende Wörter werden zunächst für direkte Verbindungen zwischen Begriffen aufeinanderfolgender Hierarchiestufen gesucht.

Es ist vorteilhaft, wenn Schüler/innen die einzelnen Begriffe und verbindenden Wörter jeweils auf rechteckige Kärtchen schreiben, die dann mit wachsender Einsicht in die Organisation der Map umgeordnet werden können.

5. Man sucht als Nächstes nach Querverbindungen zwischen verschiedenen Ästen der Concept Map und beschriftet sie.
6. Die Concept Map wird umgebaut, falls dies zu einer besseren Darstellung der Bedeutungszusammenhänge führt. Die Schüler/innen sollten erfahren, dass hierzu manchmal mehrere Umarbeitungen der Map erforderlich sind.

Als besonders schwierig erweist sich für Schüler/innen das Finden verbindender Wörter. Deshalb sollten Lehrpersonen hierbei behilflich sein.

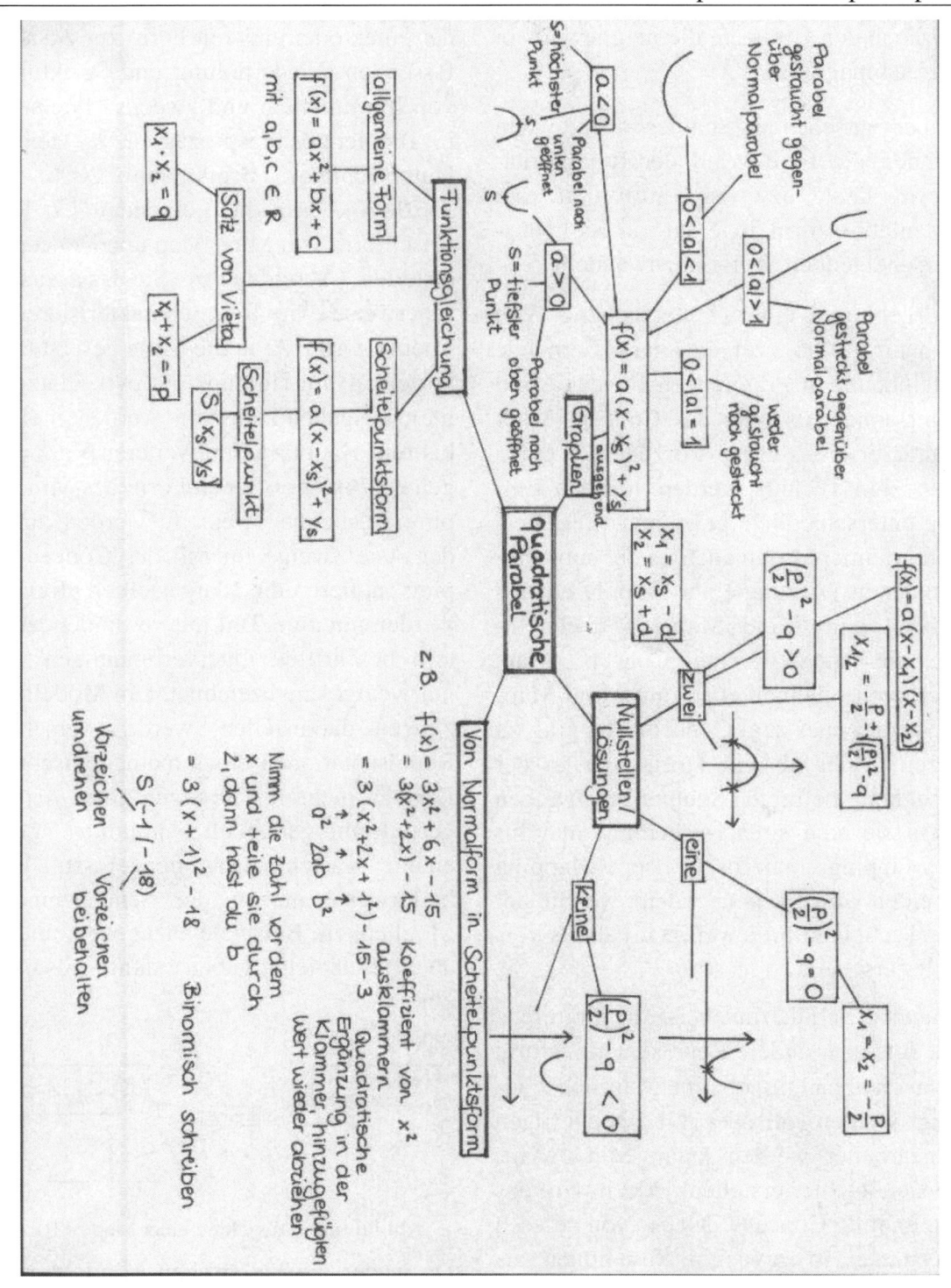

Abbildung 6 Map zu Parabeln, gezeichnet von einer Schülerin einer 10. Klasse Gymnasium

7 Präferenzen von Lernenden bei der Wahl der Map-Form

Die Entscheidung eines/einer Lehrenden für die Verwendung der einen oder anderen Map-Technik als Unterrichtsmittel richtet sich nach

– den darzustellenden Konzepten und Vernetzungen,

– den jeweils primär verfolgten Unterrichtszielen,

– den Möglichkeiten, die die einzelnen Techniken bieten,

– sicherlich auch den Interessen, Gewohnheiten oder Fertigkeiten der Lehrenden und Lernenden,

– aber auch den Grenzen, die man jeweils in Kauf nehmen muss.

Wie aber entscheiden Schüler/innen, wenn man ihnen die freie Wahl der Repräsentationsform lässt, bzw. sie auffordert, die Repräsentationsform in einer für sie günstiger erscheinenden Weise abzuwandeln?

Die Ergebnisse einer Untersuchung von Brinkmann (2006) zeigen, dass Lernende keine eindeutigen Präferenzen für das Mind Mapping einerseits oder das Concept Mapping andererseits zeigen. Vorzüge der einen oder anderen Technik werden von den Einzelnen unterschiedlich gewichtet. Die Lernenden orientieren sich auch an der subjektiv empfundenen Wirkung einer Map: Die einen empfinden eine Mind Map als übersichtlicher, die anderen eine Concept Map. Schülerinnen scheinen eher zum Mind Mapping, Schüler eher zum Concept Mapping zu tendieren. Mehr als ein Drittel der in der Untersuchung befragten Schüler/innen gaben an, dass sie sich situationsbedingt mal für Mind Mapping, mal für Concept Mapping entscheiden würden, je nachdem, welche der beiden Techniken im jeweiligen Fall als vorteilhafter erscheint.

Für manche Schüler/innen ist die Präferenz für die eine oder andere Repräsentationsform auch davon abhängig, ob eine Map selbst angefertigt werden soll oder mit einer fertigen Map gearbeitet werden kann. Mind Maps lassen sich leichter erstellen; jedoch wird das Arbeiten mit Concept Maps von diesen Schüler/innen in gewissen Situationen als vorteilhafter betrachtet. Als Konsequenz für den Unterricht sollte ihnen ggf. geholfen werden, eine von ihnen erstellte Map so zu ergänzen und zu verbessern, dass sie für weitere Lernprozesse effizienter genutzt werden kann.

Haben Schüler/innen die freie Wahl zwischen der Anfertigung einer Mind Map, einer Concept Map oder einer Abwandlung der einen oder anderen Form zur zusammenfassenden Wiederholung und Strukturierung von Lerninhalten und zwecks Unterstützung in Problemlösungsprozessen, so zeigt eine Untersuchung (Brinkmann 2006, 2007, S. 70–76), dass die Lernenden i. d. R. eine Mischform von Mind Map und Concept Map erstellen (Abbildung 6). Sie lässt sich typischerweise wie folgt charakterisieren: Das Thema wird i. A. in die Mitte gesetzt (dies ist vorteilhaft im Hinblick auf evtl. Platzprobleme); ausgehend hiervon werden meist drei bis fünf Hauptäste mit weiteren Verzweigungen eher in der offenen Form des Mind Mapping gezeichnet, Begriffe werden am Ende der Äste/Zweige im Stil des Concept Mapping notiert; die dargestellten Relationen werden nur zum Teil mit verbindenden Wörtern beschriftet; Querverbindungen werden nur wenige eingezeichnet. Um Modellvernetzungen darzustellen, werden verschiedene Repräsentationen eines mathematischen Objekts an mehreren Zweigen eines Astes dargestellt und gebündelt (Abbildung 7) oder in einem Kasten zusammengefasst. Vorteilhafterweise nutzen die Schüler/innen die Möglichkeit, Beispiele anzugeben, und fügen auch Beispielaufgaben samt Lösungsweg ein.

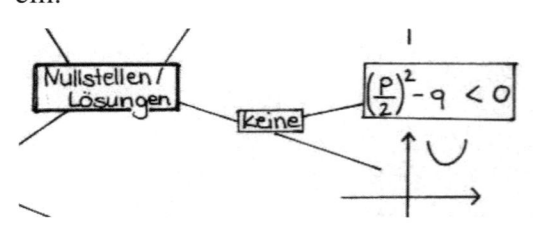

Abbildung 7 Ausschnitt einer Map zu Parabeln

Da weder die klassischen Mind Maps noch die Concept Maps optimal für den Gebrauch im Mathematikunterricht erscheinen, sollte Lernenden die Freiheit gegeben werden, eine klassisch definierte Map-Form in ihrem Sinne abzuwandeln. Eine Weiterentwicklung und Bereitstellung entsprechend angepasster Regeln zur graphischen Darstellung von Wissensnetzen im Mathematikunterricht ist daher sinnvoll.

Literatur

Brinkmann, Astrid (2005). Können Concept Maps eine Hilfe beim Problemlösen sein? In: Günter Graumann (Hrsg.). *Beiträge zum Mathematikunterricht 2005*. Hildesheim, Berlin: Franzbecker, 127–130.

Brinkmann, Astrid (2006). Mind Mapping oder Concept Mapping? – Schülerpräferenzen. In: *Beiträge zum Mathematikunterricht 2006*. Hildesheim, Berlin: Franzbecker.

Brinkmann, Astrid (2007). *Vernetzungen im Mathematikunterricht – Visualisieren und Lernen von Vernetzungen mittels graphischer Darstellungen*. Hildesheim, Berlin: Franzbecker.

Buzan, Tony (1976). *Use Both Sides of Your Brain*. New York: E. P. Dutton & Co.

Hasemann, Klaus; Mansfield, Helen (1995). Concept Mapping in Research on Mathematical Knowledge Developement: Background, Methods, Findings and Conclusions. *Educational Studies in Mathematics* 29 (1), 45–72.

Novak, Joseph; Govin, Bob (1984). *Learning how to learn*. Cambridge University Press.

Novak, Joseph (1990). Concept Mapping: A Useful Tool for Science Education. *Journal of Research in Science Teaching* 27 (10), 937–949.

Novak, Joseph (1996). Concept Mapping: A Tool for Improving Science Teaching and Learning. In: David F. Treagust, Reinders Duit, Barry J. Fraser (eds.). *Improving Teaching and Learning in Science and Mathematics*. New York, London: Teachers College Press.

Rasch, Helga (2001). Mind-Mapping. *mathematik lehren* 106, 61.

Anmerkungen

[1] Die linke Gehirnhälfte ist in aller Regel für Logik, Sprache, Linearität, Analyse und Planung zuständig, die rechte Gehirnhälfte steuert überwiegend Raumwahrnehmung, Phantasie, Emotionen, Farbe, Rhythmus, Gestalt, Dimensionalität, ganzheitliche Erfahrungen und Synthese.

[2] Verschiedene Repräsentationen eines mathematischen Objektes in unterschiedlichen mathematischen Modellen stehen über die Modellvernetzung in Relation zueinander; s. einleitender Artikel in diesem Band.

Lernlandkarten als Arbeitsmittel zur Selbststeuerung beim Lernen im Mathematikunterricht in individuellen und kooperativen Arbeitsformen

von Michael Wildt, Münster

Lernlandkarten visualisieren möglicher Lernwege. Selbsterstellte Lernlandkarten bilden gleichzeitig auf den eigenen Lernprozess bezogene kognitive Strukturen der sie erstellenden Subjekte ab. Im Rahmen von Erprobungen von Lernlandkarten als diagnostisches Arbeitsmittel in selbstgesteuerten individuellen oder kooperativen Arbeitsformen verschiedener Schulformen von der Primarstufe bis zur Sekundarstufe II zeigt sich: Das Arbeitsmittel Lernlandkarten bietet dem lernenden Subjekt die Chance, einen realistischen Blick auf das eigene Lernen zu gewinnen und auf dieser Grundlage sinnvolle Ansatzpunkte für effektives Weiterlernen zu bestimmen. Die Arbeit mit Lernlandkarten ermöglicht den Lernenden, ihre Lernschritte, basierend auf den individuellen Lernvoraussetzungen, mit den in der Lerngruppe ablaufenden Prozessen so zu verknüpfen, dass die individuellen Ziele erreichbar erscheinen und erreicht werden. Der Text skizziert die Grundidee der Lernlandkarte als selbstgestaltetes Arbeitsmittel und stellt Beispiele des Einsatzes im Unterricht vor.

1 Lernlandkarten und förderliche Leistungseinschätzung – Konzeptüberlegungen

An deutschen Schulen wird der positiv-diagnostische Blick von Lernenden auf die schon erreichten Lernerfolge getrübt, da traditionell Bewertung mit Einstufung in eine Rangordnung und Selektion verknüpft gesehen wird. Der Schüler rückt die Auswertung der eigenen Erfolge oder Misserfolge in ständige Nähe zur bangen Frage, ob er den Ansprüchen seiner Schule, der Schulform oder dem angestrebten Schulabschluss wohl genügt. So bekommen sein realistisches Nachdenken über die schon erbrachten Leistungen und die Reflexion über den sinnvollen nächsten Lernschritt einen bedrohlichen Nebengeschmack. Die Angst vor Abwertung behindert eine förderliche Leistungseinschätzung.

Förderlich ist eine Leistungseinschätzung, wenn sie erreichte Fortschritte positiv konnotiert, gemessen nicht an allgemeinen Vergleichsmaßstäben, sondern an der eigenen Lernausgangslage: Wenn der Lernende erkennt, was er – durch eigene Anstrengung – schon erreicht hat, verschafft ihm der Blick zurück eine solide Basis, auf der er Luft holen und sich gestärkt fühlen kann. Gleichzeitig ist eine Leistungseinschätzung förderlich, wenn sie den Blick nach vorne auf gute Wege des Weiterlernens öffnet: darauf, die schwierige Entscheidung erfolgreich zu meistern, welcher der möglichen weiteren Lernschritte die Investition von Energie, Fleiß und Strebsamkeit besonders zu lohnen verspricht.

Eine förderliche Leistungseinschätzung, gerade für schwache und benachteiligte Schüler/innen, erfordert Instrumente oder Arbeitsmittel, die transparente Antworten auf die zwei zentralen Fragen der Förderdiagnostik erlauben: „Was kann ich schon?" und „Welcher nächste Schritt verspricht mir Erfolge?"

Lernlandkarten in Form von zweidimensionale Repräsentationen kognitiver Netzwerke bieten bei der Entwicklung eines positiven Blicks auf bisher erreichte Erfolge und auf sinnvolle Ansatzpunkte für Erfolg versprechendes Weiterlernen faszinierende Möglichkeiten.

1.1 Begriffsbildung Lernlandkarte

Eine Lernlandkarte ist eine Visualisierung eines kognitiven Netzwerkes, von der sich eine Person bei der erforschend-lernenden Auseinandersetzung mit einem Lerngegenstand, einem Themengebiet bzw. einem Unterrichtsfach leiten lässt. Sie ist eine Sonderform einer *concept map*, deren spezifische

Form sich aus der ihr zugedachten Funktion im Lernprozess ergibt. Sie wird erstellt bzw. dient als Mittel, lernende Personen bei der Orientierung im individuellen Lernprozess zu unterstützen, analog dazu, wie eine Landkarte Menschen bei der Orientierung im Bewegungsraum hilft.

Idealtypisch lassen sich zwei verschiedene Formen zum orientierenden Einsatz einer Landkarte unterscheiden:

– Menschen nutzen von anderen Subjekten erstellte Landkarten eines zu erschließenden Raums, um den eigenen Standort zu verorten und Orientierung für ihre weiteren beabsichtigten Bewegungen zu finden.

– Menschen stellen Landkarten selbst her, um Ordnung in ihr eigenes, in Entstehung begriffenen Raumwissen zu bringen und ihr gesammeltes Wissen über die Struktur des Raumes anderen Subjekten zugänglich zu machen.

Beide Formen der Landkartennutzung lassen sich auf das Arbeitsmittel Lernlandkarte übertragen:

– Fremde Lernlandkarten – von Mitlernenden oder Lehrkräften entworfen – helfen dem lernenden Subjekt dabei, den eigenen erreichten Lernstand klarer zu sehen und Ansatzpunkte für erfolgreiches Weiterlernen zu finden.

– Das Selbsterstellen einer Lernlandkarte artikuliert die aktuell entwickelte Struktur- und Prozesssicht des lernenden Subjekts auf seinen erreichten Lernstand. Die Karte gibt Auskunft über die vom Lernenden im bisherigen Lernprozess entwickelte Sicht auf den Lerngegenstand und damit über den erzielten Lernerfolg.

Jede Artikulation beim Arbeiten mit einer Lernlandkarte ist ein Element der Reorganisation des Lernstandes. So wird die Lernlandkarte zum selbstdiagnostischen Instrument und unterstützt eine förderliche Leistungsbeurteilung als Basis der Selbststeuerung beim Lernen.

1.2 Die Landkarte als Ideengeber zur Erschließung des Potentials des Arbeitsmittels Lernlandkarte

‚Lernlandkarte' ist eine Metapher. Sie assoziiert Vorgänge des Lernens mit denen der räumlich-geographischen Orientierung bei der Suche nach möglichen Zielen und den zu diesen Zielen führenden Wegen. Die oben gegebene Definition zeigt die Vielschichtigkeit des Begriffs: Es besteht ein gewisser Gegensatz zwischen der Nutzung einer Lernlandkarte, die gedacht ist als Mittel zum Ausdruck des eigenen inneren kognitiven Netzwerks eines Lernenden, und der Nutzung einer Lernlandkarte als Mittel zur Orientierung in einem durch äußere Vorgaben (beispielsweise durch Richtlinien und Lehrpläne) bestimmten Raum.

Gelingt es, die beiden Pole in einem Arbeitsmittel für die Hand des Lernenden zu verbinden? Es lohnt sich, darüber vertieft nachzudenken. Bei der Erörterung setzte ich drei Elemente wechselweise zueinander in Relation: Die Metapher *Landkarte*, den Begriff der *Terra Incognita* und die spezifische Situation des *lernenden Kindes*:

– Eine Landkarte, die schon existiert (z. B. ein Stadtplan) ist ein Mittel zur Orientierung. Die Karte weist mögliche Ziele und mögliche Wege zu den Zielen aus, aber nur im Sinne von Angeboten.

– Eine Landkarte gibt keine Antwort auf die Frage, welches der vielen dargestellten Ziele sich der Nutzer zu eigen machen kann oder soll. Die Auswahl aus den möglichen Zielen trifft der Nutzer. Bei ihm liegt die Verantwortung dafür, welches Ziel er sich zu eigen macht.

– Eine Landkarte ist etwas anderes als ein Navigationsgerät. Beim Navi gibt der User das Ziel vor – die Entscheidung für das Ziel trifft das Navi genauso wenig wie die Landkarte. Doch die Aufgabe der Wegfindung wird an das Gerät delegiert. Auf dem Weg werden dem User die Alternativentscheidungen (vom Gerät) abgenommen. Das mag funktional sein, senkt aber die Eigenbeteiligung des Nutzers: Er lernt die Struktur des zu durchquerenden Geländes gar nicht richtig kennen.

Die Stärke von Landkarten als Arbeitsmittel liegt in der konsequenten Netzstruktur, die die Rolle des Navigators dem Subjekt zuweist. Gerade kein Navigationsgerät zu sein, das komplexe Strukturen auf lineare Abfolgen trivialisiert und dem man mehr oder weniger blind folgen kann, ist der prozessbezogene Wert einer Landkarte. Sie stärkt und stützt die Selbststeuerung (und damit die Selbstverantwortung) des Nutzers.

Ein Spezifikum gewisser Landkarten ist die Eigenschaft, die Außengrenzen des allgemein bekannten geographischen Wissens abzubilden: Schöpferische Unruhe löst die *Terra incognita* aus, weiße Felder auf Karten, die noch unerforschtes Gelände symbolisieren:

- Ausgangspunkte für mögliche Erkundungen der weißen Flächen sind die schon dargestellten Bereiche der Landkarte.
- Von dort aus können Expeditionsteilnehmer Vermutungen über die Struktur der *Terra incognita* entwickeln und auf der Basis der schon gesicherten Erkenntnisse ihr Vorrücken in das unbekannte Gelände planen.
- Manche Subjekte fühlen sich von den weißen Bereichen der Karte herausgefordert, sich dorthin zu begeben, das Gelände zu erkunden und die Karte fortzuschreiben: Sie lassen sich berühren durch das Unbekannte.
- Viele Subjekte haben jedoch wenig Interesse daran, die *Terra incognita* zu betreten: Sie bewegen sich lieber in den schon erforschten Bereichen (zu denen es schon Landkarten gibt) als sich in unbekannte Gefilde zu begeben: Das Unbekannte löst Angst und Fluchtimpulse aus.

Bei der Adaption dieser Überlegung auf Lernen kommt zu der Bestimmung der Relation zwischen Landkarte und *Terra incognita* ein weiterer Aspekt hinzu: Das Subjekt weiß, dass zu eigenen unerforschten Gebieten in der Regel schon Landkarten existieren.

So ist die *Situation eines lernenden Kindes* die eines Menschen, der sich (freiwillig oder gezwungenermaßen) in der Notwendigkeit sieht, in ein ihm selbst noch unbekanntes Gebiet vorzurücken. Das Kind weiß, dass es Landkarten gibt, es aber selbst (noch) nicht über spezifisches Wissen zur Orientierung verfügt. Daher bedarf es der Zuversicht, dass es beim Eintreten in das unbekannte Gebiet keinen Schaden nimmt. Es benötigt so viel Orientierung – nicht zu viel und nicht zu wenig – dass es den Absprung mit Optimismus nimmt.

Dazu ist es hilfreich, wenn sich das lernende Subjekt der eigenen schon entwickelten Landkarte vergewissern kann (als ‚stützende' Lernvoraussetzung). Die Karte verdeutlicht die Übergangsbereiche zum unbekannten Gebiet, an dem die Expedition ansetzt. Eigentätigkeit im Sinne des Selber-Herstellens ist ein Prozessschritt der Absicherung der Expeditionsbasis. Von Vorteil kann dabei sein, so weit in fremde Landkarten Einblick zu nehmen, dass die eigene Zielsetzung (im Sinne des Sich-das-Ziel-selbst-zu-eigen-machen) stabilisiert wird. Erst dann kann das Ziel als ziehendes Element wirken.

Die Stärke der Lernlandkartenidee liegt also wohl vor allem in deren Eigenschaft, ein fundamentales schulisches Lernproblem handhabbar zu machen: Dass jedes Lernen ein individueller Akt ist, der sich in einem Umfeld abspielt, in dem es viel angesammeltes Wissen über bereits früher durch Lernsubjekte vollzogene Lernprozesse gibt – von schlaueren Lernpartnern über Lernmaterialien, Lehrbücher, Medien bis hin zu Richtlinien und Lehrplänen mit dem Anspruch von Verbindlichkeit. Wie viel Eigenes das Subjekt entwickeln und wie viel Fremdes es adaptieren will, ist eine individuell zu treffende Entscheidung, weil der Lernakt als solcher individuell ist. Generelle Lösungen gibt es (leider) nicht.

Lernlandkarten lösen das Dilemma nicht. Sie machen es transparent und handhabbar. Sie öffnen individuelle Handlungsspielräume. Aber sie entlassen das Subjekt nicht aus der individuellen Entscheidungsfindung. Das ist die Stärke dieses Arbeitsmittels.

2 Realisierungen der Idee in schulischen Lernkontexten

Wer die Absicht hat, im eigenen Unterricht das Arbeitsmittel Lernlandkarten einzusetzen, bestimmt sinnvollerweise zuerst die damit zu erreichenden Effekte. Nützlichkeit entfaltet das Arbeitsmittel nur, wenn die Struktur der Lernsituation für den Einsatz von Lernlandkarten als Selbststeuerungsmittel offen ist. Kurz gesagt: Es muss für die Schüler/innen Freiräume zum Navigieren geben – das ist notwendige Bedingung für ein Gelingen der Arbeit mit Lernlandkarten. In überwiegend lehrergesteuerten Lernformen läuft sich die Arbeit mit Lernlandkarten tot, weil der Aufwand keinen angemessenen Ertrag nach sich zieht.

Wenn dann die „Wozu-Frage" der Lernlandkartenarbeit beantwortet ist, kommt der passende Zeitpunkt, nach dem Versuch-und-Irrtum-Prinzip mit der Erprobung zu beginnen.

Es ist vorab zu klären, in welcher Relation die spezifische Form des Selbststeuerungsmittels Lernlandkarte zu den bisher von den Schüler/innen genutzten Steuerungsmitteln steht. Die Frage „wie bestimme ich, wie viel Zeit und Energie ich in welchen Lerngegenstand stecke" stellt sich ja jedem/r Schüler/in ständig. Hier ist jeder Lernende der Sekundarstufe Profi – auch wenn im Unterricht vielleicht nie darüber gesprochen wird. Die Motivation, sich auf eine veränderte Steuerungslogik einzulassen, kann keinesfalls bei allen Lernenden vorausgesetzt werden; sie müssen sensibel und vorsichtig erst einmal dafür gewonnen werden.

Und wenn Schüler/innen sich tatsächlich öffnen und ihr Selbststeuerungsverhalten beim Lernen reflektieren, so ist die Lernlandkarte aus ihrer Sicht noch lange nicht das Mittel der Wahl. Lernlandkarten haben die Eigenart, dass sie die Individualität beim Lernen und die Selbstverantwortlichkeit sehr transparent machen. Wer sich als Lernender in einer passiven Lernhaltung gut eingerichtet hat, wird bestenfalls verunsichert. Er sieht keinen Bedarf an Lernlandkarten, sondern wartet auf simple Instruktionen. Wer für sich die Entlastungsstrategie entdeckt hat, für mangelnden Lernerfolg andere Personen oder die Schule als System verantwortlich zu machen, dürfte mit deutlicher Abwehr reagieren, wenn er mit der Arbeit mit Lernlandkarten konfrontiert wird.

Also: Am Anfang steht: den eigenen Unterricht öffnen. Alternativen beim Lernen und bei Lernwegen ermöglichen, Selbststeuerungsbedarf erzeugen. Dann reift die Zeit für die Einführung von Lernlandkarten, weil sich ihr Einsatz lohnt.

2.1 Anregungen aus der Literatur

In der deutschsprachigen Literatur finden sich bisher nur wenige Beispiele für das Arbeiten mit Lernlandkarten als Mittel der Lernprozesssteuerung.

Petra Stramer-Brand (2009) setzt Lernlandkarten als Mittel zur Planung von selbstgesteuerten Lernprozessen an von Lernenden selbstgewählten Themen (Lerngegenständen) in ihrer Lehre an einer Fachschule für Sozialpädagogik ein. Intention ist die Planung und das Controlling von zukünftigen Lernprozessen. Nach Abschluss eines *Lernvertrages* zwischen Lernendem und Lehrkraft, der Zielvereinbarungen und Rahmenbedingungen benennt, gestalten die Lernenden selbst eine Lernlandkarte, die mögliche Wege zur Bearbeitung des Themas zeigt. Sie liegt am Arbeitsplatz bereit, unterstützt beim Einhalten des Lernweges und ist Grundlage für die prozessbezogene Beratung durch die Lehrkraft als Lernberaterin.

Falco Wilms (2005) setzt als Dozent in der Weiterbildung (Bereich Wirtschaft) Lernlandkarten ebenfalls als prospektives Orientierungsmittel für fortgeschrittene Lerner in anwendungsbezogenen Lernkontexten ein. Er sieht in der Arbeit mit Lernlandkarten eine Alternative zur üblichen Funktionsorientierung von Weiterbildungsmaßnahmen, da sich damit die komplexen Wirkungsgefüge der ökonomischen Anwendungsbereiche angemessen erfassen und handlungsbezogen analysieren lassen. Eine *grundlegende Lernlandkarte* wird den Fortbildungsteilnehmern als ‚dem eigentlichen Lernprozess vorausgehende Lernhilfe' *(advance organizer)* an die Hand gegeben. Sie zeigt nur einzelne Aspekte der abzubildenden Sachstruktur, ist damit gut merkbar und strukturiert die individuellen Arbeitsprozesse.

Ute Grundey (2004) nutzt in der jahrgangsübergreifenden Eingangsphase der Primarstufe Lernlandkarten als Mittel zur Lösung des Selbstpositionierungsproblems der Schüler/innen in der Komplexität der Stofffülle. Sie entwickelt für die Bereiche Rechnen, Lesen und Schreiben Visualisierungen „Lernwege ins dritte Schuljahr". Die Visualisierungen zeigen in einer zweidimensionalen gerichteten Form Stationen, die Kinder beim Durchlaufen der beiden ersten Grundschuljahrgänge erarbeiten können, müssen oder sollen; eine genaue Abfolge der Stationen ist nicht vorgegeben. Jedes Kind dokumentiert mit Hilfe von mit seinem Namen beschrifteten, fortlaufend weiter wandernden Magneten seinen aktuellen Entwicklungsstand in drei zentralen Kompetenzbereichen. Bei Ute Grundey erweist sich die Visualisierung als offen für zieldifferentes Lernen, da sie ermöglicht, dass sich die Schüler/innen selbst Aufgaben stellen, den eigenen Lernprozess planen und ihren Lernfortschritt beobachten. So wird aus dem retrospektiven Arbeitsmittel auch ein Werkzeug zum prospektiven Planen individuellen Lernens. Allerdings weist die Autorin darauf hin, dass das Arbeitsmittel, beispielsweise in Elternberatungen, als nacheinander abzuarbeitende lineare Liste aufgefasst werden kann; die Gestaltungsfreiheit im Lernprozess kommt also noch nicht optimal zum Ausdruck.

Konrad Scheib (2009) entwickelt als Geograph und Pädagoge ein netzwerkartiges Visualisierungsmittel von Wissensnetzen in gedanklicher Nähe zum geographischen Verständnis der Landkarte. Er zeigt, wie das Entwickeln und Zeichnen von Lernlandkarten sich als Mittel zur Selbststeuerung beim Lernen und der Selbstvergewisserung im Lernprozess im schülerzentrierten Unterricht nutzen lässt.

Seit 2006 arbeiten fünf deutsche Schulen verschiedener Schulformen in einem durch die Robert Bosch Stiftung unterstützten Netzwerk „Schullabor Lernlandkarten" zusammen. Alle Schulen führen Erprobungen mit dem Arbeitsmittel Lernlandkarten als Mittel der Selbststeuerung der Lernenden im Unterricht durch und evaluieren die Ergebnisse gemeinsam. In acht Beiträgen in der Zeitschrift ‚Lernchancen' stellen Bettina Olling, Bettina Pake, Henrik Josch-Pieper und der Autor (2009) die wesentlichen Befunde aus dem gemeinsamen Entwicklungsvorhaben der Schulen vor. Die Beiträge geben Anregungen für Kolleg/innen, die die Absicht haben das Arbeitsmittel Lernlandkarten einzusetzen.

Die folgenden Praxisbeispiele stammen aus meinen Erprobungserfahrungen im Rahmen der Arbeit des Schulnetzwerkes.

2.2 Lernlandkartenarbeit als Grundlage für den Unterricht in einer heterogenen Lerngruppe der Klasse 5.

Zu Beginn des Schuljahres 2009/2010 übernahm ich eine neu gebildete Mathematiklerngruppe der nordrhein-westfälischen Gesamtschule, an der ich unterrichte. Es ist eine große Herausforderung, in der Phase der Lerngruppen-Neubildung mit der Vielfalt der Vorerfahrungen, die die Schüler/innen aus der Grundschule mitbringen, in wertschätzender Weise umzugehen. Jede/r soll schon zu Beginn der weiterführenden Schule ein Lernangebot finden, das an den individuellen Lernvoraussetzungen anknüpft – um eine organische und abgesicherte Lernprogression auch über den Schulwechsel hinaus zu vermitteln. Jede/r soll aber auch auf Fragestellungen im Unterricht stoßen, die die Perspektive von Neuem, Weiterführenden, Schwierigen verheißen – schließlich sind die Lernenden nun in der weiterführenden Schule! Alle zu Beginn der Klasse 5 „erst mal auf den gleichen Stand bringen" – so wie es viele Lehrkräfte als Ziel formulieren – wäre das falsche Signal. Es geht darum, die Heterogenität zu kultivieren, um einen guten Einstieg in kooperative Lernformen zu finden.

Nach unserem schulinternen Curriculum für den 5. Jahrgang begannen wir mit der ersten Unterrichtseinheit zum Thema „Daten liefern Wissen über unsere Welt" mit dem Kompetenzziel „Zahlen-Informationen in Schaubildern darstellen und auswerten können". Sie eignet sich gut für den Einstieg, weil sie vielfältige Möglichkeiten bietet, die neu zusammengestellte Lerngruppe zum Thema zu machen. Die meisten Schüler/innen verfügen zu diesem Lerngegenstand über nur geringe Vorerfahrungen; und es ist nicht schwer, Problemstellungen auf verschiedenen Lernniveaus zu finden.

Als dramatisch entpuppten sich jedoch die Unterschiede der Schüler/innen in den geometrischen und arithmetischen Basiskompetenzen. Darauf stießen sie im Unterricht, der Daten sammelt, auswertet und darstellt, eher beiläufig. Ihre Kompetenzunterschiede im schriftlichen Rechnen, im Kopfrechnen, beim Textverständnis, beim Zeichnen mit Geodreieck und Bleistift und beim Modellieren von Sachverhalten wurden sichtbar, waren aber beim gemeinsamen Lernen (noch) nicht problematisch. Es zeigte sich, dass zu fast allen Teilkompetenzen Schüler/innen in der Lerngruppe individuellen Förderbedarf hatten, viele Schüler/innen jedoch in vielen Teilbereichen schon ausgesprochen weit waren.

Unter diesen Bedingungen ist es unangemessen einen Arithmetikunterricht durchzuführen, der – wie es unser schulinternes Curriculum ausweist – wochenlang schriftliches Addieren, Subtrahieren, Multiplizieren und Dividieren übt. Wir brauchen einen Unterricht, in dem sich die eine Teilgruppe den Multiplikationsalgorithmus erarbeitet, eine andere übend vertieft und eine dritte Teilgruppe sich mit weiterführenden Fragestellungen auseinandersetzt. Das Gleiche gilt für die anderen Teilkompetenzen der Arithmetik, ganz zu schweigen von den übrigen Kompetenzbereichen des Unterrichts im Fach Mathematik der Klasse 5.

Daher startete ich schon in der ersten Unterrichtsstunde in der neuen Klasse 5 die Vorarbeiten und Schritte, die zur Erstellung der ersten Lernlandkarte führen sollten – ein guter Zeitpunkt für die eigentliche Erarbeitung der Karte ist die Auswertung der ersten Klassenarbeit nach etwa 6 bis 8 Wochen. Zunächst wird im Unterrichtsgespräch und durch entsprechende Aufgaben in den Wochenplan-Hausaufgaben transparent gemacht, welche Teilkompetenzen in den verschiedenen Sachfragen der Unterrichtseinheit zu Daten lauern: Wir klären den Unterschied zwischen dem kleinen und dem großen Einmaleins und trainieren ein Spiel zur Übung der einen und der anderen Kopfrechenform. Wir zeigen, wie sich die arithmetischen Operationen in stellenwertspezifischer Form aus den primären operativen Formen der Primarstufe ergeben. Modellierungen durch Rechenoperationen werden erörtert, das Arbeiten mit dem Werkzeug, das Zeichnen von Skalen wird als Teilkompetenz betrachtet. Hier geht es (noch) nicht darum, Lernstoff zu ermitteln, sondern darum, zur Erschließung des Wissenspotentials der Lerngruppe das Betrachten von Teilkompetenzen als Denkfigur ins Gespräch zu bringen.

Die erste Klassenarbeit enthält Aufgaben aus dem Sachkontext, aber auch einige diagnostische Aufgaben, die sich auf mathematische Teilkompetenzen beziehen. Zur Auswertung erhalten die Schüler/innen einen Selbsteinschätzungsbogen, der (in der Regel) den erreichten Kompetenzstand in der Regel nach drei verschiedenen Stufen mit unterrichtssteuernden Konsequenzen abfragt (vgl. Wildt 2009, 1):

- Das kann ich schon gut. Das muss ich nicht mehr üben.
- Das kann ich mittelmäßig. Ich übe noch etwas. Das kann ich ohne Hilfe (mit Material).
- Das kann ich noch nicht gut. Ich benötige noch Lehrer-Unterricht, um es zu verstehen.

Anhand der Selbsteinschätzungen erfolgt der erste binnendifferenzierte Abschnitt des Unterrichts zum schriftlichen Multiplikationsalgorithmus. Die – hier nur drei – Schüler/innen, die Lehrerunterricht wünschen, arbeiten an einem Gruppentisch unter meiner Anleitung und Beratung. Die Schüler/innen, die selbstständig üben wollen, bilden zwei weitere Tischgruppen und arbeiten an Aufgaben-Karten mit Musterlösungen. Die restliche Klasse bearbeitet von Schüler/innen im Rahmen einer Wochenhausaufgabe selbst ausgedachte Aufgaben zum Kompetenzziel „Daten auswerten". Die Schüler/innen befassen sich nicht mit dem Multiplikationsalgorithmus, sondern arbeiten im Kontext der Unterrichtseinheit weiter.

Auf diese Weise erfahren die Schüler/innen am konkreten Beispiel, wie aus der Selbstdiagnose binnendifferenzierender Unterricht auf den drei Kompetenz-Erreichungs-Stufen entsteht: Gemäß ihrer Einschätzung erhalten sie im Verlauf des weiteren Unterrichts ein passendes Lernangebot, bestehend aus Lernmaterial und Kooperationsarrangement bzw. erforderlicher Lernunterstützung. Das ist „Diagnostik als gemeinsame Aufgabe von Schüler/innen und Lehrkraft bei der Suche nach Ansatzpunkten für Erfolg versprechendes Weiterlernen" (vgl. Wildt 2009, 2).

Die Lerngruppe wird auf diese Weise in die Idee der diagnostischen Auseinandersetzung mit dem eigenen Lernstand eingeführt. Jeder kann sich vorstellen, welche unterrichtspraktischen Konsequenzen sich aus der eigenen Einschätzung ergeben. Jetzt ist der passende Zeitpunkt gekommen, eine Lernlandkarte als umfassendes Steuerungsmittel für den Unterricht der nächsten drei Monate zu erstellen.

In einer Doppelstunde – gut vorbereitet durch schon vorher erfolgte Vorstellung des Verfahrens [vgl. „Anleitung der Erstellung einer Lernlandkarte", s. u.] – erhält jede/r Schüler/in ein Blatt mit *Kompetenz-Items* [vgl. Materialsatz 1 für Klasse 5] sowie einen DIN-A3-Bogen als Trägermaterial für die Lernlandkarte. Die Schüler/innen schneiden die Items aus, gruppieren sie gemäß ihrer Vorstellung davon, welche Items sach- oder lernprozessbezogen zusammen gehören, auf ihrem Trägerbogen und kleben die einzelnen Items auf. Nun gestalten sie ihre Visualisierung farbig. Der Farbcode greift die schon bekannte Stufung der Kompetenzerreichung auf. So entsteht die ‚Lernlandkarte':

- Grün eingefärbt werden die Bereiche, auf die der Satz zutrifft: „Das kann ich schon gut. Das muss ich nicht mehr üben."

- Gelb schraffiert werden die Bereiche, auf die der Satz zutrifft: „Das kann ich mittelmäßig. Ich übe noch etwas. Das kann ich ohne Hilfe (mit Material)."

- Rot eingekreist werden die Bereiche, auf die der Satz zutrifft: „Das kann ich noch nicht gut. Ich benötige noch Lehrer-Unterricht, um es zu verstehen."

Es können auch andere Farben und Visualisierungselemente eingesetzt werden. Die Schüler/innen fügen ihrer Lernlandkarte eine Legende mit den Bedeutungen der Farbcodierung hinzu.

Die entstehenden Lernlandkarten sind sehr unterschiedlich. Höchst individuell sind die Gruppierungsmuster. Es gibt Schüler/innen, die nicht (oder nicht inhaltsbezogen erkennbar) gruppieren. Andere bilden Inseln und folgen dabei offensichtlich sehr individuellen Gruppierungsmerkmalen. Auch wird mit den verschiedenen Farben sehr unterschiedlich umgegangen: Einige Kinder nutzen bei der Kartenerstellung noch gar keine Farbe (sie haben später noch die Gelegenheit dazu, ihre Karte weiter zu bearbeiten). Einige arbeiten nur mit grün und gelb; die Farbcodierung wird nur teilweise umgesetzt. Einige Karten sind sehr differenziert und zeigen „Reiserouten" beim Lernen – wie bei einer Seefahrer-Schatzkarte. Die entstehenden Dokumente sind hochindividuell. Sie drücken sehr viel von der persönlichen Sicht jedes/r Schüler/in auf Mathematiklernen aus. Sie sind hervorragende Anlässe für Gespräche innerhalb von Lernteams und mit mir als Lehrkraft.

Vor allem aber sind die entstandenen Karten die Grundlage für die binnendifferenzierende Arbeitsweise in der Klasse in den folgenden Monaten. Zu den einzelnen Kompetenz-Items gibt es unterrichtliche Angebote. Vorher wird abgefragt, wie viele Schüler/innen der Lerngruppe den Bereich in ihrer Lernlandkarte grün, gelb bzw. rot eingefärbt haben. Demzufolge wird die differenzierende Arbeitsform organisiert: Wenn nur einzelne Schüler/innen Bereiche rot gefärbt haben, brauchen sie vielleicht keinen Lehrerunterricht, sondern einen Lernhelfer, der sie beim Erarbeiten des betreffenden Bereichs so lange unterstützt, bis sie selbstständig weiter arbeiten können. Für die Gruppe der selbstständig übenden Schüler/innen bedarf es geeigneter Materialien mit Selbstkontrollgelegenheit. Auf diese Weise bietet die Lernlandkarte die Gelegenheit, dass sich in der heterogenen Lerngruppe für Übungs- und Vertiefungsphasen jeweils auf das einzelne Lernziel hin passende soziale Konstellationen bilden können, beim Üben z. B. hinreichend homogene Teilgruppen, so dass die Partner kooperativ arbeiten können.

Die Lernfortschritte im Laufe der Zeit werden in den individuellen Lernlandkarten dokumentiert. Wer von „rot" auf „gelb" vorgerückt ist, schraffiert die rot umkringelte Insel nun gelb. Wer in einem Bereich die Stufe der Geläufigkeit erreicht hat, färbt das gelb schraffierte Item grün ein. So bleiben Spuren des Lernprozesses auf der Karte erhalten. Sie bilden die Lernprogression in individueller Form ab – ein wichtiger Zusatznutzen der kontinuierlichen Lernlandkartenarbeit. Neu im Unterricht hinzukommende Kompetenzen können durch neue Items in bestehende Karten eingebaut werden – in vorbereiteter kopierter Form oder handschriftlich.

So verändern sich die individuellen Lernlandkarten. Sie zeigen Schüler/innen, Lehrkräften und Eltern, wie die individuellen Lernprozess der Lernsubjekte in der Klasse verlaufen sind. Bis dann irgendwann der passende Moment kommt, eine neue Lernlandkarte zu erarbeiten, weil alte Teilkompetenzen in der gesamten Lerngruppe keine Rolle mehr spielen oder mehreren alte Teilkompetenzen zu höheren Kompetenzen zusammenwachsen.

2.3 Lernlandkartenarbeit als Basis der Fachleistungsdifferenzierung am Ende der Klasse 7

Am Ende des Schuljahres 2006/2007 stand eine von mir im Fach Mathematik unterrichtete Klasse 7 der Gesamtschule vor der Einteilung in zwei Lernniveaus (Grundkurs/ Erweiterungskurs) zu Beginn der Klasse 8. Die beiden Niveaus sollten aus pädagogischen Gründen in Klasse 8 weiterhin im Klassenverband mit binnendifferenzierenden und selbstgesteuerten Lernformen unterrichtet werden. Es war also das Problem zu lösen, eine Einteilung der Lerngruppe in zwei Lernniveaus vorzunehmen. Sie sollte von den Schüler/innen nicht als administrative und damit für sie fremde Entscheidung, sondern als eine von ihnen selbst geteilte und bejahte Entscheidung aufgefasst werden. Wenn das nicht gelänge, so würde es im künftigen gemeinsamen Unterricht zu ständigen Spannungen mit den Mitgliedern der Lerngruppe kommen, die sich ungerecht oder falsch platziert fühlen.

Als Gesamtschullehrer halte ich den Unterricht auf zwei Niveaus nicht als solchen für problematisch, auch wenn er auf Dauer zu unterschiedlichen Schullaufbahnen bzw. Schulabschlüssen und damit zu unterschiedlichen Chancen führt. Lernen auf höherem Niveau bedeutet, dass sich die daran teilnehmenden Schüler/innen höheren Leistungsanforderungen aussetzen als diejenigen, die sich für das Basisniveau entscheiden. Für wesentlich bei einer gerechten Zuweisung zu den Kursformen halte ich, dass die Niveauentscheidung von den Schüler/innen selbst getragen werden. Und es muss im weiteren Verlauf des Lernprozesses immer wieder – echte – Gelegenheiten geben, zu denen die Schüler/innen ihre frühere Entscheidung korrigieren können. Der gemeinsame Unterricht beider Niveaus in einer Lerngruppe in heterogenitätsgerechten Lernformen bietet das, nicht aber die übliche Praxis der äußeren Differenzierung.

Unter diesen Umständen ist mein Problem die Schüler/innen in die Lage zu versetzen, eine realistische Einschätzung der eigenen Lernleistungen zu entwickeln. Sie brauchen Kriterien das Niveau selbst zu bestimmen, auf dem sie gut weiter lernen zu können glauben. Ein guter Anlass dafür, dass jede/r Schüler/in eine eigene Lernlandkarte erarbeitet, ist nach der letzten Klassenarbeit, in der Doppelstunde vor den Konferenzen.

In der Stunde davor wird [anhand der „Anleitung zur Erstellung einer Lernlandkarte", Material 1, s. u.] das Ziel der Lernlandkartenarbeit besprochen: „Bei der Erstellung der Lernlandkarte soll jedem/r Schüler/in klar werden, ob es für das eigene Lernen im nächsten Jahr besser ist, auf dem Grundkurs- oder dem Erweiterungskursniveau zu lernen." Der Arbeitsauftrag lautet: „Jeder erstellt seine eigene Lernlandkarte. Gespräche in der Tischgruppe sind erwünscht. Schätzt dann eure Lernfortschritte in diesem Schuljahr ein und bildet euch eure eigene Meinung: Welcher Kurs (GK/EK) ist besser für euch? Jeder schreibt dazu bitte einen kurzen Text."

Zur Vorbereitung auf die Erarbeitung der eigenen Lernlandkarte erhalten die Schüler/innen die Hausaufgabe, ihre gesammelten Dokumente des eigenen Lernens aus dem ablaufenden Schuljahr zu sichten: Arbeitshefte, die Kladde aus dem Unterricht, das selbst geführte ‚Muster-&Regelheft'. So wird ihnen bewusst, wie viele Lerngegenstände, wie viel mathematisches Wissen im Laufe des Jahres behandelt worden sind. Material soll mitgebracht werden: Schere, Klebstoff, Farbstifte. Die Bedeutung der drei Farben rot, gelb und grün zur Kennzeichnung des Erreichungsgrades der jeweiligen Kompetenzen auf der zu erstellenden Karte wird geklärt.

Zu Beginn der Doppelstunde, in der die Karte erstellt wird, ist die Aufregung groß. Viele Schüler/innen berichten von ihrem Erstaunen, zu dem vor allem das Durchblättern des Klassenarbeitshefts führt: „Ich bin beeindruckt davon, wie viel ich in diesem Schuljahr gelernt habe". Die Vorbereitungen öffnen den Blick auf den Prozesscharakter des Lernens. In den Tischgruppen geht das Gespräch weiter: Die Mitglieder der *festen Lernteams* berichten ihren Lernpartnern, wie viel sie im vergangenen Schuljahr gelernt haben.

Sukzessive beginnen die Tischgruppen mit der Erstellung der Lernlandkarten. Die „Materialholer" holen die Materialien: Kopien mit den Kompetenz-Items [vgl. Materialsatz 2: Items für das Ende der Klasse 7] und weiße DIN-A3-Blätter als Trägermaterial für die Lernlandkarte für jede/n Schüler/in, den Erklärtext und die Anleitung einmal je Tischgruppe. Scheren, Klebestifte und Buntstifte werden ausgetauscht, so dass alle Tische gleichmäßig versorgt sind.

Die Schüler/innen beginnen die Kompetenz-Items auszuschneiden. Beim Werkeln entspinnen sich Gespräche über deren Bedeutung. Es zeigt sich, wie nützlich die Fachsprache der Mathematik ist: Jeder Begriff steht für ein ganzes Bündel an Wissen und Fertigkeiten. Bevor die Lernlandkarte entsteht, muss geklärt sein, was die Begriffe bedeuten – das ist Mathematikunterricht vom Feinsten. Die individuellen kognitiven Netzwerke der Beteiligten beginnen sich zu offenbaren. Gehört „Addieren und Subtrahieren von Brüchen" zu „Addieren und Subtrahieren von Dezimalzahlen", weil jeder Bruch als periodische Dezimalzahl geschrieben werden kann, oder zu „Die Wahrscheinlichkeit eines Ereignisses als Bruch angeben", weil wir den Begriff der Bruchzahl aus dem Begriff der Wahrscheinlichkeit hergeleitet haben? Beide Zuordnungen sind möglich und sinnvoll. Also: Alles auf einen Kontinent? Oder doch lieber kleinere Gruppierungen bilden?

Die Entscheidungen sind so individuell wie die Schüler/innen. Langsam entstehen an den Tischen die Karten. Einige schieben die Items auf dem Blatt hin und her. Andere halten sich nicht damit auf: Klebstoff her, festgepappt, so muss es passen. Die sich bildenden Muster der Items auf dem Trägerblatt sind höchst unterschiedlich, nicht nur von Tischgruppe zu Tischgruppe, sondern auch innerhalb der kooperierenden Lernteams. Eifrig wird von roten, gelben und grünen Farbstiften Gebrauch gemacht. Einige Schüler/innen färben die Items vor dem Ausschneiden ein, andere schneiden erst aus und färben dann. Der größte Teil der Klasse greift erst zum Buntstift, als die Items auf dem Trägerblatt gruppiert aufgeklebt sind. Von der Möglichkeit, ein Gebiet als *terra incognita* weiß zu lassen, wird kaum Gebrauch gemacht. Andere Farben kommen zur Verschönerung der Karten zum Einsatz, vor allem blau für das Meer. Einige Schüler/innen gestalten ihre Landkarte weiter aus, durch Wegpfeile für die Schatzsuche als Ausdruck des eigenen Lernweges, durch Schiffchen oder Landkartensymbole. Manche Karten erhalten eine Legende. Doch der größere Teil der entstehenden Karten bleibt über die eigentliche Informationsfunktion der Farben hinaus wenig gestaltet.

Gegen Ende der Doppelstunde erfüllt jede/r Schüler/in den Auftrag, eine kurze schriftliche Reflexion des eigenen Lernerfolgs im Mathematikunterricht zu schreiben. Sie soll mit dem Satz enden „Insgesamt gesehen denke ich, dass ich im nächsten Schuljahr besser im Grundkurs lernen kann" oder „Insgesamt gesehen denke ich, dass ich im nächsten Jahr besser im Erweiterungskurs lernen kann".

Die Abschlussreflexion der Stunde zeigte, dass die Schüler/innen von ihren eigenen Lernlandkarten beeindruckt waren. Das Erstellen der Karten machte ihnen Freude und stärkte das lernbezogene Selbstbewusstsein. „Ich sehe jetzt erst, was ich in diesem Schuljahr alles gelernt habe" wird vielfach betont – unabhängig davon, welche Mathematikzensur die Schüler/innen erhalten werden. Stolz auf diese Leistung ist sowohl bei den langsam lernenden als auch bei den schneller lernenden Schüler/innen zu verspüren. Freude an der eigenen Lernlandkarte und Leistungen im Fach scheinen nicht zu korrelieren – ein positiver Effekt.

Zu Hause las ich die Selbsteinschätzungen. Sie verblüfften mich: Bei 28 von 31 Schüler/innen deckten sie sich mit meiner Einschätzung. Offensichtlich verfügen die Schüler/innen über einen ausgeprägten Realitätssinn bei der nicht einfachen Frage, welches Lernniveau für sie gut sei. Bei den drei restlichen Schüler/innen war ich mir selbst noch unsicher. Daher folgte ich bei ihnen der Selbsteinschätzung. Damit gliederte sich die Klasse in 12 Schüler/innen im Grundkurs und 19 im Erweiterungskurs, in vollem Konsens zwischen Lehrkraft und Lernenden.

Ein Nebeneffekt der Arbeit mit den Lernlandkarten ist, dass es bei der Kurseinteilung zu keinerlei stressigen Diskussionen oder gar zu bürokratischen Kämpfen um die Zuweisung kommt. Das habe ich in meiner Praxis als Gesamtschullehrer noch nicht erlebt: keine erbosten Elterntelefonate, keine frustrierten und resignierten Schüler/innen. Jeder glaubt, die getroffene Entscheidung sei richtig. Ein harmonisches Schuljahresende am Ende der Klasse 7 – dank Lernlandkartenarbeit.

2.4 Lernlandkartenarbeit als Grundlage für selbstständiges Mathematiklernen in Klasse 9

Wenn Schüler/innen erst einmal im Unterricht geübt und verstanden haben, wie sie Ansatzpunkte für eigene Lernaktivitäten mit ihrer selbst erstellten Lernlandkarten bestimmen können, so können sie selbstständig und ohne Lehrkraft sehr erfolgreich arbeiten. Das folgende Beispiel stammt aus einer nichtfachgebundenen Übungsstunde in Klasse 9 der Gesamtschule.

Anna, Paula, Achmed, Fabian und Roxina haben sich verständigt, in dieser Stunde „Mathe zu üben". Sie setzen sich an einem Gruppentisch. Die fünf Schüler/innen besuchen den gleichen Mathematikkurs und bilden ein Lernteam. Doch ihre Kompetenzen, Vorkenntnisse und Lernmotive im Fach Mathematik sind recht unterschiedlich – so heterogen, wie ein Lernteam in Klasse 9 eben ist.

Damit sich die Übungsstunde lohnt, muss jede/r klären, mit welchen Materialien aus dem Freiarbeitsangebot im Klassenraum, aus dem Lehrbuch, aus den Arbeitsblättern des Fachunterrichts, aus den Unterrichtsmitschriften in der Kladde sowie aus dem Muster-&Regelheft er/sie arbeiten will. Die Entscheidung verknüpft, wenn sie zu optimalem Erfolg führen soll, zwei Aspekte miteinander: die individuelle Lernausgangslage und das Potential der Lernpartner im kooperativen Setting. Keine leichte Aufgabe für ein fünfköpfiges Lernteam in Klasse 9!

Also nehmen die fünf Schüler/innen ihre Lernlandkarten aus der Mathematikmappe. Sie legen sie so auf den Tisch, dass alle hineinschauen können. Die Karten zeigen, individuell für jedes Gruppenmitglied, die vielfältigen Kompetenzanforderungen des Mathematikkurses aus den letzten zwei Jahren [vgl. „Materialsatz 4" für Klasse 9, s. u.]; durch farbige Kennzeichnung in grün, gelb und rot ist kenntlich gemacht, ob und wie weit sich der/die Schüler/in mit der betreffenden Kompetenz auseinander gesetzt hat bzw. wie sicher er/sie sich fühlt. Die Lernlandkarte wird her zum Mittel der Verbindung individuellen und kooperativen Arbeitens beim gemeinsamen Lernen.

Anna und Roxina entscheiden sich dafür, Schrägbilder von Raumkörpern zu zeichnen. Achmed und Fabian üben quadratische Gleichungen mit dem Faktorisierungsverfahren. Achmed verspricht, Anna und Roxina beim Erstellen der Schrägbilder bei Bedarf zu unterstützen. Paula wählt eine raumgeometrische Anwendungsaufgabe zur Berechnung an Pyramiden aus; sie sagt zu, bei Bedarf Tipps zum Faktorisieren zu geben.

Mit den Absprachen starten die fünf Schüler/innen ihre selbstgesteuerten und kooperativen Lernprozesse. Jede/r entwickelt die Kompetenzen weiter, die er/sie für sich am wichtigsten hält. Die Lehrkraft wird nicht gebraucht – dank Lernlandkarte als Basis der Prozesssteuerung.

Literatur

Grundey, U & Burk, K. (2004). Lernfortschritte in einer Schuleingangsklasse transparent machen – Landkarte der Lernwege. In Bartnitzky, K.H. & Spech-Hamdan, A (Hrsg), Leistungen der Kinder wahrnehmen – würdigen – fördern), S. 110–125. Frankfurt/Main: Grundschulverband.

Josch-Pieper, H. (2009). Gemeinsam eigene Wege gehen. Lernlandkarten als Grundlage der Unterrichtsplanung. Lernchancen (Friedrich-Verlag) 71/2009, S. 22–25.

Olling, B. (2009). Den Aufbruch in neue Gebiete begleiten. Lernlandkarten im pädagogisch-diagnostischen Prozess erproben. Lernchancen (Friedrich-Verlag) 71/2009, S. 8–11.

Pake, B. & Wildt, M. (2009). „Und da wusste ich dann, wie viel ich gelernt hab." Lernlandkarten – Empfehlungen von Lernprofis aus Klasse 1/2 und 13. Lernchancen (Friedrich-Verlag) 71/2009, S. 12–14.

Scheib, K. (2009). Stadt der Lernvorlieben – Lernlandkarten als Methodentraining. Lernchancen (Friedrich-Verlag) 71/2009, S. 15–17.

Stramer-Brandt, P. (2009). Lernsettings gestalten – Lernvereinbarungen treffen. Beispiele aus der Praxis. Lernende Schule (Friedrich-Verlag) 45/2009, S. 24–25.

Wildt, M. (2009, 1). Diagnostizieren und Fördern mit Klassenarbeiten. Lernchancen (Friedrich-Verlag) 69/70/2009, S. 81–96.

Wildt, M. (2009, 2): Diagnostik vom Nutzen her denken. Lernchancen (Friedrich-Verlag) 69/70/2009, S. 14–19.

Wilms, F. E. P. (2005). Denken im Anwendungskontext – Advance Organizer. Die neue Hochschule (DNH), Heft 6/05, S. 32–34.

Die für die Durchführung der unterrichtlichen Elemente eingesetzten Materialien und weitere Einblicke in von den Schüler/innen erstellten Produkte der Lernlandkartenarbeit stellt der Autor auf Wunsch gerne zur Verfügung, soweit sie nicht bereits publiziert sind (MiWildt@freenet.de).

Abbildung einer Lernlandkarte

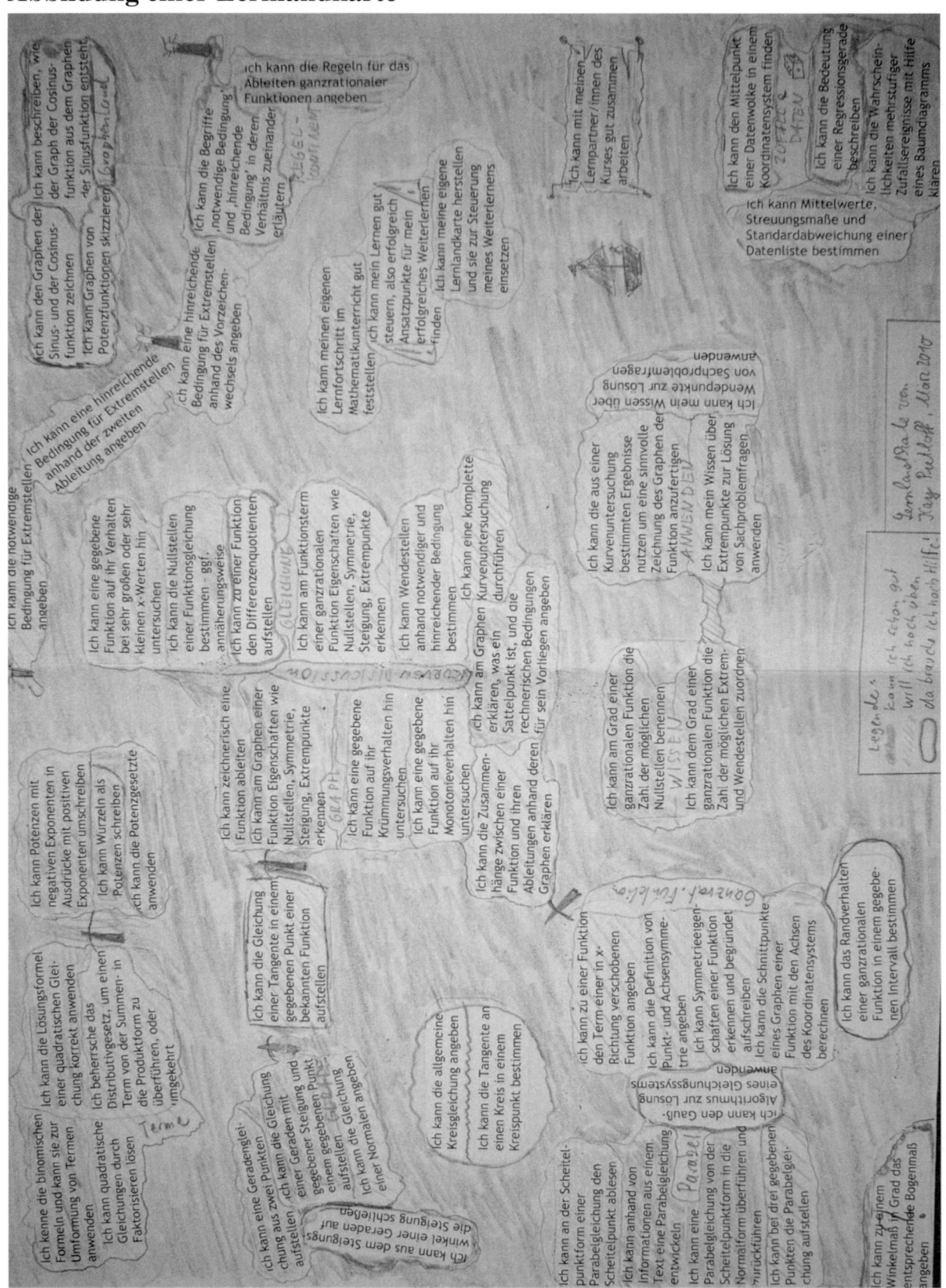

Abbildung 1 Muster-Lernlandkarte für die Klasse 11[1]

Material 1: Anleitung zur Erstellung einer Lernlandkarte

Anleitung: Stelle deine eigene Lernlandkarte her

Einführung/Erklärung

> **Das Ziel** ist: Werde dir darüber klar, wie viel du dazu gelernt hast! Dann kannst du erkennen, an welchen Stellen es sinnvoll ist, weiter zu machen!

Die Idee:

Wissen im Kopf denkt man sich so ähnlich angeordnet wie Inseln oder Kontinente mit Ländern auf einer Landkarte: Auf einigen kennt man sich schon gut aus, auf anderen mittelmäßig. Einige Inseln sind vielleicht noch wenig erforscht. Es gibt auch Gebiete, die noch gar nicht entdeckt sind – daher sind sie auf der Karte nicht drauf!

Lernen ist wie das Segeln von einem Lerngegenstand zum nächsten: Eine Zeit lang setzt man sich mit einem Gegenstand (einer Insel, einem Land oder Kontinent) auseinander. Dann reist man weiter zu einem benachbarten Land und erforscht es. Den Reiseweg kann man durch Pfeile auf der Landkarte eintragen.

Allerdings hat jeder Lernende seine eigene Landkarte im Kopf. Jede Karte sieht verschieden aus, und die Wege zwischen den Wissensinseln sind individuell verschieden. Daher soll jetzt auch jeder von euch seine eigene Landkarte gestalten. Gerne könnt ihr euch dabei in der Gruppe beraten, diskutieren und Euch Anregungen geben. Doch die individuelle Lernlandkarte macht jede/r Schüler/in selbst!

Du brauchst:

- Das Arbeitsblatt mit den Items („Ich-kann-Sätzen")
- Ein DIN-A3-Blatt als Grundlage für deine Lernlandkarte
- Schere und Klebstoff
- Bleistift und Buntstifte

Bitte gehe so vor:

1. Schneide alle Items der Vorlage aus, die du schon – mehr oder weniger gut – erforscht hast und kennst. Die Items, die du noch gar nicht kennst, schneidest du nicht aus. Lass sie einfach auf dem Blatt – für später!
2. Ordne die Items auf einem großen Blatt so an, wie sie deiner Ansicht nach zusammen gehören: Ähnliche Lerngegenstände nahe zusammen, weit entfernte Lerngegenstände weit voneinander weg liegend. Jedes Item bildet dann eine ‚Insel'.
3. Manche „Ich-kann-Sätze" sind vielleicht deiner Ansicht nach miteinander verwandt und gehören zum gleichen Lerngebiet. Bilde in diesem Fall aus den Items einen „Kontinent", indem du sie zu einer großen Insel zusammenlegst. Ein Kontinent besteht dann aus mehreren ‚Ländern'.
4. Klebe nun alle Inseln und Kontinente auf das große Blatt. Gestalte die Küstenlinien um Inseln und Kontinente. Schraffiere die Gebiete *grün, die du schon gut kennst* („das kann ich schon gut"). Schraffiere die Gebiete *gelb, die du mittelmäßig gut kennst* („muss ich noch üben, aber das kann ich ohne Hilfe"). Schraffiere die Gebiete *rot, die dir noch wenig vertraut sind* („dabei brauche ich noch Hilfe"). Das Meer wird blau.
5. Wenn du willst, kannst du deine Reiseroute der vergangenen Monate eintragen. Bei welchen Lerngegenständen hast du deine Reise begonnen, wie ging es weiter? Vielleicht hilft es zur Erinnerung, wenn du dein Klassenarbeitsheft durchblätterst. Guck dort, was wir wann gemacht haben.
6. Wenn du magst, kannst du ‚noch nicht erforschte' Inseln in einen Randbereich deiner Karte kleben. Lass sie *weiß – noch nicht erkundetes Gebiet*. Dafür hast du später noch Zeit!

Material 2: Items für die Landkarte Mathematik der Klasse 5

Ich kann zwei Zahlen schriftlich addieren.

Ich kann viele Zahlen in einer Rechnung schriftlich addieren.

Ich kann zu einer Plus-Aufgabe (z. B. 214 + 48) eine Sachaufgabe erfinden.

Ich kann eine Zahl von einer anderen Zahl schriftlich abziehen.

Ich kann das kleine Einmaleins auswendig und kann zu jeder Aufgabe schnell das Ergebnis sagen.

Ich habe verstanden, wie man eine Aufgabe zum großen 1x1 (z. B. 37·8) im Kopf ausrechnet.

Ich kann Aufgaben zum großen 1x1 schnell im Kopf lösen.

Ich kann eine große Zahl schriftlich mit einer Einerziffer multiplizieren.

Ich kann zwei größere Zahlen schriftlich miteinander multiplizieren.

Ich kann zu einer Mal-Aufgabe (z. B. 45·12) eine Sachrechenaufgabe erfinden.

Ich kann eine Zahl durch eine Einerzahl schriftlich teilen, wenn das Ergebnis glatt aufgeht.

Ich kann eine Zahl durch eine Einerzahl schriftlich dividieren, auch wenn es nicht glatt aufgeht. Ich weiß dann, wie ich mit dem Rest umgehe.

Ich kann eine Zahl durch eine zweistellige Zahl schriftlich dividieren, z. B. 252 : 12.

Ich kann ein Schaubild mit einem Säulendiagramm herstellen.

Ich kann zu einer Divisionsaufgabe eine Sachrechengeschichte erfinden, z. B. zur Aufgabe 96 : 6.

Ich kann bei einer Tabelle mit vielen Werten Klassen bilden.

Ich kann bei einer Datenliste das Maximum bestimmen.

Ich kann bei einer Datenliste das Minimum ablesen.

Ich kann einem anderen Kind gut erklären, was das Maximum und was das Minimum ist, damit es Maximum und Minimum einer Datenliste finden kann.

Ich kann die Spannweite bei einer Datenliste ausrechnen und erklären, wie es geht.

Ich kann eine Datenliste der Größe nach ordnen.

Ich kann den Zentralwert einer Datenliste herausfinden.

Ich kann sogar den Zentralwert einer Datenliste ausrechnen, wenn die Zahl der Daten gerade ist, z. B. bei der Liste 4; 6; 7; 8; 10; 12; 13, 15.

Wenn ich eine Datenliste erhalte, kann ich mir sinnvolle Fragestellungen ausdenken.

Ich kann mein Heft so einteilen, wie es eingeteilt werden soll, damit genügend Platz für einen Lernkommentar da ist.

Ich habe gelernt, dass wir Zeichnungen immer mit Bleistift und Lineal/Geodreieck machen.

Ich kann zu den Aufgaben, die ich rechne, einen Lernkommentar schreiben.

Material 3: Items für die Landkarte Mathematik Ende der Klasse 7

Addieren und Subtrahieren
von positiven und negativen Zahlen

    Berechnen der Fläche
    eines Rechtecks

Berechnen des Umfangs
eines Rechtecks

    Berechnen der Fläche
    eines Dreieck

Berechnen der Fläche
einer beliebigen Figur
mit mehreren Ecken

    Bestimmen der Fläche eines
    Kreises, bei dem der Radius
    bekannt ist

Addieren und Subtrahieren
von Dezimalzahlen

    Addieren und Subtrahieren
    von Dezimalzahlen, die
    Vorzeichen haben

Addieren und Subtrahieren
von Brüchen

    Addieren und Subtrahieren
    von Brüchen, die
    Vorzeichen haben

Multiplizieren von
Dezimalzahlen mit
und ohne Vorzeichen

    Multiplizieren von Brüchen
    mit und ohne Vorzeichen

Dividieren durch eine
Dezimalzahl

    Dividieren durch einen
    Bruch

Ein Kreisdiagramm zu
einer Prozentzahl zeichnen

Zeichnen und Lesen eines
Koordinatensystems

Bewegungsgeschichten zu einem
Schaubild schreiben

    Ein Schaubild zu einer Sachaufgabe
    zeichnen

Angaben aus einem Schaubild
ablesen

    ,Normale' Sachaufgaben mit
    L, R, A lösen und für den
    Leser überzeugend aufschreiben

Mit dem Geodreieck Winkel
messen und zeichnen

    Die Höhe richtig in ein
    Dreieck einzeichnen

Sachaufgaben lösen, bei denen es um die
Abstände von Temperaturen (positive und
negative Werte) geht

    Wissen, wie die Schaubilder zu einer
    Proportionalitätsaufgabe und zu einer
    Antiproportionalitätsaufgabe aussehen

Bei einer Sachaufgabe entscheiden, ob
es sich um eine Proportionalitätsaufgabe,
eine Antiproportionalitätsaufgabe oder
keines von beidem handelt

    Eine Proportionalitätsaufgabe
    lösen

Eine Antiproportionalitätsaufgabe lösen

    Eine Proportionalitäts- oder
    Antiproportionalitätsaufgabe
    selbst sinnvoll ausdenken

Prozentrechnen, wenn PW und p gegeben
und GW gesucht ist

    Prozentrechnen, wenn PW und GW
    gegeben und p gesucht ist

Prozentrechnen, wenn GW und p gegeben und PW gesucht ist

    Die Mittelsenkrechte von zwei Punkten A und B mit dem Zirkel konstruieren

Eine Fläche so aufteilen, dass man sehen kann, welcher Teil der Fläche drei Punkten A, B und C jeweils am nächsten liegt

    Den Umkreis zu einem gegebenen Dreieck finden

Ein Dreieck so in drei Felder aufteilen, dass man zu jeder Stelle im Dreieck sofort sieht, welches die nächste Dreiecksseite ist

    Ein Dreieck mit Zirkel und Geodreieck konstruieren, wenn die Länge der drei Seiten gegeben ist

Bei einem Dreieck, bei dem eine Seite oder ein Punkt nicht zugänglich ist, die Maße so nehmen, dass man es eindeutig konstruieren kann

    Das Volumen eines Quaders ausrechnen

Das Gewicht einer Säule bestimmen, wenn man die Maße hat und weiß, wie schwer ein dm³ des Materials ist

    Die Füllmenge eines Schwimmbades mit einem schrägen Boden finden

Die Wahrscheinlichkeit eines Ereignisses als Bruch angeben

    Bei zwei Ereignissen, deren Wahrscheinlichkeiten als Bruch angegeben sind, entscheiden, welches wahrscheinlicher auftritt

Materialsatz 4: Items für die Landkarte Mathematik Klasse 9, 2. Hj.

Berechnen des Flächenmaßes
eines Trapezes

    Berechnen der Fläche
    eines Dreiecks

Berechnen der Fläche
einer beliebigen Figur
mit mehreren Ecken

    Bestimmen der Fläche eines
    Kreises, bei dem der Radius
    bekannt ist

Bruchrechnen: Addieren, Subtrahieren
Multiplizieren, Dividieren

    Beim Bruchrechnen die Vorzeichen
    richtig beachten

Ein Kreisdiagramm zu
einer Prozentzahl zeichnen

    Sachaufgaben lösen, bei denen es um
    Volumenprobleme geht, z. B. beim
    Bau

Wissen, wie die Schaubilder zu einer
Proportionalitätsaufgabe und zu einer
Antiproportionalitätsaufgabe aussehen

    Prozentrechenaufgaben und Zins-
    rechenaufgaben mit dem Schnellver-
    fahren lösen und die Lösung über-
    zeugend aufschreiben

Beim Prozentrechnen bei einer Aufgabe
entscheiden, ob GW, PW oder p gesucht ist

    Beim Zinsrechnen u herleiten, wenn
    Prozentsatz und Zeit gegeben sind

Die Mittelsenkrechte von zwei
Punkten A und B mit dem Zirkel
konstruieren

    Ein Dreieck mit Zirkel und Geo-
    dreieck konstruieren, wenn
    drei Maße gegeben sind

Landvermesser-Konstruktionen ausführen,
bei denen zu entscheiden ist, ob es
keine Lösung, genau eine Lösung
oder mehrere Lösungen gibt

    Das Gewicht einer Säule bestimmen,
    wenn man die Maße hat und weiß,
    wie schwer ein dm³ des Materials ist

Die Wahrscheinlichkeit eines Ereignisses
als Bruch angeben

    Zu mehrstufigen Wahrschein-
    lichkeitsereignissen einen passenden
    Baum zeichnen

Aus einem Wahrscheinlichkeitsbaum
die Wahrscheinlichkeit bestimmter
Ereignisse berechnen

    Eine faire Ausgleichswette
    berechnen

Das Schrägbild zu einem Quader zeichnen

    Das Schrägbild zu einer Pyramide
    zeichnen

Das Volumen einer Pyramide ausrechnen,
wenn die Länge der Grundkante und die
Höhe bekannt sind

    Die Flächen von Dächern
    bestimmen, die aus Dreiecken und
    Trapezen zusammengesetzt sind

Volumenberechnungen und Diagonalen-
berechnungen an einer Säule mit quadra-
tischer Grundfläche durchführen

    Eine Kalkulation erstellen
    (z. B. am Bau)

Eine Gleichung mit Hilfe des
‚Standardverfahrens' lösen

    Das DIS-Gesetz beim Lösen
    einer Gleichung anwenden können,
    auch mit Brüchen

Gleichungen lösen, bei denen
x im Nenner auftritt

    Gleichungen wie $x^2 + 7x + 10 = 0$
    faktorisieren und die Lösungen
    angeben

Quadratische Ausdrücke faktorisieren
können, wenn Minuszeichen beteiligt sind

    Eine genügend genaue
    Faktorisierung finden, wenn, wie bei
    $x^2 - 6x + 2$, keine ganzzahlige
    Zerlegung existiert.

Wissen, wie man bei einem
quadratischen Ausdruck feststellt,
ob man ihn überhaupt zerlegen kann.
Wenn es nicht geht, eine
Begründung angeben

    Ausdrücke wie $3x^2 - 50 = 0$ durch
    Faktorisieren lösen und dabei
    mit der Wurzel arbeiten

Das Typische einer Irrationalzahl
im Vergleich zu einer Rationalzahl
anschaulich erklären können

    Zum Funktionsterm einer
    ganzrationalen Funktion
    [z. B. $f(x) = 1,5x + 4$] den
    Graphen zeichnen, dabei Steigung
    und y-Achsenabschnitt sicher
    eintragen können

Aus einer Sachaufgabe eine
lineare Funktionsgleichung herleiten

Wenn zwei Koordinatenpaare (z. B. Punkte
in einem Achsenkreuz) gegeben sind, die
Gleichung der linearen Funktion aufstellen

    Ausrechnen, für welche (x/y)-Werte
    sich zwei lineare Funktionen
    schneiden

Den Satz von Pythagoras in zwei- und
dreidimensionalen Geometrieproblemen
anwenden

    Bei Fragen zu ähnlichen Dreiecken
    eine passende Gleichung aufstellen
    und lösen

Den Thalessatz kennen und erklären,
was er aussagt

    Wissen, was Tangens und Steigung
    miteinander zu tun haben.

Zu einem Steigungswert den Winkel und
zu einem Winkel den Steigungswert
angeben können

    Mit eigenen Worten den Satz von
    Pythagoras ausdrücken können

Einen Beweis erläutern können, wieso
im rechtwinkligen Dreieck (rechter Winkel
der Seite c gegenüber) die Formel
$a^2 + b^2 = c^2$ immer gilt

    EXCEL anwenden, um Formeln
    berechnen zu lassen

Meinen Mitschüler/innen in der
Tischgruppe einen Sachverhalt
gut erklären

    In der Gruppe gut und
    zielgerichtet mitarbeiten

Eine EXCEL-Tabelle im
Computer erstellen

    Meine Hausaufgaben selbst
    gut nachgucken und auswerten

Nach einer Klassenarbeit herausfinden,
welches meine nächsten sinnvollen
Lernschritte sind

    Eine Lernlandkarte gestalten,
    die mein tatsächliches Wissen zeigt,
    so dass ich erkennen kann,
    wie ich vernünftig weiterlernen kann

Materialsatz 5: Items für die Landkarte Mathematik Klasse 11

Ich kenne die binomischen Formeln und kann sie zur Umformung von Termen anwenden.

Ich beherrsche das Distributivgesetz, um einen Term von der Summen- in die Produktform zu überführen, oder umgekehrt.

Ich kann quadratische Gleichungen durch Faktorisieren lösen.

Ich kann die Lösungsformel einer quadratischen Gleichung korrekt anwenden.

Ich kann eine Geradengleichung aus zwei Punkten aufstellen.

Ich kann die Gleichung einer Geraden mit gegebener Steigung und einem gegebenen Punkt aufstellen.

Ich kann aus dem Steigungswinkel einer Geraden auf die Steigung schließen.

Ich kann die Gleichung einer Normalen angeben.

Ich kann die allgemeine Kreisgleichung angeben.

Ich kann die Tangente an einen Kreis in einem Kreispunkt bestimmen.

Ich kann Graphen der Sinus- und der Cosinusfunktion zeichnen.

Ich kann beschreiben, wie der Graph der Cosinusfunktion aus dem Graphen der Sinusfunktion entsteht.

Ich kann zu einem Winkelmaß in Grad das entsprechende Bogenmaß angeben.

Ich kann Wurzeln als Potenzen schreiben.

Ich kann die Potenzgesetzte anwenden.

Ich kann Potenzen mit negativen Exponenten in Ausdrücke mit positiven Exponenten umschreiben.

Ich kann Graphen von Potenzfunktionen skizzieren.

Ich kann den Graphen der Wurzelfunktion skizzieren.

Ich kann eine Parabelgleichung von der Scheitelpunktform in die Normalform überführen und zurückführen.

Ich kann an der Scheitelpunktform einer Parabelgleichung den Scheitelpunkt ablesen.

Ich kann bei drei gegebenen Punkten die Parabelgleichung aufstellen.

Ich kann anhand von Informationen aus einem Text eine Parabelgleichung entwickeln.

Ich kann den Gauß-Algorithmus zur Lösung eines Gleichungssystems anwenden.

Ich kann Mittelwerte, Streuungsmaße und Standardabweichung einer Datenliste bestimmen.

Ich kann die Bedeutung einer Regressionsgerade beschreiben.

Ich kann den Mittelpunkt einer Datenwolke in einem Koordinatensystem finden.

Ich kann die Steigung an verschiedenen Stellen eines Funktionsgraphen zeichnerisch bestimmen.

Ich kann zeichnerisch eine Funktion ableiten.

Ich kann zu einer Funktion den Differenzenquotienten aufstellen.

Ich kann das Randverhalten einer ganzrationalen Funktion in einem gegebenen Intervall bestimmen.

Ich kann die Schnittpunkte eines Graphen einer Funktion mit den Achsen des Koordinatensystems berechnen.

Ich kann die Definition von Punkt- und Achsensymmetrie angeben.

Ich kann Symmetrieeigenschaften einer Funktion erkennen und begründet aufschreiben.

Ich kann zu einer Funktion den Term einer in x-Richtung verschobenen Funktion angeben.

Ich kann die Regeln für das Ableiten ganzrationaler Funktionen angeben.

Ich kann am Graphen einer Funktion Eigenschaften wie Nullstellen, Symmetrie, Steigung, Extrempunkte erkennen.

Ich kann am Funktionsterm einer ganzrationalen Funktion Eigenschaften wie Nullstellen, Symmetrie, Steigung, Extrempunkte erkennen.

Ich kann die Nullstellen einer Funktionsgleichung bestimmen – ggf. annäherungsweise.

Ich kann die notwendige Bedingung für Extremstellen angeben.

Ich kann eine hinreichende Bedingung für Extremstellen anhand der zweiten Ableitung angeben.

Ich kann eine hinreichende Bedingung für Extremstellen anhand des Vorzeichenwechsels angeben.

Ich kann die Gleichung $f(t) = c \cdot a^t$ nach c, a oder t auflösen.

Ich kann am Graphen erklären, was ein Sattelpunkt ist, und die rechnerischen Bedingungen für sein Vorliegen angeben.

Ich kann Wendestellen anhand notwendiger und hinreichender Bedingung bestimmen.

Ich kann die Begriffe ‚notwendige Bedingung' und ‚hinreichende Bedingung' im Verhältnis zueinander erläutern.

Ich kann eine gegebene Funktion auf ihr Monotonieverhalten untersuchen.

Ich kann eine gegebene Funktion auf ihr Krümmungsverhalten untersuchen.

Ich kann eine gegebene Funktion auf ihr Verhalten bei sehr großen oder sehr kleinen x-Werten hin untersuchen.

Ich kann die aus einer Kurvenuntersuchung bestimmten Ergebnisse nutzen um eine sinnvolle Zeichnung des Graphen der Funktion anzufertigen.

Ich kann die Steigung eines Funktionsgraphen anhand der Funktionsgleichung mit dem Differenzenquotienten bestimmen.

Ich kann die Gleichung einer Tangente in einem gegebenen Punkt einer bekannten Funktion aufstellen.

Ich kann Zusammenhänge zwischen einer Funktion und ihren Ableitungen anhand der Graphen erklären.

Ich kann mein Wissen über Extrempunkte zur Lösung von Sachproblemfragen anwenden.

Ich kann mein Wissen über Wendepunkte zur Lösung von Sachproblemfragen anwenden.

Ich kann am Grad einer ganzrationalen Funktion die Zahl der möglichen Nullstellen benennen.

Ich kann dem Grad einer ganzrationalen Funktion die Zahl der möglichen Extrem- und Wendestellen zuordnen.

Ich kann eine komplette Kurvenuntersuchung durchführen.

Ich kann Schnittpunkte von Funktionsgraphen rechnerisch anhand der Funktionsgleichungen bestimmen.

Ich kann die charakteristischen Merkmale einer Exponentialfunktion im Vergleich zur ganzrationalen Funktion benennen.

Ich kann den Unterschied zwischen linearem und exponentiellem Wachstum angeben.

Ich kann zu einer Sachsituation eine durch zwei Punkte festgelegte Exponential-funktion bestimmen.

Ich kann die Rechenregeln für Logarithmen erklären.

Ich kann die Wahrscheinlichkeiten mehrstufiger Zufallsereignisse mit Hilfe eines Baumdiagramms klären.

Ich kann meinen eigenen Lernfortschritt im Mathematikunterricht gut feststellen.

Ich kann mein Lernen gut steuern, also erfolgreich Ansatzpunkte für mein erfolgreiches Weiterlernen finden.

Ich kann mit meinen Lernpartner/innen des Kurses gut zusammen arbeiten.

Ich kann meine eigene Lernlandkarte herstellen und sie zur Steuerung meines Weiterlernens einsetzen.

Anmerkungen

[1] Die abgebildete Lernlandkarte ist vom Autor zum Zwecke der Anschauung für die Eingangsphase Oberstufe NRW angefertigt worden (kein originäres Schülerprodukt). Die verwandten Kompetenz-Items für Klasse 10 bzw. 11 (je nach Schulform) sind im Materialsatz 5 [s. u.] wiedergegeben. Erstveröffentlichung in: Lüttiken, R, Scholz, D. & Uhl, C. (Hrsg.) (2010). Fokus Mathematik, Einführungsphase gymnasiale Oberstufe, Nordrhein-Westfalen 2010, S. 178. Als Download zum Buch unter www.cornelsen.de/fokus-mathematik, Buchkennung MFK54010, Mediencode 178-1.

Kapitelübergreifende Rückschau: Unterrichtsmethode zum Vernetzen im Mathematikunterricht

von Swetlana Nordheimer, Humboldt-Universität zu Berlin

Im Mittelpunkt dieses Artikels stehen Vernetzungen im Mathematikunterricht, wobei der Schwerpunkt auf der Konstruktion einer schülerzentrierten Unterrichtsmethode zur Vernetzung von mathematischem Wissen in der Sek. I liegt. Dafür werden zunächst normative Vorgaben und deskriptive Befunde verglichen. Anschließend werden einige bereits existierende Unterrichtsmethoden zur Vernetzung im Mathematikunterricht zur Methode der „kapitelübergreifenden Aufgabenvariation" zusammengefügt. Dabei liegt das Augenmerk auf der Verzahnung von mathematischen Inhalten mit geeigneten Sozialformen. Ergänzt wird der Beitrag durch die Darstellung der schulischen Erprobungen.

1 Einleitung

In seinen Reformvorschlägen macht Wagenschein nicht nur Mut zur Utopie, sondern empfiehlt *„den Austausch und die Veröffentlichung ausführlich berichteter exemplarischer Lehrgänge und Erfahrungen – es brauchen nicht durchaus gelungene zu sein –, nicht zum Nachahmen, sondern zum Überzeugen und Anstecken."* (Wagenschein I, 1970, S. 410). Sollten die in diesem Artikel vorgestellten Ideen und Beispiele dem Leser als *nicht gelungen* und *nicht überzeugend* vorkommen, so möchte ich ihnen doch eine Chance zum *Anstecken* geben.

Im Folgenden wird die *kapitelübergreifende Rückschau* als eine Unterrichtsmethode zur Förderung von Vernetzungen im Mathematikunterricht vorgestellt. Ausgehend von dem Konzept der Grunderfahrungen (Baptist, Winter 2001) steht nicht nur die Bearbeitung, sondern auch die selbstständige Entwicklung von komplexen Fragestellungen durch Schüler/innen im Mittelpunkt der Unterrichtsmethode.

Anknüpfend an eine Konkretisierung der Methode für die 8. Klasse werden die ersten Erprobungsergebnisse in einem Gymnasium vorgestellt.

2 Methodenkonstruktion

In der Mathematikdidaktik findet man verschiedene Vorschläge zur Förderung von Vernetzungen vor allem auf der fachlichen Ebene. So schlägt beispielsweise Vollrath (2001) vor, den Schüler/innen *Themenstränge (Leitideen und Leitbegriffe)* der Mathematik mit Hilfe von Inhaltsverzeichnissen sichtbar zu machen, Übergänge zwischen verschiedenen Schulbuchkapiteln durch *Themenkreise* (innermathematische kapitelübergreifende Kontexte) und *Themenkomplexe* (anwendungsbezogene kapitelübergreifende Probleme) zu gestalten. Auch im Rahmen von *Lerntagebüchern* (Gallin, Ruf 1998) wird den Schülern die Möglichkeit gegeben, kontinuierlich an mathematischen Problemen zu arbeiten und durch Eigenproduktionen Zusammenhänge zu studieren. Brinkmann (2007) schlägt zur Förderung von Vernetzungen den Einsatz von *Mind Maps* und *Concept Maps* im Unterricht vor. Der Schwerpunkt dieser im Unterricht eingesetzten Methoden zur Förderung von Vernetzungen liegt auf der kognitiven Ebene des Lernenden und der Strukturierung der Unterrichtsinhalte.

Die soziale Ebene der Vernetzung, insbesondere die Rolle der sozialen Netzwerke bei der Konstruktion von Wissen, wird vor allem in der allgemeinen Pädagogik thematisiert (vgl. Fischer 2001). Es werden *Expertengruppen* und *Lernen durch Lehren* als kooperative Lernformen vorgeschlagen, um das Entstehen von Vernetzungen zu fördern.

Einer der wenigen Ansätze in der Didaktik der Mathematik, der die fachliche und die soziale Ebene des Mathematiklernens berücksichtigt und an Aufgabenbeispielen ihre Verzahnung leistet, ist die Methode der schülerzentrierten Aufgabenvariation (Schupp 2003). Ein wichtiges Ziel ist dabei die Thematisierung von Variationsmethoden als heuristische Strategien.

Die erwähnten Methoden zur Vernetzung im Mathematikunterricht auf der fachlichen Ebene sowie aus der Pädagogik bekannte Unterrichtsmethoden werden im Folgenden zur Methode der *kapitelübergreifenden Rückschau* abgewandelt. Sie ist für einen Einsatz am Ende eines Schuljahres konzipiert und soll die Entstehung von Vernetzungen der Unterrichtsinhalte des zurückliegenden Schuljahres fördern. Schülerzentrierte Aufgabenvariation wird dabei eine zentrale Rolle spielen. Der Schwerpunkt der Vernetzung liegt auf den Unterrichtsinhalten und die Variation wird an die Inhalte des Lehrplans bzw. des Schulbuchs gebunden.

Im Folgenden werden die einzelnen Phasen der Methode vorgestellt.

Kapitelübergreifende Rückschau

Vorbereitung:
Zum Anfang lösen Schüler/innen im Klassenverband eine Einstiegsaufgabe. Sie deutet den gemeinsamen Kontext der ganzen Einheit an.

Vorstellung von Initialaufgaben:
Die Lehrkraft stellt zu jedem Schulbuchkapitel des Schuljahres eine Aufgabe, „Initialaufgabe" genannt, vor.

Expertentraining:
Jeder Schüler und jede Schülerin entscheidet sich für eine der Initialaufgaben. Alle Schüler/innen mit der gleichen Aufgabe setzen sich in einer Gruppe zusammen, um diese gemeinsam zu lösen und die Präsentation der Aufgabe vorzubereiten.

Expertenrunde:
Die Gruppen werden neu zusammengestellt. Jetzt treffen sich in einer Gruppe Experten von verschiedenen Initialaufgaben bzw. Schulbuchkapiteln. Die Schüler/innen werden aufgefordert im Expertenaustausch eigene kapitelübergreifende Aufgaben zu erstellen. Dafür können sie die gelösten Initialaufgaben variieren und kombinieren. Dabei sollen alle Initialaufgaben durch einen Kontext (beispielsweise Tangram, Pythagoras-Baum, Stern) verbunden sein.

---

3 Erprobung

Für die Erprobung der Unterrichtsmethode wurden sechs Initialaufgaben aus verschiedenen Stoffgebieten zum Thema Tangram als verbindendem Element entwickelt und im Schuljahr 2007/08 in jeweils einer 8. Klasse eines Gymnasiums und einer Gesamtschule in Berlin eingesetzt. Im Folgenden wird die *Erprobungsphase am Gymnasium* beschrieben. Sie erstreckte sich – mangels Verfügbarkeit – über nur drei Unterrichtsstunden. Es konnten daher nur die Unterrichtsphasen vor der Expertenrunde während der Unterrichtszeit an der Schule durchgeführt werden; die Entwicklung von kapitelübergreifenden Aufgaben wurde zur freiwilligen Hausaufgabe.

Als Einstiegsaufgabe wurden die Schüler/innen im Klassenverband aufgefordert, mit Hilfe von sieben Tangram-Steinen aus Holz ein Quadrat zu legen.

Daraufhin wurden ihnen folgende Initialaufgaben angeboten.

Aufgabe A: „Tisch"

Abbildung 1 Tangram-Tisch

*Um einen Tangram-Tisch aus Holz zu bauen, wird die gesamte Tangram-Figur vergrößert. Dabei wird die längste Seite des kleinen Dreiecks (ca. 5,5 cm) um **x** cm länger. Wie ändern sich die Flächeninhalte der gesamten Figur und der Teilfiguren?*

Aufgabe B: „Würfel"

Abbildung 2 Tangram-Würfel

Auf dem Bild seht ihr würfelförmige Tangram-Spiele. Die Steine sind aus Blech und innen hohl. Wie viel cm² Blech braucht man für ein würfelförmiges Tangram-Spiel, wenn man an die Maße des Holz-Tangrams anknüpft?

Aufgabe C: „Funktionen"

Zeichnet eure gesamte quadratische Lösungsfigur in ein Koordinatensystem! Welche Funktionsgraphen könnt ihr auf dieser Zeichnung finden? Stellt die entsprechenden Funktionsgleichungen auf.

Aufgabe D: „LGS"

Zeichnet die gesamte Lösungsfigur in ein Koordinatensystem! Erstellt lineare Gleichungssysteme mit zwei Gleichungen und zwei Variablen, deren Lösungen den Eckpunkten der Tangram-Steine entsprechen.

Aufgabe E: „Symmetrie"

Zeichnet eure gesamte Lösungsfigur! Welche symmetrischen Tangramsteine entdeckt ihr auf dieser Zeichnung? Beschreibt und begründet gegebenenfalls die Symmetriearten und zeichnet die Symmetrieachsen bzw. Symmetriezentren ein.

Aufgabe F: „Dart"

Es gibt ein neues Magnet-Dartspiel auf dem Markt, das genau wie ein quadratisches Tangram-Puzzle aussieht. Wie groß ist die Wahrscheinlichkeit, ein Parallelogramm bzw. ein Dreieck zu treffen?

Schon bei der Erstellung dieser Aufgaben machte sich für mich ein praktisches Problem der *kapitelübergreifenden Rückschau* bemerkbar: Sowohl der Anzahl der Kapitel, als auch der inhaltlichen Tiefe der Vernetzung sind durch einfache Parameter wie Größe des Arbeitsblattes und Länge der Unterrichtsstunden Grenzen gesetzt. Dennoch wurde versucht, möglichst viele im Rahmenlehrplan empfohlene Inhalte durch die Initialaufgaben anzusprechen.

Aufgabe A: „Tisch" kann schwerpunktmäßig dem Kapitel Terme und Umformungen zugeordnet werden; Aufgabe B: "Würfel" bezieht sich auf Großkapitel Flächeninhalt und Volumen. Die Bezeichnungen der Aufgaben C: „Funktionen", D: „LGS" und E: „Symmetrie" sind den entsprechenden Schulbuchkapiteln entliehen und sprechen für sich selbst. Mit der Aufgabe F: „Dart" soll das Kapitel „Zufall und Prognosen" aus dem Lehrbuch angesprochen werden. Darüber hinaus weisen die Aufgaben weitere kleinere Elemente aus verschiedenen Kapiteln des Buches auf.

Als diese Aufgaben den Lehrenden präsentiert wurden, gab es rasch erste Kritik. Sie bezog sich zunächst darauf, dass es unterschiedliche Anforderungsbereiche gab. Auf die Veränderung der Schwierigkeitsgrade wurde jedoch verzichtet, da sie häufig als verschieden empfunden werden. Die Differenzierung erfolgte natürlich; sie bestand darin, dass alle Aufgaben gleichzeitig präsentiert wurden und die Schüler/innen sich für eine Aufgabe entscheiden mussten, solange sie noch nicht vergeben war.

Entgegen der Erwartungen der Lehrer und Lehrerinnen, denen die Aufgaben vorgestellt wurden, wollten die meisten Schüler und Schülerinnen Aufgabe B: „Würfel" lösen. Die Gruppe war ganz schnell mit fünf Schülern besetzt, so dass einige Interessenten eine andere Aufgabe wählen mussten. Auch Aufgabe F: „Dart" wurde schnell vergeben. Man kann vermuten, dass die Unbekanntheit der Thematik durch die Beliebtheit des Dart-Spiels in den Hintergrund getreten war. Am wenigsten beliebt war Aufgabe C: „Funktionen". Sie wurde von niemandem gewählt und musste drei Schülern, zugewiesen werden. An dieser Stelle stellt sich die Frage, wie mit Aufgaben verfahren wird, die nicht gewählt werden. Beliebtheit der Aufgaben als subjektive Kategorie kann, wie die Erfahrungen aus der Erprobung zeigen, nicht immer im Vorfeld abgefangen werden. Was macht man also mit einer Aufgabe, die niemand lösen möchte? Man könnte sie einfach weglassen; dann wären allerdings Inhalte eines Kapitels nicht repräsentiert. Aufgaben können aber auch von der Lehrerperson gelöst und präsentiert werden. Man könnte die Unbeliebtheit der Aufgabe thematisieren und einer Schülergruppe anbieten, eine eigene Initialaufgabe für ein bestimmtes Kapitel zu entwickeln.

Die Zusammenarbeit sowie Gründlichkeit der Lösungen variierte von Gruppe zu Gruppe, aber alle Gruppen waren in der Lage, eine Präsentation vorzubereiten. In der letzten von drei Stunde konnten die Lösungen im Plenum vorgestellt werden.

Da die Entwicklung kapitelübergreifender Aufgaben als Hausaufgabe erfolgte (s. o.), haben die meisten Schüler/innen daran allein gearbeitet. Sie entwickelten 15 Aufgaben, von denen hier nur einige exemplarisch vorgestellt werden können. Die Aufgaben vernetzten die Inhalte im innermathematischen und im außermathematischen Kontext, wobei innermathematische Bezüge häufiger zu finden waren. Somit wurden die in den beiden ersten Grunderfahrungen beschriebenen inneren und äußeren Aspekte der Mathematik durch die dritte Grunderfahrung (Baptist, Winter 2001) verzahnt, indem die Schüler/innen selbst komplexe Aufgaben formulierten.

Im Folgenden werden einige Aufgaben exemplarisch präsentiert und ausgewertet.

Die Aufgabe von Maria besteht aus acht Teilaufgaben (siehe Abb. 3). Maria geht von der Einstiegsaufgabe: „Lege aus allen sieben Steinen ein Quadrat!" aus und präzisiert diese. In der zweiten Teilaufgabe geht sie zu einem Kreis über und möchte, dass ausgehend von dem Mittelpunkt des Quadrates einen Kreis um das Quadrat umschrieben wird. In der dritten Aufgabe sollen der Umfang und der Flächeninhalt des Kreises berechnet werden. In der vierten Teilaufgabe soll daran der Satz des Thales beschrieben werden. In Teilaufgabe fünf stellt Maria eine Frage nach der Veränderung des Flächeninhalts durch Verringerung der Seitenlängen. Weiter geht es in der sechsten Aufgabe mit den Achsensymmetrien. Die Aufgabe sieben ähnelt der Aufgabe fünf. Dabei ändern sich die Zahlenwerte und die Richtung der Aufgabe. Als Umkehrung zu fünf sollen nun ausgehend vom Flächeninhalt Seitenlängen bestimmt werden. Abgeschlossen wird alles mit einer Aufgabe, die einer der Initialaufgaben ähnlich ist. Den Aufgaben folgten ausführliche Lösungsbeschreibungen auf sechs Seiten.

Anhand von Marias Aufgabe kann man sehr viel über den aktiven fachlichen Wortschatz der Schülerin am Ende der 8. Klasse erfahren. Andererseits lässt sich anhand der Aufgabe vermuten, welche Themen die Schülerin beeindruckt haben bzw. ihr in Erinnerung geblieben sind. So erwähnt Maria als einzige Schülerin der Klasse den Satz des Thales und bezieht damit die Kreisthematik ein. Vier von sechs Schulbuchkapiteln sind in der Aufgabe angesprochen und beziehen sich linear aufeinander. Die Aufgabe zerfällt daher eher in Teile, auch wenn sie verschiedene Themen räumlich und zeitlich ohne einen besonders starken Kontext bündelt.

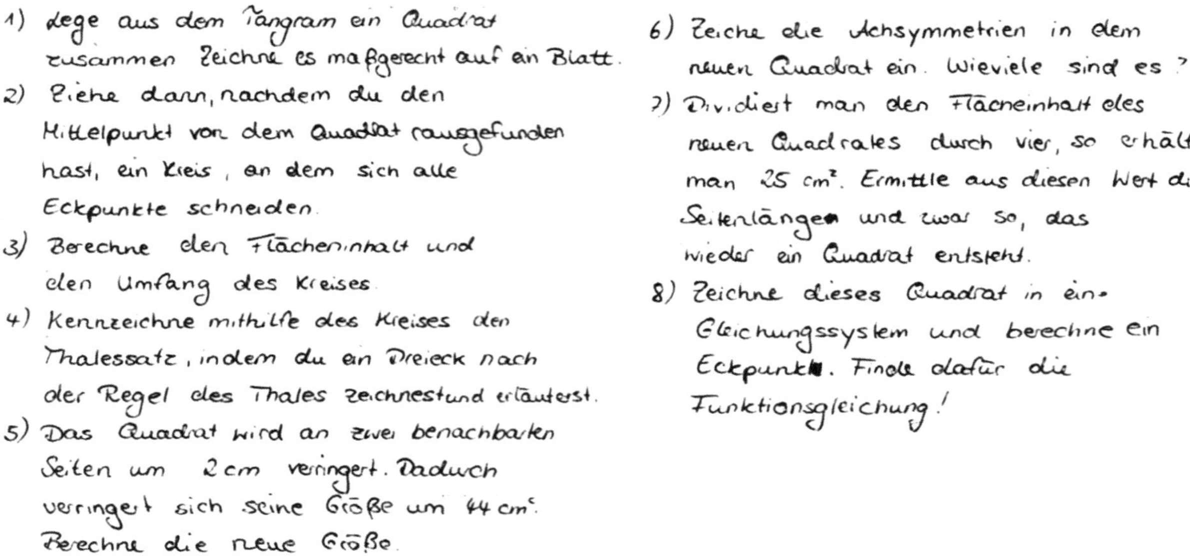

1) Lege aus dem Tangram ein Quadrat zusammen. Zeichne es maßgerecht auf ein Blatt.

2) Ziehe dann, nachdem du den Mittelpunkt von dem Quadrat rausgefunden hast, ein Kreis, an dem sich alle Eckpunkte schneiden.

3) Berechne den Flächeninhalt und den Umfang des Kreises.

4) Kennzeichne mithilfe des Kreises den Thalessatz, indem du ein Dreieck nach der Regel des Thales zeichnest und erläuterst.

5) Das Quadrat wird an zwei benachbarten Seiten um 2 cm verringert. Dadurch verringert sich seine Größe um 44 cm². Berechne die neue Größe.

6) Zeichne die Achsymmetrien in dem neuen Quadrat ein. Wieviele sind es?

7) Dividiert man den Flächeninhalt des neuen Quadrates durch vier, so erhält man 25 cm². Ermittle aus diesen Wert die Seitenlängen und zwar so, das wieder ein Quadrat entsteht.

8) Zeichne dieses Quadrat in ein Gleichungssystem und berechne ein Eckpunkt. Finde dafür die Funktionsgleichung!

Abbildung 3 Aufgabe von Maria

Anders ist es bei **der Aufgabe von Alex** (siehe Abb. 4), in der zwar nur zwei Kapitel miteinander vernetzt werden, indem Symmetrieachsen in die Lösungsfigur nicht nur eingezeichnet, sondern mit Funktionsgleichungen beschrieben werden.

Der innere Zusammenhang der Aufgabe ist mathematisch. Im Gegensatz zu Marias Aufgabe zerfällt diese Aufgabe nicht in Teilaufgaben. So kommen Begriffe aus verschiedenen Themenbereiche bzw. Aufgaben in demselben Satz der Aufgabe vor. Bei minimaler Veränderung der mathematischen Bezüge sowie der grammatikalischen Struktur der Initialaufgaben entsteht ein Themenkreis, der als Überleitung zwischen den Unterrichtseinheiten zur Symmetrie und zu linearen Funktionen eingesetzt werden kann (Vollrath 2001). Die Formulierung der Aufgabenstellung ist fachlich korrekt und präzise, was ein hohes Niveau des aktiven Wortschatzes des Schülers bezeugt. Die Lösung weist auf Missverständnisse auch eines sehr guten Schülers hinsichtlich des Funktionsbegriffes und der Funktionsgraphen hin. Somit deutet die Aufgabe Förderungsmöglichkeit an.

Aufgabe E + C (eigene Aufgabe)

Zeichnet eure gesamte Lösungsfigur in ein Koordinatesystem. Welche Symmetriearten findet ihr auf dieser Zeichnung? Nennt die Symmetriearten und gebt für alle Symmetrieachsen die entsprechende Funktionsgleichung an.

Lösung:

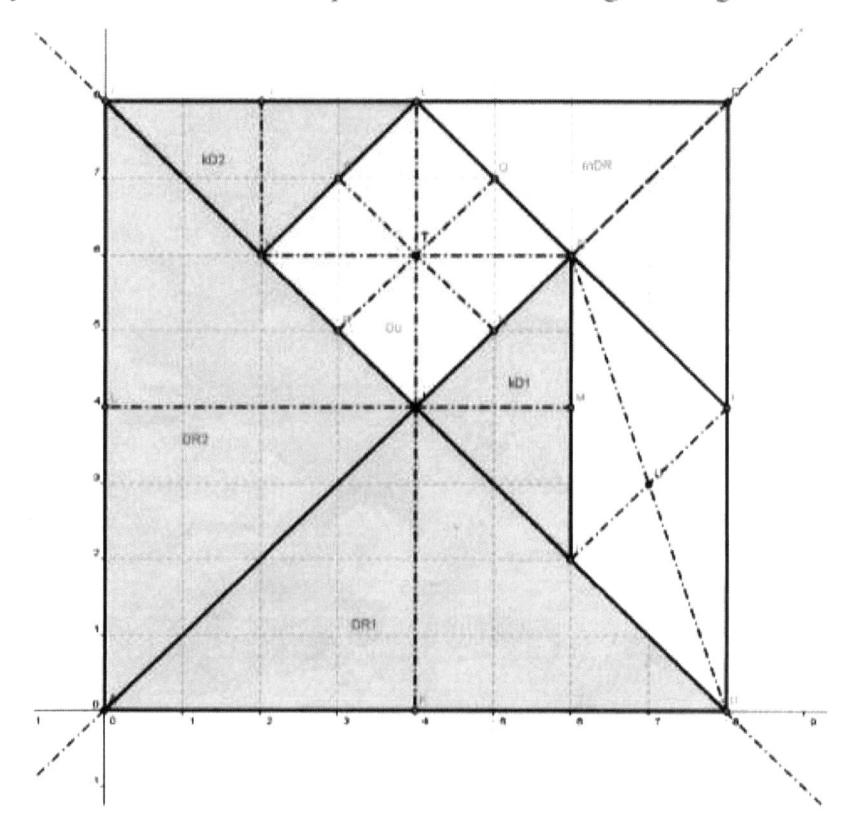

Die Dreiecke sind Achsensymmetrisch.
Das Quadrat ist Achsen und Punktsymmetrisch.
Das Parallelogramm ist Punktsymmetrisch.

Es gibt keine Funktionsgleichungen für die Symmetrieachsen der Dreiecke kD1; kD2; DR1 und DR2, da sie nicht eineindeutig sind.
Dasselbe gilt für zwei der Symmetrieachsen des kleinen und des gesamten Quadrats.
Das Parallelogramm besitzt keine Symmetrieachsen, da es nur Punktsymmetrisch ist.
Funktionsgleichungen für das gesamte Quadrat:

$y=x$
$y=-1x+8$

Funktionsgleichungen für das kleine Quadrat:

$y=x+2$
$y=-1x+10$

Funktionsgleichung für das mittlere Dreieck:

$y=x$

Abbildung 4 Aufgabe von Alex

Aufgabe:

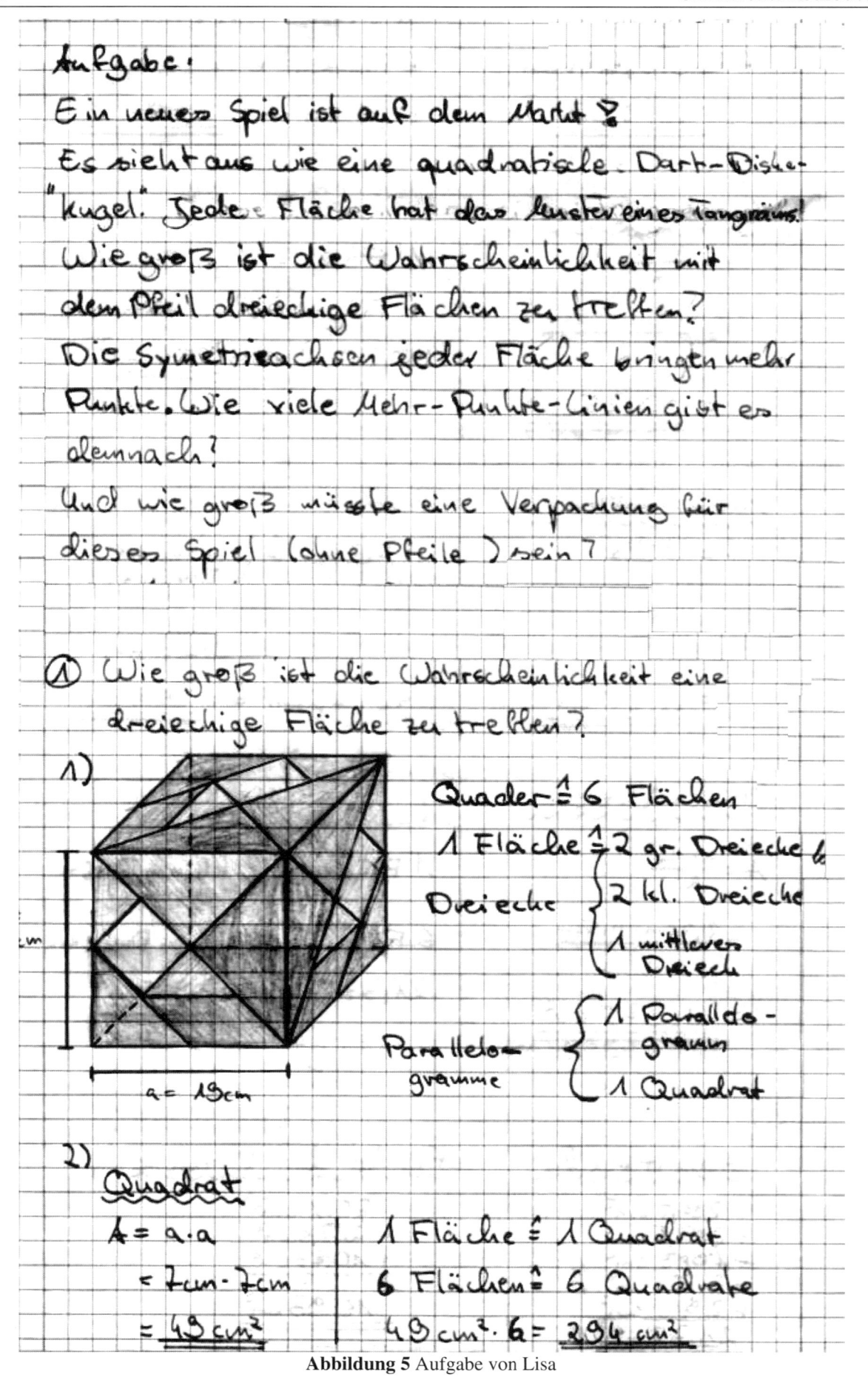

Ein neues Spiel ist auf dem Markt!
Es sieht aus wie eine quadratische Dart-Dicke-"kugel". Jede Fläche hat das Muster eines Tangrams!
Wie groß ist die Wahrscheinlichkeit mit dem Pfeil dreieckige Flächen zu treffen?
Die Symmetrieachsen jeder Fläche bringen mehr Punkte. Wie viele Mehr-Punkte-Linien gibt es demnach?
Und wie groß müsste eine Verpackung für dieses Spiel (ohne Pfeile) sein?

① Wie groß ist die Wahrscheinlichkeit eine dreieckige Fläche zu treffen?

1)

$a = 7\,cm$

Quader ≙ 6 Flächen
1 Fläche ≙ 2 gr. Dreiecke
Dreiecke { 2 kl. Dreiecke
{ 1 mittleres Dreieck
Parallelogramme { 1 Parallelogramm
{ 1 Quadrat

2)
Quadrat
$A = a \cdot a$
$= 7\,cm \cdot 7\,cm$
$= 49\,cm^2$

1 Fläche ≙ 1 Quadrat
6 Flächen ≙ 6 Quadrate
$49\,cm^2 \cdot 6 = 294\,cm^2$

Abbildung 5 Aufgabe von Lisa

Abb. 5 zeigt die **Aufgabe von Lisa**. Lisa baut die Aufgabe F „Dart" aus, erweitert sie um eine Dimension: Die Dartscheibe wird zur „Diskokugel", die die Form eines Würfels hat, dessen Flächen jeweils quadratische Tangramfiguren zeigen. Lisa fragt, wie wahrscheinlich es ist, dreieckige Flächen mit einem Pfeil zu treffen. Auch Symmetrieachsen der einzelnen Flächen werden zu „Mehr-Punkte-Linien" und es wird nach ihrer Anzahl gefragt. Schließlich soll die Größe einer Verpackung für die Diskokugel berechnet werden, so wie in der Initialaufgabe B „Würfel", die Lisa mit ihrer Gruppe gelöst hat. In Lisas Aufgabe werden die geometrischen Themen wie beispielsweise Symmetrie und Flächenberechnung mit elementarer Wahrscheinlichkeitsrechnung vernetzt.

Mit dem Ziel, mathematische Inhalte zu vernetzen, hat Lisa die Grenzen der Mathematik überschritten, auch wenn man über die Modellierungsqualität der entstandenen Aufgabe unterschiedlicher Meinung sein kann. Es ist für einen Mathematiklehrer schon schwer genug, Aufgaben zu entwickeln, die einen Bezug zur Schülerrealität haben und somit mathematische Inhalte sinnvoll vernetzen. Auch für Schüler/innen ist es nicht einfach, ihre Realität außerhalb der Schule mit Mathematik zu verknüpfen; schließlich ist Schule ein beträchtlicher Teil ihrer Realität! Nur wer schießt schon mit Pfeilen auf eine „Diskokugel"? Dennoch berührt die Aufgabe das Leben der Schüler/innen, auch wenn nur das Wort „Disko" als eine Gemeinsamkeit vorkommt.

Durch die Verlagerung der Aufgabenentwicklung in die Hände der Schüler/innen kommen die Berührungen mit der Schülerrealität zwar nur punktuell, aber auf natürliche Weise in den Mathematikunterricht, so dass die Lehrperson nicht mehr bewusst und verkrampft danach suchen muss. Diese Natürlichkeit entspringt meiner Meinung nach der Möglichkeit, sich frei zu entscheiden, ob man inner- oder außermathematisch vernetzen möchte.

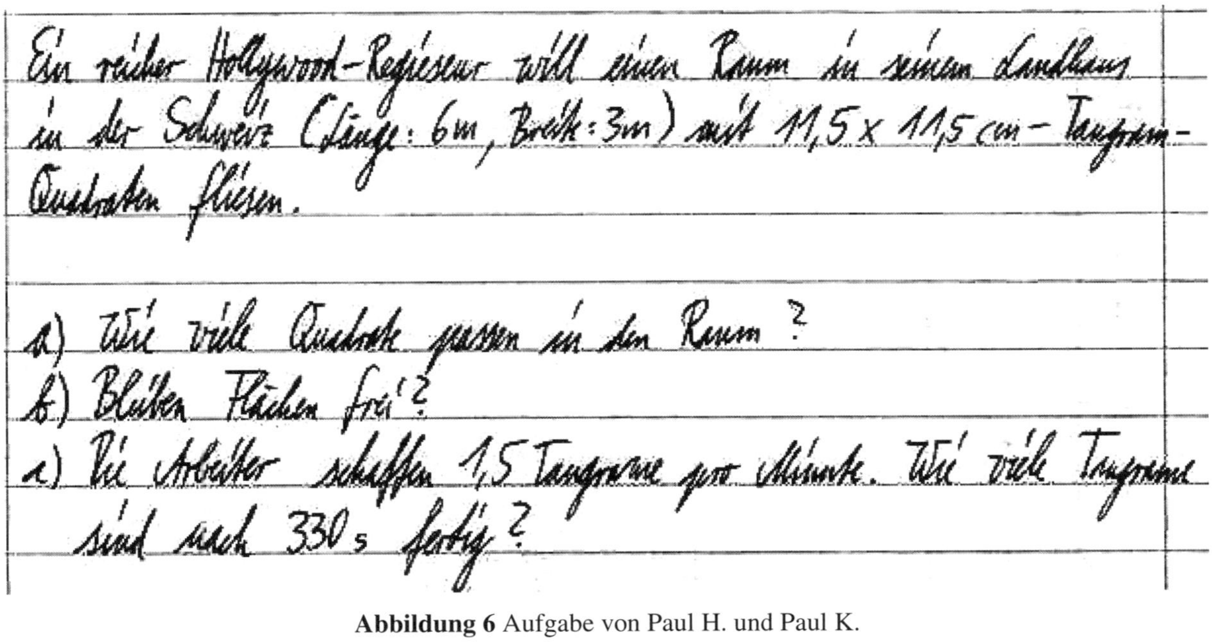

> Ein reicher Hollywood-Regisseur will einen Raum in seinem Landhaus in der Schweiz (Länge: 6m, Breite: 3m) mit 11,5 x 11,5 cm - Tangram-Quadraten fliesen.
>
> a) Wie viele Quadrate passen in den Raum?
> b) Bleiben Flächen frei?
> c) Die Arbeiter schaffen 1,5 Tangrame pro Minute. Wie viele Tangrame sind nach 330 s fertig?

Abbildung 6 Aufgabe von Paul H. und Paul K.

Die **Hollywood-Aufgabe** (Abb. 6) wurde von zwei Schülern entwickelt. In einem einleitenden Text begegnet der Leser einem Hollywood-Regisseur, erhält dabei gleichzeitig die wichtigsten Maße seiner Wohnung. Die darauf folgenden Teilaufgaben hängen durch den Kontext mit Tangram zusammen. Es wird gefragt, wie viele Tangram-Quadrate in den Raum passen und ob Flächen frei bleiben. Auch die Frage danach, wie viele

Tangramme nach 330 s gelegt sind, wird gestellt. Bei der Lösung haben sich die Schüler um einen Wechsel der Darstellungsebenen bemüht. Sie haben ihre Rechnungen mit Graphen und Tabellen veranschaulicht.

Auch bei dieser Aufgabe wird deutlich, dass es nicht einfach ist, eine authentische Aufgabe mit Realitätsbezug zu entwickeln und dabei gezielt möglichst viele Inhalte (hier Proportionalität, Dreisatz, Flächenberechnung) miteinander zu vernetzen. Der Zusammenhang ist außermathematisch und bezieht sich auf eine konkrete Situation, die mit mathematischen Mitteln modelliert werden soll.

Betrachtet man aber die Herausforderung, vor der die Schüler und Schülerinnen bei der Entwicklung von Vernetzungsaufgaben in der kapitelübergreifenden Rückschau stehen, so ist festzustellen, dass das wirkliche Problem nicht darin besteht, eine außermathematische Situation zu modellieren. Das eigentliche Problem besteht darin, mathematische Inhalte, die durch die Überschriften des Lehrbuchs repräsentiert sind, in einen Kontext zu bringen. Demzufolge kann man die Hollywood-Aufgabe als *inverse Modellierungsaufgabe* bezeichnen. Aufgaben dieser Art sind in der Fachdidaktik eher als Einkleidungsaufgaben bekannt. Der neue Begriff *inverse Modellierung* begründet sich durch die negative Färbung von *Einkleidung* und bezeichnet eine Aufgabe, in der Mathematik bewusst in das Außermathematische übersetzt wird, um mathematische Inhalte zu erhellen. Somit wird nicht die Realität durch Mathematik, sondern Mathematik durch die Realität mit dem Ziel modelliert, mathematische Sachverhalte in dem Anschauungsraum des Denkenden bzw. Lernenden zu vernetzen (vgl. Jahnke 2001). Darüber hinaus kann inverse Modellierung einen ästhetischen Wert haben. Ist es nicht das Unrealistische, das ein Märchen oder ein Gedicht anmutig macht? Vor diesem Hintergrund erscheint die Frage nach der Realitätsferne bzw. Realitätsnähe des Kontextes in einem neuen Licht.

Stoet'sche Kompetenzaufgabe

Herr Stoeter macht sich mit seinem Auto eine kleine Städterundfahrt durch Deutschland. Er fährt in Berlin los, kommt nach 165 gefahrenen Kilometern schließlich in Dresden an. Weil auch Mathe-Lehrer ihre Pause brauchen, übernachtet Herr Stoeter in einem Mathe-Hotel. Am nächsten Tag fährt er weiter nach Köln. Dort angekommen stellt er fest, dass er von Dresden nach Köln 476 Kilometer gefahren ist. Nun hat er aber keine Lust mehr weiter zu fahren und kommt wieder zurück nach Berlin. (Mathe-Lehrer sind halt launisch.) Dort angekommen stellt er verblüfft fest, ja das sind Mathe-Lehrer, dass seine Route ein Dreieck war. Nun ist Herr Stoeter gelangweilt und stellt sich einige Fragen, mit denen er am nächsten Tag seine fleißigen, liebenswerten und klugen Schüler belästigen kann:

(Bedingung: Gerechnet wird ohne Innen-Stadtstrecken und in Luftstrecke)

1. Wie viele Kilometer bin ich insgesamt gefahren? Ich habe vergessen mein Kilometerzähler bei der Strecke Köln-Berlin zurück zu stellen.

2. Wie oft hat sich das Rad meines Autos gedreht während der Gesamtstrecke? Der Radius seines Reifens beträgt 30 cm.

3. Wie schnell bin ich gefahren, wenn ich von Berlin nach Dresden 2 Stunden und 6 Minuten gebraucht habe?

Abbildung 7 Aufgabe von Arkady und Jonas

Auswertung:

Die Schüler/innen des Gymnasiums äußerten sich sehr positiv über die intensive Beschäftigung mit einer Initialaufgabe in der Gruppe und dem Tangram als verbindendes Motiv der Aufgaben. Sie hätten sich mehr Zeit zur Präsentation der Ergebnisse sowie zur Entwicklung von eigenen Aufgaben gewünscht.

Nur in zwei von 15 Aufgaben haben sich die Schüler/innen vom Tangram-Kontext völlig gelöst. Die meisten wählten die in der eigenen Gruppe gelöste Initialaufgabe zum Ausgangspunkt der Konstruktion eigener Aufgaben. Sie haben Wert auf die Gestaltung der Aufgaben gelegt, indem sie Computerprogramme herangezogen bzw. die Zeichnungen und Skizzen trotz der Zeitknappheit farblich gestaltet haben. Meist wurden auch Lösungen zu den Aufgaben ausgearbeitet.

Es hatten sich nur zwei Paare für die Konstruktion der kapitelübergreifenden Hausaufgabe gebildet. In 11 von 15 Aufgaben haben die Schüler/innen die entsprechenden Kompetenztabellen ausgefüllt.

Die Vielfalt und Qualität der entstandenen Aufgaben gibt Grund zur Annahme, dass die für die Erprobung der Methode verwendete Unterrichtszeit effektiv genutzt wurde. Der Zeitaufwand für die Korrektur und die Rückmeldungen kann von Lehrer/innen jedoch als Umsetzungsproblem angesehen werden. Es bietet sich an, die Methode auf sechs Unterrichtsstunden auszuweiten, um die Korrektur und die Rückmeldung aus der Nachbereitungszeit der Lehrkraft in die Unterrichtszeit zu verlagern. So kann der Korrekturaufwand zwischen den Schüler/innen und der Lehrperson aufgeteilt werden. Die Rückmeldung erfolgt dadurch viel schneller.

Es ergab sich leider keine Möglichkeit, die von den Schüler/innen entwickelten Aufgaben im darauf folgenden Unterricht einzusetzen. Daher sollte bei der nächsten Erprobung besser geplant werden, was mit den Schülerprodukten passieren sollte. Denkbar ist die Wiederverwendung der Aufgaben im Rahmen eines Trainigsprogramms für die MSA-Prüfung oder die Erstellung von Aufgabendatenbanken.

Zusammenfassend lässt sich sagen, dass die beteiligten Gymnasiast/innen durch Vorbereitung in der Expertengruppe in der Lage waren, kapitelübergreifende Aufgaben zu entwickeln. Die Initialaufgaben wurden von den meisten als Vorlage zur Variation genutzt, auch wenn sie die Wahl hatten, darauf zu verzichten. Andererseits konnten Schüler/innen, die sich für Tangram nicht interessieren, auch andere Kontexte wählen. Davon zeugt die Aufgabe von **Jonas und Arkady** (siehe Abb. 7). In einer Geschichte über ihren Mathematiklehrer bauen Arkady und Jonas explizit die Frage nach dem Kreisumfang und implizit die nach konstanter Geschwindigkeit ein.

Die Rückschau hatte den Schüler/innen bewusst gemacht, wie viel sie im zu Ende gehenden Schuljahr bleibend gelernt haben. Diese Bilanz hatte für Schülergruppen eine für das Lernen von Mathematik wichtige Funktion der positiven Verstärkung.

4 Fazit und Ausblick

Das Zutrauen, größere Stoffgebiete gemeinsam zu überblicken, sowie die Verlagerung der Verantwortung für das Herstellen von Vernetzungen in die Schülergruppen steigern deutlich die Motivation, gemeinsam nach Zusammenhängen in Mathematik zu suchen. Während beim Bearbeiten vorgegebener Aufgaben der passive Wortschatz berücksichtigt wird, ist beim Erstellen von eigenen Aufgaben der aktive Wortschatz gefordert. Hierin besteht eine Analogie zum Sprachenlernen. In den kleinen Expertengruppen bekommen mehr Schüler/innen die Möglichkeit über Aufgaben zu sprechen und Inhalte aktiv zu vernetzen. Somit werden Schüler/innen hinsichtlich der Fähigkeit gefördert, Vernetzungen in der mathematischen Fachsprache zu beschreiben. Dadurch lassen sich indirekt auch Modellierungsfähigkeiten verbessern.

Die angesprochenen Umsetzungsschwierigkeiten sowie Alternativvorschläge werden zunächst bei weiteren Erprobungen der Methode berücksichtigt. Des Weiteren werden Initialaufgaben für weitere Klassenstufen entwickelt und anschließend erprobt, um eventuell in Schulbüchern verankert werden zu können. Die Suche nach Kontexten, durch die möglichst viele mathematische Bereiche angesprochen werden können, wird das Hauptanliegen weiterer Arbeit sein.

Zwischenergebnisse dieser Entwicklungsarbeiten sollen auch in weiteren Artikeln der hier begonnenen Schriftenreihe dargelegt werden und Lehrenden als Anregung und Hilfe dienen.

Literatur

Baptist, P., Winter, H. (2001). Überlegungen zur Weiterentwicklung des Mathematikunterrichts in der Oberstufe des Gymnasiums. In H.-E. Tenorth (Hrsg.), *Kerncurriculum Oberstufe. Mathematik – Deutsch – Englisch* (S. 54–77). Basel: Belz.

Brinkmann, A. (2007). *Vernetzungen im Mathematikunterricht – Visualisieren und Lernen von Vernetzungen mittels graphischer Darstellungen*. Hildesheim: Franzbecker.

Fischer, F. (2001). *Gemeinsame Wissenskonstruktionen – theoretische und methodologische Aspekte*. Forschungsbericht Nr. 142, München: Ludwig-Maximilian-Universität, Lehrstuhl für Empirische Pädagogik und Pädagogische Psychologie.

Gallin, P., Ruf, U. (1998). *Sprache und Mathematik in der Schule. Auf eigenen Wegen zur Fachkompetenz*. Seelze: Kallmeyersche Verlagsbuchhandlung.

Jahnke, T. (2001). *Kleines Aufgabenrevier. Zur Klassifizierung von Aufgaben im Mathematikunterricht, SINUS Materialien*. Potsdam: PLIB.

Schupp, H. (2003). Variatio delectat! *Der Mathematikunterricht, 49, 5, 4–12.*

Vollrath, H.-J. (2001). *Grundlagen des Mathematikunterrichts in der Sekundarstufe*. Mathematik. Primar- und Sekundarstufe (171–216). Berlin: Spektrum.

Wagenschein, M. (1970). *Ürsprüngliches Verstehen und exaktes Denken*, I, II. Stuttgart: Klett

Zech, F. (1995). *Mathematik erklären und verstehen. Eine Methodik des Mathematikunterrichts mit besonderer Berücksichtigung von lernschawchen Schülern und Alltagsnähe*. Berlin: Cornelsen.

Übersicht

Zeit	Inhalt	Methodische Vorschläge	Benötigtes Material
10. Min	Einstiegsaufgabe	*Vorbereitung:* Zum Anfang lösen Schüler/innen im Klassenverband eine Einstiegsaufgabe. Diese deutet den gemeinsamen Kontext der ganzen Einheit an. Den Schüler/innen werden entsprechend der Anzahl der Schulbuchkapitel des Schuljahres Initialaufgaben vorgestellt.	Tangramspiele Einstiegsaufgabe: *„Lege mit allen Steinen ein Quadrat!"*
2. St.	Initialaufgaben zu den Themen: Terme und Gleichungen Flächeninhalt und Volumen Symmetrie Zufall und Prognosen Lineare Funktionen LGS	*Expertentraining:* Jede/r Schüler/in entscheidet sich für eine der Initialaufgaben. Alle Schüler/innen mit der gleichen Aufgabe setzen sich in einer Gruppe zusammen, um diese gemeinsam zu lösen und die Präsentation der Aufgabe vorzubereiten.	Tangramspiele Initialaufgaben Lehrbücher, Nachschlagewerke, Hefter
2. St.	komplexe Aufgaben zu den genanten Themen	*Expertenrunde:* Die Gruppen werden neu zusammengestellt. Jetzt treffen sich in einer Gruppe Experten von verschiedenen Initialaufgaben bzw. Schulbuchkapiteln. Ziel der Phase ist es, in der neuen Gruppe durch Variation von gelösten Initialaufgaben mindestens eine kapitelübergreifende Aufgabe zu entwickeln und die Lösung aufzuschreiben.	Tangramspiele Initialaufgaben Lehrbücher, Nachschlagewerke, Hefter eigenproduzierte Aufgaben
2. St.	komplexe Aufgaben	Die Aufgaben werden präsentiert und von den Mitschüler/innen gelöst.	eigenproduzierte Aufgaben

Problemlösen am Billardtisch

von Christoph Ableitinger, Duisburg-Essen

Es wird ein stark vereinfachtes Modell des Billards vorgestellt, das eine Möglichkeit eröffnet, Problemlösefähigkeiten auf unterschiedlichen Niveaus zu trainieren und über sie zu reflektieren. Auf dem Weg zur Lösung der zentralen Frage „In welche Tasche fällt die Kugel?" ergeben sich in natürlicher Weise interessante Vernetzungen mathematischer Inhalte und Beweistechniken, aber auch Vernetzungen genuin mathematischer Tätigkeiten und Handlungsweisen.

1 Einleitung

Mathematik und Billard – das hört sich einerseits nach fächerübergreifendem Unterricht mit Physik an, andererseits nach einem authentischen Anwendungsbeispiel. Um ehrlich zu sein, beschäftigt sich der vorliegende Aufsatz weder mit dem einen, noch mit dem anderen. Physik kommt quasi gar nicht vor und wenn Sie sich die sehr einfachen Modellannahmen für unseren Billardtisch in Abschnitt 2 ansehen, werden Sie auch verstehen, dass es sich hier keineswegs um eine realitätsbezogene Aufgabe handelt.

Wir wollen hier vielmehr auf etwas anderes abzielen, nämlich auf Vernetzungen verschiedener Art:

Vernetzung mathematischer Inhalte: Im Schulunterricht folgen einzelne Themen und mathematische Teilgebiete – unterstützt durch die Konzeption der meisten Schulbücher und die Unterrichtstradition – oft wenig vernetzt aufeinander. Ein Ziel des Mathematikunterrichts muss aber das Erlangen der Fähigkeit sein, mit den gelernten Inhalten flexibel umzugehen, passende Lösungsstrategien zu unterschiedlichen Aufgabentypen auszuwählen und Zusammenhänge zwischen Themengebieten zu erkennen und zu nutzen.

Zur Lösung der hier präsentierten Problemlöseaufgabe sind Kenntnisse aus Logik, ebener, euklidischer Geometrie, Koordinatengeometrie und elementarer Zahlentheorie sowie die Idee funktionaler Abhängigkeit von besonderer Wichtigkeit.

Adäquate Auswahl und Verknüpfung mathematischer Beweismethoden: Das Führen von Beweisen ist *die* mathematische Tätigkeit schlechthin. Im Folgenden werden für den Unterricht entworfene Aufgaben präsentiert, die mithilfe von direkten und indirekten Beweisen sowie durch Angabe von Gegenbeispielen oder durch Ausschließungsverfahren gelöst werden können. Auch das Generieren von Vermutungen, das Begründen oder Verwerfen derselben und das Ziehen von Konsequenzen daraus, dürfen bei authentischem Betreiben von Mathematik nicht fehlen. Wir werden im Folgenden großen Wert darauf legen, Schüler/innen zu diesen Tätigkeiten anzuregen.

Mathematik als ein in sich vernetztes System: Wir Mathematiklehrende wissen, wie unsere Wissenschaft organisiert ist: Ausgehend von einem Satz von Axiomen wird eine Aussage nach der anderen bewiesen – und das ausschließlich unter Rückgriff auf schon Bekanntes. Nebenbei werden dann noch geschickte Definitionen formuliert, die das Arbeiten und das Sprechen erleichtern sollen. Unsere Schüler/innen müssen die Struktur einer solchen „deduktiv geordneten Welt" (vgl. Winter 2003) erst noch kennenlernen. Der Aufsatz will nun genau so eine kleine mathematische Welt aufbauen, die sich Schritt für Schritt weiterentwickelt. Ausgehend von einigen Modellannahmen werden nach und nach so genannte *Meilensteine* formuliert und bewiesen, die den roten Faden der Aufgabe darstellen werden. Es wird also

– im Kleinen – die Genese mathematischer Erkenntnis nachgezeichnet und das Wechselspiel aus Analyse (Zerlegung eines Problems in Teilprobleme) und Synthese (Zusammenführung von Einzelergebnissen und -erkenntnissen zu allgemeineren Aussagen) bewusst expliziert.

Vernetzung mathematischer Handlungsweisen: Die Aufgabe bietet nicht zuletzt die Möglichkeit, ein Nebeneinander von Tätigkeiten wie Modellieren (hier nur als Ausgangspunkt für das spätere innermathematische Arbeiten), Problemlösen, Übersetzen zwischen unterschiedlichen Darstellungsebenen, Beweisen, Kategorisieren, Definieren und heuristischem Arbeiten zu erreichen.

2 Zentrale Frage: In welche Tasche fällt die Kugel?

Wir beginnen unsere Aufgabe, die an die Problemstellung in dem wunderbaren Buch „*Mathematics. A human endeavor*" (siehe Jacobs 1994, S. 6 ff.) angelehnt ist, mit einer Reihe von Einschränkungen und Modellannahmen, die auch im Unterricht so vorgegeben werden sollen:

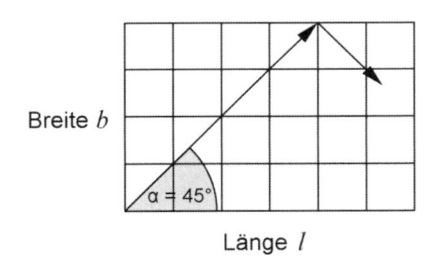

Abbildung 1 Modellannahmen

– Wir verwenden nur eine einzige punktförmige Kugel.
– Unser Billardtisch hat nur vier punktförmige Ecktaschen, aber keine Mitteltaschen.[1]
– Der Tisch ist rechteckig, seine Länge l und seine Breite b sind jeweils natürliche Zahlen und werden im Folgenden variieren.
– Wir beginnen unseren Stoß immer beim linken unteren Eckpunkt im Winkel von 45°.

– Das Reflexionsgesetz „Einfallswinkel = Ausfallswinkel" gilt uneingeschränkt.
– Die Kugel kommt erst dann zum Stillstand, wenn sie in eine der vier Taschen fällt.

Die zentrale Frage ist nun:

> **In welche Tasche fällt die Kugel bei gegebenem Wertepaar $(l \times b) \in \mathbb{N} \times \mathbb{N}$?**

Beispiel: Betrachten wir den schon in Abbildung 1 angegebenen (6×4)-Tisch. Wir verfolgen den Weg der Kugel so lange, bis sie bei einem der vier Eckpunkte ankommt und damit in die entsprechende Tasche fällt: Abbildung 2.

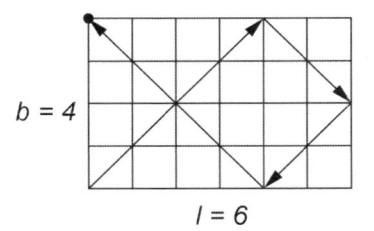

Abbildung 2 (6×4)-Tisch mit eingezeichnetem Kugelverlauf

Die Kugel fällt bei diesem Beispiel also in die linke obere Tasche; das kennzeichnen wir in der Abbildung durch einen kleinen schwarzen Punkt. Das Betrachten dieses Beispiels ist schon der Beginn des eigentlichen Problemlösens. *Pólya* gliedert den Problemlöseprozess in vier Teilschritte, nämlich das *Verstehen der Aufgabe*, das *Ausdenken eines Planes*, das *Ausführen des Planes* und die *Rückschau* (vgl. Pólya 1949, S. 18–29). Zum Verstehen der Aufgabe gehört natürlich, sich einen Überblick über die Ausgangssituation zu verschaffen und sich die Fragestellung für ein konkretes Beispiel zu vergegenwärtigen.

Um die zentrale Frage aber allgemein für jedes beliebige Paar $(l \times b)$ beantworten zu können[2], sind einige Überlegungen notwendig. Wir werden daher die Aufgabe in Teilschritte zerlegen, die uns der Lösung Stück für Stück näherbringen. Das gibt uns zusätzlich die Möglichkeit, diese einzelnen Teilaufgaben unter die Lupe zu nehmen, ihre Komplexität zu bewerten, ihr Potenzial hinsichtlich des Erwerbs von Problemlösefähigkeiten zu analysieren und Hilfestellungen für die Bearbeitung zu geben.

Bevor Sie allerdings diesen Artikel einfach von vorne bis hinten durchlesen und die Lösung dabei passiv nachverfolgen, sind Sie herzlich dazu eingeladen, sich selbst aktiv an die Beantwortung der oben formulierten zentralen Frage zu wagen. Sie werden auf dem Weg dorthin mit Sicherheit viele interessante Entdeckungen machen und viele unterschiedliche mathematische Methoden verwenden – so viel kann ich Ihnen versprechen. Reflektieren Sie anschließend (oder auch zwischendurch) darüber, welche Strategien Sie angewendet haben und welche davon erfolgreich für die Beantwortung einer Teilaufgabe oder der gesamten Problemstellung waren. Wir werden im Folgenden diese Strategien – die so genannten *heuristischen Strategien* – als Überschriften der einzelnen Abschnitte des Aufsatzes verwenden.

3 Systematisches Probieren

Wie beginnt man bei solch einer Fragestellung am besten? Mit ein paar selbst gewählten Beispielen natürlich! Die dahintersteckende Hoffnung ist, dass wir daran schon eine gewisse Systemhaftigkeit erkennen können, die wir anschließend formulieren und zu beweisen versuchen. Das wäre dann unser auszuführender *Plan*. Als Anstoß für diese erste Tätigkeit, falls die Schüler/innen nicht ohnehin schon selbst loslegen, kann Aufgabe 1 dienen.

Aufgabe 1: Zeichne die angeführten Billardtische auf kariertes Papier und verfolge den Weg der Billardkugel! In welche Tasche fällt sie? Was fällt dir bei den einzelnen Tischen auf?

(9×3)-Tisch (10×2)-Tisch
(5×5)-Tisch (8×4)-Tisch
(8×6)-Tisch (7×5)-Tisch
(9×6)-Tisch (10×4)-Tisch
(12×4)-Tisch (3×3)-Tisch
(5×2)-Tisch (7×1)-Tisch

Sollten die Schüler/innen Schwierigkeiten dabei haben, Auffälligkeiten zu erkennen, kann mit folgenden oder ähnlichen Fragen weitergeholfen werden, die eine erste Analyse des Problems einleiten:

Welcher Tisch zeigt den einfachsten Weg? Was ist besonders an diesem Tisch? Fällt die Kugel immer in eine der Taschen? Warum? Kannst du einen Tisch zeichnen, bei dem die Kugel in keine der Taschen fällt? Welcher Tisch zeigt den kompliziertesten Weg? Hast du eine Vermutung, warum das so ist? Welche Tische zeigen ähnliche Verläufe? Wie könnte man die Tische geschickt in Gruppen einteilen? Warum sollte man das überhaupt wollen?

Diese erste Aufgabe gibt einen interessanten Einblick in die Problemstellung. Besonders einfach ist der Verlauf natürlich dann, wenn Länge und Breite des Tisches gleich lang sind; die Kugel durchläuft den Tisch dann entlang der Diagonale und fällt in die rechte obere Tasche. Besonders kompliziert ist der Weg der Kugel beim (7×5)-Tisch; hier wird jedes einzelne Teilquadrat des Tisches durchlaufen, bevor die Kugel in die rechte obere Tasche fällt (siehe Abbildung 3).

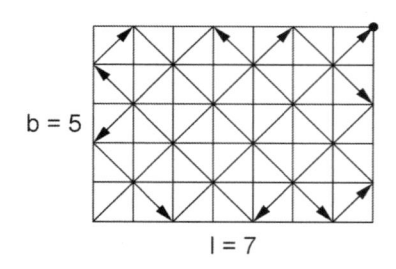

Abbildung 3 (7×5)-Tisch mit Kugelverlauf

Aufgabe 1 soll eine Anregung darstellen, sich mit der Problemstellung zu beschäftigen und Auffälligkeiten zu entdecken. Hier stehen das Experimentieren, das Probieren und das Vermuten im Vordergrund. In welche Richtung die Schüler/innen jetzt weiterforschen und entdecken wollen, soll ihnen völlig frei stehen. Die Abfolge der Vermutungen, Begründungen, Aufgaben und Beweise, die der Autor für diesen Artikel im Folgenden aus didaktischen Gründen gewählt und auch im methodischen Leitfaden am Ende des Aufsatzes angegeben hat, muss/wird also im Unterricht nicht unbedingt in dieser Reihenfolge geschehen. Auch die Wahl der Begründungen und Beweise kann bei Ihnen und Ihren Schüler/innen anders aussehen. Das *Ausführen des Plans* kann also unterschiedliche Gestalt annehmen.

4 Unmögliche Fälle ausschließen

Die Kugel landet bei all den in Aufgabe 1 angeführten Tischen entweder in einer der beiden rechten Taschen oder in der linken oberen Tasche. Das legt natürlich die Frage nahe, ob es denn keinen Tisch gibt, bei dem der Kugelverlauf links unten endet.

Aufgabe 2: Kannst du einen Tisch finden, bei dem die Kugel in die linke untere Tasche fällt?

Die Antwort auf die Frage in Aufgabe 2 ist: Nein. Die Begründung dafür können die Lernenden selbst suchen. Wir werden einen indirekten Beweis geben:

Nehmen wir dazu an, es gäbe einen Tisch, bei dem die Kugel in die linke untere Tasche fällt. Verfolgen wir nun den Weg zurück, den die Kugel gekommen ist. Das ist wegen der offensichtlichen *Reversibilität des Kugelverlaufs* ja leicht möglich. Dieser „zurücklaufende" Weg muss klarerweise genau derselbe sein, den die Kugel auch „hingelaufen" ist (wir starten ja beide Male im linken unteren Eck). Genau bei der Hälfte des Weges müsste daher die Kugel plötzlich ihren Weg einfach umgekehrt haben, was natürlich nicht möglich ist[3] und daher zu einem Widerspruch führt.

> → 1. Meilenstein: Die Kugel fällt niemals in die linke untere Tasche.

Eine Sache sticht bei Aufgabe 1 noch ins Auge: Kein Teilquadrat wird von der Kugel zweimal durchlaufen. Gilt das auch für jeden beliebigen Tisch?

Aufgabe 3: Gibt es einen Tisch, bei dem ein Teilquadrat mehr als einmal von der Kugel durchlaufen wird?

Um diese Frage zu beantworten, überlegen wir zuerst, auf welche Art und Weise ein Teilquadrat zweimal durchlaufen werden könnte. Dazu bietet sich eine wichtige und geradezu charakteristische Tätigkeit des mathematischen Arbeitens an, eine Fallunterscheidung:

1. Fall: Angenommen, die Kugel würde das Teilquadrat zuerst entlang einer der beiden Diagonalen durchlaufen und irgendwann später entlang derselben Diagonale noch einmal, aber in umgekehrter Orientierung:

erster Durchlauf:

zweiter Durchlauf:

Um diesen Fall auszuschließen, können wir so überlegen: Der Weg der Kugel *nach dem zweiten* Durchlauf des Quadrats müsste ja wegen der Reversibilität des Kurvenverlaufs genau der Weg der Kugel *bis zum ersten* Durchlauf sein. Dieser Weg hat aber links unten begonnen, also dort, wo ein Kurvenverlauf laut 1. Meilenstein nie endet. Dieser erste Fall liefert also einen Widerspruch zu einer schon bewiesenen Aussage.

2. Fall: Angenommen, die Kugel würde das Teilquadrat zuerst entlang einer der beiden Diagonalen durchlaufen und irgendwann später entlang derselben Diagonale in derselben Orientierung:

erster Durchlauf:

zweiter Durchlauf:

Überlegen wir kurz, was aus solch einem Szenario zu schließen wäre: Nachdem die Kugel das betrachtete Teilquadrat durchlaufen hat, legt sie einen (eindeutig bestimmten) Weg zurück, bevor sie abermals dieses Teilquadrat in derselben Orientierung durchläuft. Wie wird die Kugel nun weiterlaufen? Na klar, wieder entlang desselben Weges wie vorher. Das führt dazu, dass sie wieder in das betrachtete Teilquadrat zurückkehren wird usw. Die Kugel würde somit bis in alle Zeiten auf dieser *periodischen Bahn* bleiben. Das kann aber nicht passieren, da wir ja – wenn wir den Weg der Kugel in der Zeit zurückverfolgten – auch dabei eine periodische Bahn vorfinden würden, was aufgrund des Starts im linken unteren Eckpunkt aber unmöglich ist.

Daraus gewinnt man außerdem die Erkenntnis, dass die Kugel immer in eine der Taschen fallen muss.

→ 2. Meilenstein: Die Kugel fällt immer in eine der Taschen.

3. Fall: Angenommen, die Kugel würde das Teilquadrat zuerst entlang einer der beiden Diagonalen durchlaufen und irgendwann später entlang der anderen Diagonale:

erster Durchlauf:

zweiter Durchlauf:

Dieser Fall ist offensichtlich ein bisschen schwieriger. Mit den obigen Argumenten kommen wir hier nicht aus. Wir verschieben den Beweis, dass auch dieser 3. Fall nicht eintreten kann, auf später.

5 Unvollständige Induktion und ein Gegenbeispiel

Eine Aufgabenstellung, mit der man sicher so manchen Schüler aufs Glatteis führen kann, ist die folgende:

Aufgabe 4: Zeichne die angeführten Billardtische der Länge 8 auf kariertes Papier und verfolge den Weg der Billardkugel! In welche Tasche fällt sie jeweils? Kannst du daraus ein allgemeines Gesetz formulieren?

(8×1)-Tisch   (8×2)-Tisch
(8×3)-Tisch   (8×4)-Tisch
(8×5)-Tisch   usw.

Es fällt dabei auf, dass die Kugel bei allen Tischen in die rechte untere Tasche fällt. Natürlich liegt der Schluss nahe, dass das für jeden beliebigen Tisch der Länge 8 so weitergeht (doch beim (8×8)-Tisch ist offensichtlicherweise Schluss und damit ein Gegenbeispiel für die Vermutung gefunden).

Aufgabe 4 bietet also eine gute Gelegenheit zu thematisieren, wie mathematisches Beweisen jedenfalls nicht funktioniert. Selbst wenn eine Vermutung durch eine Vielzahl von Beispielen bestätigt werden kann, muss sie noch lange keine allgemeine Gültigkeit haben – keine Selbstverständlichkeit für Schüler/innen, wie viele Befunde zeigen.

6 Eine erste Kategorisierung der Tische durch Ähnlichkeit

Einige Tische in Aufgabe 1 zeigen qualitativ exakt dieselben Kugelverläufe, so etwa der (10×4)- und der (5×2)-Tisch (Abbildung 4).

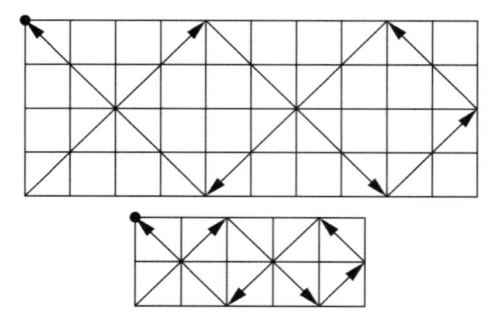

Abbildung 4 (10×4)-Tisch und (5×2) mit „denselben" Kugelverläufen

Das liegt natürlich an der Ähnlichkeit der beiden Tische, das Verhältnis „Länge zu Breite" ist bei diesen Tischen ja gleich, nämlich $\frac{5}{2}$. Klarerweise zeigen auch alle anderen Tische mit diesem Seitenverhältnis dieselben Kugelverläufe. Das „Zoomen" lässt Winkel und Größenverhältnisse unverändert. Es gibt also unendlich viele Tische mit genau diesem Verlauf, die wir zu einer gemeinsamen Kategorie[4] zusammenfassen können. Analog gilt das für Tische mit jedem beliebigen anderen Seitenverhältnis. Jedes Seitenverhältnis liefert uns eine Kategorie von Tischen mit denselben Kurvenverläufen. Wir werden, um die weitere Bearbeitung der Problemstellung zu vereinfachen, also in Zukunft nur noch mit jeweils einem Repräsentanten jeder Kategorie weiterarbeiten. Was liegt näher, als jeweils den kleinsten Tisch (mit $l, b \in \mathbb{N}$) einer Kategorie dafür auszuwählen? In unserem Beispiel wäre das etwa der (5×2)-Tisch – ein schönes Beispiel für Synthese und Abstraktion.

Aufgabe 5: Welches ist der kleinste Tisch jener Kategorie, in der auch der

a) (15×9)-Tisch

b) (14×4)-Tisch

c) (33×22)-Tisch   liegt?

Wie erhält man diesen kleinsten Tisch jeweils?

Die Antwort darauf ist leicht: Man braucht nur die Länge und Breite des Tisches durch ihren größten gemeinsamen Teiler dividieren („vollständiges Durchkürzen von Länge und Breite"). Wir nennen diese kleinsten Tische einer Kategorie im Folgenden „durchgekürzte Tische" (*Definieren* als sinnvolles Zusammenfassen). Für durchgekürzte Tische gilt klarerweise ggT$(l,b)=1$. Das bringt uns zum

> → 3. Meilenstein: Man braucht nur durchgekürzte Tische betrachten. Alle zu einem bestimmten durchgekürzten Tisch ähnlichen Tische zeigen nämlich denselben Kugelverlauf.

Aufgabe 6: Zeichne einige solcher durchgekürzten Tische! Was fällt dir an den Kugelverläufen auf? Formuliere eine Vermutung!

Aus Aufgabe 6 ergibt sich die Vermutung, dass bei durchgekürzten Tischen jedes Teilquadrat des Tisches genau einmal durchlaufen wird (siehe etwa Abbildung 3 und 4). Eine Begründung dafür zu finden ist einerseits ein schwieriges Unterfangen, andererseits aber für die Beantwortung der in Abschnitt 2 formulierten zentralen Frage nicht unbedingt nötig. Wir werden dennoch in Abschnitt 9 zu dieser Frage zurückkehren und einen findigen Beweis führen.

7 Ein geschickter Wechsel der Repräsentationsebene

Jetzt sind wir schon im Abschnitt 7 dieses Aufsatzes angelangt und haben erst drei (relativ offensichtliche) Meilensteine unserer Arbeit formulieren können. Es will uns nicht so richtig gelingen, die eigentlich recht einfach anmutende zentrale Frage in den Griff zu bekommen. Eine weitere Auffälligkeit bei all den bisher betrachteten Tischen (die offenbar nicht sofort ins Auge springt, sonst hätten wir sie längst thematisiert) führt uns jedoch zur entscheidenden Vermutung.

Sehen wir uns dazu nochmal den schon oben betrachteten durchgekürzten (7×5)-Tisch an und vernetzen wir die bis jetzt vorherrschende Geometrie mit einem neuen mathematischen Feld: der Koordinatengeometrie. Wir legen dem Tisch ein Koordinatensystem so zugrunde, dass der linke untere Eckpunkt des Tisches im Koordinatenursprung liegt:

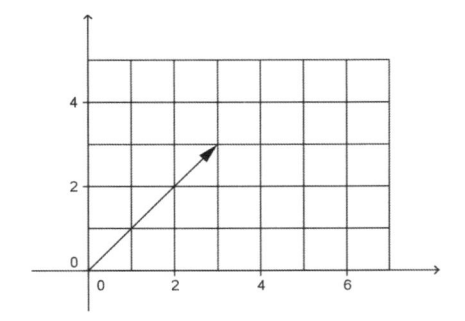

Abbildung 5 (7×5)-Tisch mit Koordinatensystem

Welche Punkte des Koordinatensystems mit ganzzahligen Koordinaten werden denn nun überhaupt von der Kugel getroffen? Abbildung 5 zeigt, dass nacheinander die Punkte (0,0), (1,1), (2,2) und (3,3) durchlaufen werden. Sehen wir uns an, was passiert, nachdem die Kugel die Banden des Tisches touchiert hat: Abbildung 6.

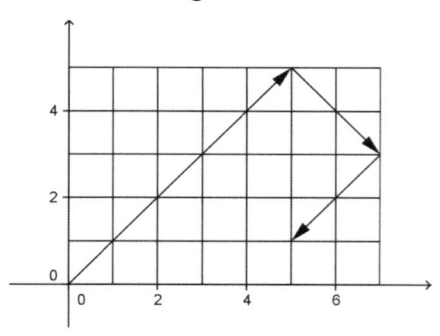

Abbildung 6 Kugelpositionen nach Zusammenstoß mit den Banden

Es werden dabei nacheinander die Punkte (4,4), (5,5), (6,4), (7,3), (6,2) und (5,1) getroffen. Das führt uns zur nächsten Aufgabe.

Aufgabe 7: Was fällt dir an den eben aufgezählten Punkten auf? Lässt sich diese Vermutung auf andere Tische übertragen? Versuche eine einfache Begründung dafür zu geben!

Es sticht ins Auge, dass die beiden Koordinaten der durchlaufenen Punkte immer dieselbe Parität haben, d. h. entweder beide gerade oder beide ungerade sind. Und das ist recht einfach zu erklären: Nachdem wir bei (0,0) starten, also einem Punkt mit geraden Koordinaten, und die Kugel ihre vertikale sowie horizontale Position in jedem Schritt um jeweils 1 ändert, wechseln die Paritäten der beiden Koordinaten immer gleichzeitig von (g,g) zu (u,u) bzw. von (u,u) zu (g,g).

Dieses wichtige Resultat formulieren wir als:

> → 4. Meilenstein: Die Kugel trifft auf ihrem Weg über den Tisch nur solche ganzzahligen Punkte, deren Koordinaten dieselbe Parität haben, also entweder beide gerade oder beide ungerade sind.

Damit ist der 3. Fall aus Aufgabe 3 schon beinahe erledigt. Die Situation war dort folgendermaßen:

Dabei erkennen wir, dass die Anfangspunkte der beiden Pfeile im betrachteten Teilquadrat dieselbe x-Koordinate haben. Die y-Koordinate ist allerdings einmal gerade und einmal ungerade, was dem 4. Meilenstein widerspricht. Die Fälle

sind analog auszuschließen. Dieses Resultat verdient eine Darstellung als

> → 5. Meilenstein: Ein Teilquadrat kann höchstens einmal von der Kugel durchlaufen werden.

8 Die Beantwortung der zentralen Frage durch eine neue Kategorisierung der Tische

Welche Taschen eines Tisches kommen nun nach dem 4. Meilenstein überhaupt noch als Endpositionen für die Kugel in Frage? Dazu müssen wir die Tische offensichtlich danach kategorisieren, ob ihre Längen bzw. Breiten gerad- oder ungeradzahlig sind.

Kategorie 1: (u×u)-Tische (sowohl Länge als auch Breite sind ungerade Zahlen)

Wir betrachten dazu exemplarisch nochmal den (7×5)-Tisch (siehe Abbildung 7).

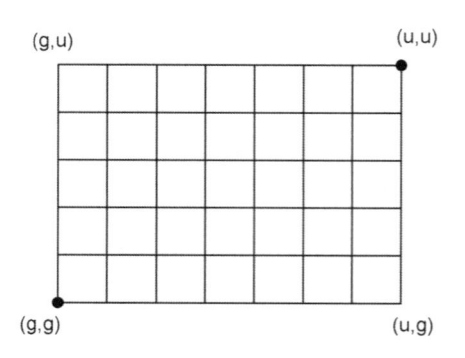

Abbildung 7 Mögliche Taschen, in die die Kugel fallen kann

Problemlösen am Billardtisch

Nachdem sich die Kugel niemals auf Positionen (g,u) bzw. (u,g) befinden kann, bleiben bei (u×u)-Tischen als mögliche Taschen, in die die Kugel fallen kann, nur die linke untere und die rechte obere Tasche. Der 1. Meilenstein sagt uns, dass der Kugelverlauf niemals links unten endet. Nach dem 2. Meilenstein muss die Kugel aber in eine der Taschen fallen – dafür bleibt nur noch die rechte obere übrig. Dieser Beweis durch Ausschließung greift also auf schon Bewiesenes zurück – Deduzieren als eine typisch mathematische Arbeitsweise.

Kategorie 2: (g×u)-Tische (die Länge ist eine gerade Zahl, die Breite eine ungerade Zahl)

Aufgabe 8: In welche Tasche fällt die Kugel bei (g×u)-Tischen?

Kategorie 3: (u×g)-Tische (die Länge ist eine ungerade Zahl, die Breite eine gerade Zahl)

Aufgabe 9: In welche Tasche fällt die Kugel bei (u×g)-Tischen?

Analog zu (u×u)-Tischen lässt sich in den Aufgaben 8 und 9 feststellen, dass die Kugel bei (g×u)-Tischen immer in die rechte untere Tasche, bei (u×g)-Tischen immer in die linke obere Tasche fallen muss (siehe Abbildung 8).

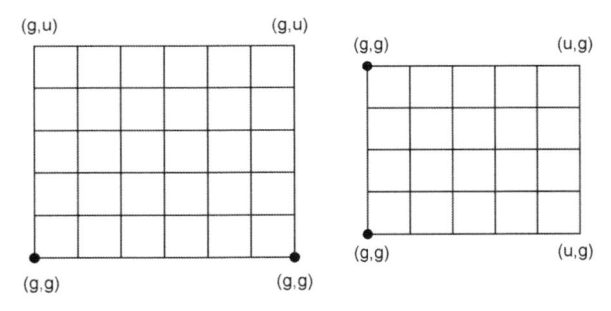

Abbildung 8 Mögliche Endtaschen bei (g×u)- bzw. (u×g)-Tischen

Kategorie 4: (g×g)-Tische (sowohl Länge als auch Breite sind gerade Zahlen)

Bei (g×g)-Tischen kommen eigentlich alle Taschen in Frage, wie Abbildung 9 zeigt.

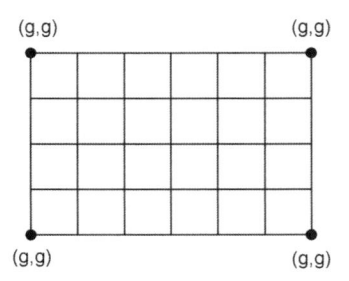

Abbildung 9 Mögliche Endtaschen bei (g×g)-Tischen

Wie gehen wir bei solchen Tischen vor? Hier hilft uns der 3. Meilenstein: Wir brauchen nur den zugehörigen durchgekürzten Tisch zu betrachten – und fällt bestimmt in eine der ersten drei Kategorien, da sich ja (g×g)-Tische immer noch weiter kürzen lassen.

Damit haben wir die Antwort auf die zentrale Frage:

„In welche Tasche fällt die Kugel bei gegebenem Wertepaar $(l \times b) \in \mathbb{N} \times \mathbb{N}$**?"**

gefunden. Wir müssen lediglich überprüfen, in welche der Kategorien der vorgegebene Tisch gehört und haben sofort – ohne den Kugelverlauf tatsächlich einzeichnen zu müssen – die Antwort. Haben wir einen (g×g)-Tisch vor uns, so müssen wir ihn zunächst durchkürzen, um entscheiden zu können, in welche Tasche die Kugel fallen wird. Die Synthese der Ergebnisse der Teilaufgaben formulieren wir als

→ **6. Meilenstein:** Bei (u×u)-Tischen fällt die Kugel immer in die rechte obere, bei (g×u)-Tischen in die rechte untere und bei (u×g)-Tischen in die linke obere Tasche. Bei (g×g)-Tischen müssen wir zunächst durchkürzen; die Lösung ergibt sich dann als Lösung des durchgekürzten Tisches.

Damit ist also die Aufgabe vollständig gelöst. Versuchen Sie doch einmal Ihr „Glück" bei einem selbstgewählten Tisch und überprüfen Sie anschließend die Lösung durch Einzeichnen des Kugelverlaufs! Sicher können Sie mit einem Blick sagen, in welche Tasche die Kugel beim (1234×567)-Tisch fallen wird – bemerkenswert einfach, nicht wahr?

Eine Frage ist jetzt noch offen: Am Ende von Abschnitt 6 haben wir die Vermutung aufgestellt, dass bei durchgekürzten Tischen jedes Teilquadrat *genau* einmal durchlaufen wird. Die Begründung dafür erarbeiten wir im Abschnitt 9.

9 Ein guter Einfall

Wir wissen schon aus dem 5. Meilenstein, dass (bei beliebigen Tischen) jedes Teilquadrat *höchstens* einmal durchlaufen werden kann. Um das „höchstens" bei durchgekürzten Tischen durch ein „genau" ersetzen zu dürfen, braucht es abermals einen Wechsel der Repräsentationsebene und die Vernetzung mit einem neuen mathematischen Gebiet ähnlich wie in Abschnitt 7. Wir betrachten diesmal den Abstand $d(t)$ der Kugel von der x-Achse als *Funktion* der Zeit t ($t = 0, 1, 2, 3, \ldots$). Wir werden das exemplarisch für den (3×5)-Tisch machen. In den ersten 5 Zeitschritten nimmt $d(t)$ jeweils um 1 zu, in den nächsten 5 Zeitschritten wieder jeweils um 1 ab, usw. (siehe Abbildung 10). Auf diese Idee muss man die Schüler/innen gegebenenfalls bringen!

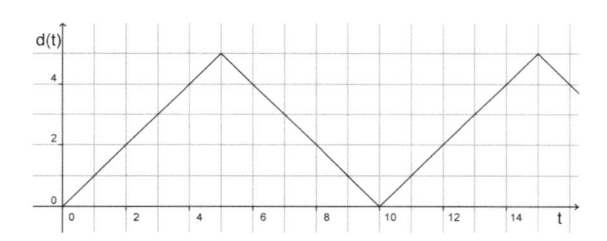

Abbildung 10 Abstand d(t) der Kugel von der unteren Bande in Abhängigkeit der Zeit t

Ein „Knick" in dieser Zick-Zack-Kurve bedeutet nichts anderes, als dass die Kugel an der oberen bzw. unteren Bande des Tisches anstößt und reflektiert wird. Das passiert also bei allen Vielfachen von 5 (oder allgemein bei allen Vielfachen der Breite b des Tisches). Wenn wir jetzt noch feststellen, zu welchen Zeitpunkten die Kugel die rechte bzw. linke Bande touchiert, dann sind wir schon fast fertig. Das ist aber einfach, denn klarerweise stößt die Kugel alle 3 Zeitschritte (bzw. allgemein alle l Zeitschritte) an eine der senkrechten Banden. Markieren wir das im Zeitdiagramm (siehe Abbildung 11).

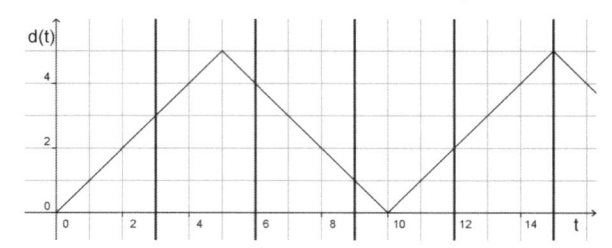

Abbildung 11 Senkrechte Linien als Visualisierung der Zeitpunkte, bei denen die Kugel entweder die linke oder die rechte Bande touchiert

Der erste Zeitpunkt, an dem ein Knick der Zick-Zack-Kurve (hier touchiert die Kugel eine waagrechte Bande) auf einer der senkrechten Linien (hier touchiert die Kugel eine senkrechte Bande) liegt, ist also genau jener Zeitpunkt, zu dem die Kugel in eine der Taschen fällt.

Und wann ist dieser Zeitpunkt? Offensichtlich beim kleinsten gemeinsamen Vielfachen von Länge und Breite. Weil Länge und Breite gemäß der Voraussetzung ggT$(l,b)=1$ teilerfremd sind, erhalten wir $\text{kgV}(l,b) = \dfrac{l \cdot b}{\text{ggT}(l,b)} = l \cdot b$. Das heißt, die Kugel läuft $l \cdot b$ Zeitschritte lang über den Tisch, bevor sie in eine der Taschen fällt. Nachdem der Tisch aber genau $l \cdot b$ Teilquadrate besitzt und jedes Teilquadrat höchstens einmal durchlaufen wird, muss jedes einzelne Teilquadrat des Tisches durchlaufen werden! Ein überzeugendes Argument, nicht wahr? Und doch wird es von den Schüler/innen wohl nicht sofort in dieser prägnanten Form vorgebracht werden. Es dürfen hilfreiche Tipps gegeben werden! Nebenbei gesagt sind wir hier schon in der elementaren Zahlentheorie angelangt.

> → 7. Meilenstein: Bei durchgekürzten Tischen wird jedes Teilquadrat genau einmal durchlaufen. Die Umkehrung gilt ebenfalls.

Wie man auf so einen „guten Einfall" kommt? Sie kennen das Phänomen sicherlich: Man denkt stundenlang über irgendeinen Sachverhalt nach, sucht eine Begründung für diese oder jene Vermutung, probiert alle möglichen Strategien aus – leider ohne Erfolg. Ein paar Tage später – man hat das Problem längst beiseite geschoben – fällt es einem plötzlich beim Zähneputzen, im Wartezimmer, beim Tennisspielen oder wo auch immer ein. Es ist ein unverwechselbares Gefühl, ein mathematisches Problem selbstständig zu lösen, wenngleich sich solch gute Einfälle nur schwerlich steuern lassen. Pólya greift dieses Thema ebenfalls auf, indem er das Gebären einer neuen Idee mit dem Herumirren in einem dunklen Hotelzimmer vergleicht, in dem man den Lichtschalter nicht sofort findet. Gelingt es einem schließlich doch, wird plötzlich alles hell. Die zuerst schwarzen Massen werden zu Möbelstücken und erscheinen vernünftig angeordnet. Was vorher planlos zerstreut und schwer fassbar war, bekommt Klarheit, Ordnung, Zusammenhang und Sinn (siehe Pólya 1967, S. 90–98).

10 Rückschau halten

Halten wir – wie Pólya fordert – am Ende dieses Artikels nochmal *Rückschau* auf den Problemlöseprozess. Was waren die wesentlichen Schritte auf dem Weg zur Lösung? Was konnten wir aus dieser Aufgabe lernen, was uns bei späteren Aufgaben oder bei außermathematischen Problemen weiterhelfen könnte?

Es sind vor allem die *heuristischen Strategien*, die wir angewandt haben und die bei unterschiedlichen Problemlöseprozessen immer wieder zur Anwendung kommen. Eine kleine, etwas salopp formulierte Auflistung aller soeben verwendeten heuristischen Strategien könnte etwa so aussehen:

– Durcharbeiten einzelner Beispiele
– Skizzen und Zeichnungen machen
– systematisches Probieren
– Vermutungen generieren
– Zerlegen der Aufgabe in Teilaufgaben
– Spezialfälle betrachten
– Fallunterscheidungen machen
– Ausschließen von unmöglichen Fällen
– Gegenbeispiele finden
– Kategorisieren
– Wechseln der Darstellungsform
– Wahl günstiger Bezeichnungen
– Betrachten von ähnlichen, schon gelösten Aufgaben
– Analogien finden und nutzen
– gute Einfälle haben

Mit dem Erlernen solcher heuristischen Strategien, mit der Umsetzung des Problemlösens im Mathematikunterricht und mit der veränderten Rolle der Lehrperson dabei beschäftigt sich die Mathematikdidaktik seit nunmehr über 40 Jahren in ausführlichem Maß; das Thema ist allerdings immer noch aktuell und von großem Interesse (siehe z. B. Pólya 1967 oder Bruder 2002). Unbestritten ist jedenfalls, dass unsere Schüler/innen ihr Bild von Mathematik um einen interessanten, genuin mathematischen Aspekt erweitern und ihre Motivation, mathematisch tätig zu sein, durch das eigenständige Lösen von Problemen erhöhen können! So wird auch der dritten Winter'schen Grunderfahrung Genüge getan, indem der Mathematikunterricht „in der Auseinandersetzung mit Aufgaben Problemlösefähigkeiten (heuristische Fähigkeiten), die über die Mathematik hinaus gehen" zu erwerben ermöglicht (siehe Winter 2003). Die vorgestellte Aufgabe besticht dabei durch ihre einfache Formulierung, die Vielfalt an unterschiedlichen Lösungszugängen und Beweismethoden, die Vernetzung elementarer Methoden und Inhalte der Schulmathematik, die zur Lösung erforderlich sind, sowie durch ein hohes Maß an Anschaulichkeit, das über die gesamte Bearbeitungszeit vorhanden bleibt.

Literatur

Bruder, R. (2002, Hrsg.). Heuristik – Problemlösen lernen. *Mathematik lehren*, 115.

Jacobs, H. R. (1994). *Mathematics. A human endeavor.* Third edition. W. H. Freeman and Company, New York.

Pólya, G. (1949). *Schule des Denkens. Vom Lösen mathematischer Probleme.* Deutsche Übersetzung. Francke Verlag, Berlin.

Pólya, G. (1967). *Vom Lösen mathematischer Aufgaben. Einsicht und Entdeckung, Lernen und Lehren.* Band II. Deutsche Übersetzung. Birkhäuser Verlag, Basel und Stuttgart.

Winter, H. (2003). Mathematikunterricht und Allgemeinbildung. In: *Materialien für einen realitätsbezogenen Mathematikunterricht. Schriftenreihe der ISTRON-Gruppe*, Band 8. S. 6–15.

Problemlösen am Billardtisch

Übersicht

Zeit	Inhalt	Methodische Vorschläge	Benötigtes Material
½ Unterrichtsstunde	Vorstellung des Problems inklusive Modellannahmen	Das Problem ist für Schüler/innen der Schulstufen 8 bis 12 mit unterschiedlich viel Hilfestellungen geeignet. Vorgabe des Problems inklusive Skizze (wie in Abbildung 1) durch die Lehrperson.	kariertes Papier, Lineal und Bleistift
1 ½ Unterrichtsstunden	Aufgaben 1 bis 4	Bearbeitung in Gruppenarbeit, was vor allem zum Generieren von Vermutungen (Aufgabe 1) sehr sinvoll erscheint.	Arbeitsblatt mit den Aufgaben 1 bis 4
1 Unterrichtsstunde	Kategorisierung, Aufgaben 5 und 6	Hier wird strukturierende Hilfe durch die Lehrkraft nötig sein; die Aufgaben können selbstständig durch die Schüler/innen gelöst und eventuell gemeinsam besprochen werden.	Arbeitsblatt mit den Aufgaben 5 und 6
1 Unterrichtsstunde	Einbettung in ein Koordinatensystem, Aufgaben 7 bis 9	Ist erst einmal die Idee mit dem Koordinatensystem geboren, können die Schüler/innen in kleinen Gruppen an den Aufgaben 7 bis 9 arbeiten. Das Zusammenführen der Ergebnisse und das Ausprobieren der neuen Erkenntnis an konkreten Beispieltischen sollen nicht fehlen!	Arbeitsblatt mit den Aufgaben 7 bis 9
Optional: 1 Unterrichtsstunde	Beweis des 7. Meilensteins	Nachdem dieser Beweis ein gewisses Maß an Kreativität benötigt, ist er sicher nicht für alle Schüler/innen geeignet. Eventuell ergibt sich hier eine Möglichkeit zur Differenzierung. Für leistungsstarke Schüler/ innen ist diese Aufgabe sicher sehr interessant und sollte daher nicht ausgespart werden!	

Anmerkungen

[1] Standardisierte Poolbillardtische haben eine Fläche von 2,54 m × 1,27 m (das Seitenverhältnis ist also genau 2:1), Taschen genormter Größe befinden sich in den vier Ecken (Ecktaschen) sowie bei den Halbierungspunkten der beiden längeren Seiten (Mitteltaschen).

[2] Wenn Sie es lieber etwas konkreter haben wollen, so können Sie Ihren Schülerinnen und Schülern auch die Frage „In welche Tasche fällt die Kugel beim (1234×567)-Tisch?" stellen. Mit schlichtem „Ausprobieren" haben Sie bzw. Ihre Schüler es dabei sicher nicht leicht.

[3] Bei der Reflexion an einer Bande schließen ein- und auslaufender Weg immer einen rechten Winkel ein.

[4] Man könnte sogar formal sagen, dass wir die Tische in Äquivalenzklassen bezüglich der Relation „Tisch $(a \times b)$ ~ Tisch $(c \times d) \Leftrightarrow a : b = c : d$" einteilen.

Problemlösen und Vernetzungen bei Zerlegungen von {1, 2, ..., n} in summengleiche Teilmengen

Hans Humenberger, Wien
Berthold Schuppar, Dortmund

Vernetzen von Wissen ist eine Forderung, die oft bei der Formulierung von Curricula erhoben wird – zu Recht! Unterricht soll nicht nur Häppchen linear nacheinander behandeln, sondern es soll immer wieder erlebt werden, dass und inwiefern das schon früher Gelernte hilfreich sein kann bei der Bewältigung von Problemen. Dabei kann es sich vielfach um außermathematische Probleme handeln, wobei der Aspekt der Anwendungsorientierung bzw. des Modellbildens eine zentrale Rolle spielt. Aber es kann sich – wie bei dem folgenden Problem – um ein rein innermathematisches handeln. Beim Problemlösen und heuristischen Vorgehensweisen müssen allgemein implizit viele Vernetzungen geleistet werden, weil hier nicht nur nach einem vorher eintrainierten Schema gearbeitet wird, sondern Schüler/innen selbstständig einen bestimmten Problemkreis untersuchen (die Situation explorieren) und ihr bisheriges Wissen und Können vernetzend einbringen müssen. Hier bei unserem Thema, das auf vielen verschiedenen Klassenstufen behandelt werden kann – von der Grundschule bis Klasse 10 bzw. sogar in der Lehramtsausbildung an der Universität –, können diese Vernetzungen an vielen Stellen auch explizit gemacht werden.

1 Das Einstiegsproblem: zwei summengleiche Teilmengen

Summengleiche Teilmengen kommen zwar auch in der Realität vor (z. B. wenn Kinder Kaugummis oder Murmeln – abgepackt in verschieden großen Packungen – gerecht aufteilen wollen), aber es wäre u. E. nicht gerechtfertigt, bei unserem Problem von einem wirklich „realitätsbezogenen" zu sprechen. Die Motivation ist hier letztlich doch eine innermathematische, und dies soll auch zugegeben werden; es muss nicht jedes Problem aus einem unmittelbaren Realitätsbezug heraus motiviert werden. Auch ein fachdidaktischer Grund spricht sehr für dieses Thema: Schüler/innen verschiedenster Altersstufen können hier *selbstständig* eine Situation explorieren, zu Vermutungen kommen, durch Probieren nebenbei viel rechnen und üben, nach Begründungen fragen und nach solchen suchen, d. h. also im wahrsten Sinne des Wortes Mathematik *betreiben*. Das übergeordnete Lehrziel bei dieser Aufgabe ist also, *Mathematik als Prozess* wahrzunehmen – eine schon lange bestehende Forderung der moderneren Mathematikdidaktik.

Die Menge {1, 2, 3} kann offenbar leicht in zwei summengleiche Teilmengen zerlegt werden, nämlich {1, 2} und {3}. Bei der Ausgangsmenge {1, 2} kann dies klarerweise nicht funktionieren. Bei {1, 2, 3, 4} findet man wieder eine solche Zerlegung, nämlich {1, 4} und {2, 3}, bei {1, 2, 3, 4, 5} findet man keine.

Für welche natürlichen Zahlen n kann man die n Zahlen 1, 2, ..., n in zwei summengleiche Teilmengen zerlegen? Dieses Problem wird z. B. in Müller/Steinbring/Wittmann (2004, S. 55 ff.) behandelt und soll hier allgemeiner betrachtet werden.

Das Problem ist so einfach strukturiert, dass auch Schüler/innen an dieser Aufgabe selbstständig arbeiten können. Durch Probieren für kleine n findet man schon eine gewisse Struktur heraus: Es klappt für n = 3, 4 | 7, 8 | 11, 12 | 15, 16 | ...; es klappt nicht für n = 1, 2 | 5, 6 | 9, 10 | 13, 14 | ... .

Bemerkung:

Schon ganz junge Schüler/innen – Klasse 5 und Grundschule – können sich hier mit vielfältigen Aktivitäten (Probieren, Strategien) einbringen, auch wenn entsprechende Begründungen hier noch nicht erfolgen. Allein die Fragestellung gibt zu „übendem Entdecken" bzw. „entdeckendem Üben" reichlich Anlass, wobei zwangsläufig jede Menge Vernetzungen passieren, auch wenn sie nur implizit ablaufen.

Dass man bei {1, 2, 3, 4, 5} keine solche Zerlegung finden kann, ist sofort klar, weil die Gesamtsumme 15 beträgt und 15 nicht durch 2 teilbar ist. D. h., man findet schnell eine *notwendige* Bedingung an n, so dass {1, 2, ..., n} in zwei summengleiche Teilmengen zerlegbar sein *kann*: Die Summe $1 + 2 + ... + n$ muss gerade sein. Dies sollen aber Schüler/innen unbedingt selbstständig entdecken, was auch möglich ist, weil der Sachverhalt entsprechend einfach ist.

Bei $n = 3, 4$ ist die Summe *gerade*. Mit der 5 ist die Summe dann natürlich *ungerade*, mit der 6 immer noch *ungerade*. Addiert man die 7, so wird die Summe wieder *gerade* und bleibt es bei Addition von 8; dann kommen wieder „2 ungerade" und dann wieder „2 gerade" etc. – das ist auch ohne Summenformel klar. Diese prozessorientierte Argumentation benutzt nur die Parität des Ergebnisses bei den vier möglichen Additionen ((un)gerade + (un)gerade); sie ist aber eine korrekte und tragfähige Begründung für die allgemeine dahinter steckende Struktur (Muster).

Durch konkrete Beispiele (s. o.) wird man schon vermuten: Es klappt genau bei den Vielfachen von 4 und bei deren Vorgängern. Um dies zu begründen, „reicht" es, eine konkrete Zerlegungsmöglichkeit für solche Fälle anzugeben. In den anderen Fällen ist ja die Summe nicht einmal gerade (dies ist – siehe oben – auch ohne formale Argumente klar), da kann es also nicht funktionieren.

Bemerkungen:

– In dieser Denkweise wäre eine Vernetzung mit der wichtigen Parität natürlicher Zahlen gegeben – mögliche Ergebnisse von (un)gerade + (un)gerade. Gerade und ungerade sind grundlegende Eigenschaften natürlicher Zahlen, die schon in der Grundschule hervorgehoben und veranschaulicht (Doppelreihe von Plättchen) werden. Die Parität spielt einerseits in unserem Alltag eine Rolle (eine ungerade Anzahl von Dingen kann man – ohne diese Dinge zu teilen – nicht gerecht auf zwei Personen aufteilen) und andererseits im weiteren Kanon der Mathematik (Teilbarkeitslehre, Primzahlen etc.).

– Auch eine bewusste Vernetzung zum Unterschied zwischen notwendigen und hinreichenden Bedingungen kann hier gesehen werden: M. a. W. wollen wir ja zeigen, dass die obige notwendige Bedingung („die Summe muss gerade sein") auch hinreichend ist. In der Grundschule kann man diese Bezeichnungen natürlich noch nicht verwenden, aber folgende Frage ist auch dort verständlich: Wenn die Summe gerade ist, kann man dann sicher sein, dass es eine summengleiche Zerlegung gibt? Wenn ja, wie? Auch wenn man in der Grundschule noch nach keiner solchen „Begründung" Ausschau hält, sondern nur das Muster entdeckt „es klappt für $n = 3, 4$ | 7, 8 | 11, 12 | 15, 16 und für die weiteren 19, 20 | ... wird es wohl auch klappen", dann haben die Kinder (Grundschule!) schon einiges geleistet!

Man kann z. B. für $n = 12$ leicht eine solche Möglichkeit angeben: Man bildet von außen nach innen Pärchen, gibt das erste Pärchen in den „ersten Topf", das zweite Pärchen in den „zweiten Topf", das dritte Pärchen wieder in den ersten, das vierte Pärchen wieder in den zweiten etc. (angedeutet durch die unten bzw. oben verlaufenden Paarbögen mit jeweiliger Summe 13).

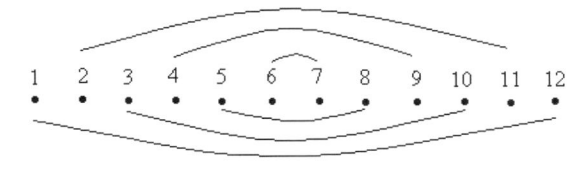

Abbildung 1 Paarbögen mit jeweiliger Summe 13

Wenn *n* ein Vielfaches von 4 ist, kann man immer geradzahlig oft solche summengleichen Pärchen bilden, und diese Pärchen dann eben in zwei Töpfe aufteilen.

Das funktioniert aber nicht mehr ganz so einfach bei den Vorgängern der Vielfachen von 4; da geht diese Pärchenbildung nicht mehr so schön auf. Trotzdem scheint es in diesen Fällen zu funktionieren. Erklärung, Begründung? Hier ist Kreativität beim Problemlösen gefragt und die Vernetzung zu anschaulichen und geeigneten *Darstellungen*. Wenn Schüler/innen nicht selbstständig auf diese Idee kommen, so kann die Lehrkraft, ohne alles zu verraten, vorsichtig Tipps geben.

Wenn man zunächst die größte Zahl *allein* in einen Topf wirft und mit dem Rest analog Pärchen bildet, so „spart" man ja bei der ersten Pärchenbildung eine Zahl und man kann wieder insgesamt geradzahlig viele paarweise gleiche Beiträge (Pärchen und eine Einzelzahl) bilden. Bei $n = 11$ ergibt sich z. B.:

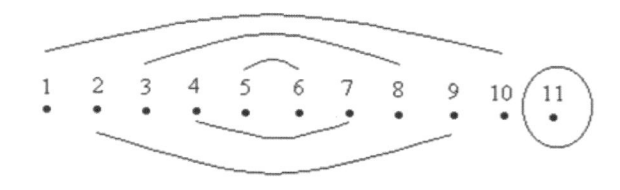

Abbildung 2 Paarbögen mit jeweiliger Summe 11

Eine andere schlaue Idee wäre hier, vor die 1 die 0 zu setzen, die ja keinen Summenbeitrag liefert; man hätte wieder insgesamt eine durch 4 teilbare Anzahl von Summanden und die ganze Symmetrie von oben bliebe gewahrt (geradzahlig viele echte Pärchen):

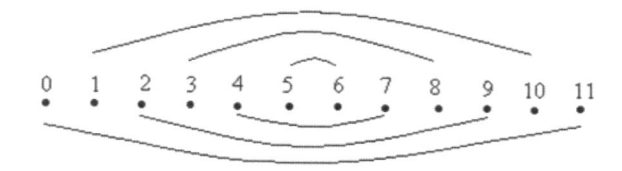

Abbildung 3 Paarbögen mit jeweiliger Summe 13

Was hier mit den Zahlen 12 bzw. 11 geschah, funktioniert natürlich analog mit allen anderen Vielfachen von 4 bzw. mit deren Vorgängern, so dass unser Problem ohne Formeln und Variablen gelöst ist.

Eine andere Begründung, dass es für die genannten *n*-Werte funktioniert, könnte durch ein induktives Argument gegeben werden: Wann immer man eine Zerlegung in zwei summengleiche Teilmengen T_1 und T_2 von $\{1, 2, \ldots, n\}$ gefunden hat, so hat man damit auch eine für die um 4 größere Menge $\{1, 2, \ldots, n, | n + 1, n + 2, n + 3, n + 4\}$, denn man braucht ja nur $\{n + 1, n + 4\}$ zu T_1 und $\{n + 2, n + 3\}$ zu T_2 zu geben; sie haben dann wieder gleiche Summe:

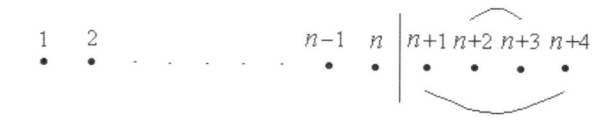

Abbildung 4 Summengleiche Teilmengen

Man kann so mit einem Schlag zeigen, dass es für alle Zahlen $n = 3, 4, 7, 8, 11, 12, 15, 16, \ldots$ eine solche Zerlegung gibt: Für $n = 3$ geben wir sie konkret an und wenden dann unser (induktives) Argument an, so dass es sicher Zerlegungen für $n = 3, 7, 11, 15, \ldots$ gibt; analog verfahren wir mit $n = 4$ (konkrete Zerlegung angeben, dann induktives Argument), so dass es sicher Zerlegungen für $n = 4, 8, 12, 16, \ldots$ gibt.

Auch wenn das Prinzip der vollständigen Induktion nicht bekannt ist, ist der Gedanke wohl klar; man braucht hier *keinen formalen Induktionsbeweis* aufzuschreiben, um den Gedankengang zu verstehen.

Diese letzte Idee fortsetzend kann man Vierergruppen von *hinten beginnend* bilden.

Wir stellen die Zahlen $\{1, 2, \ldots, n\}$ mittels einer „Zahlentreppe" („Stäbe", Vernetzung zu geometrischen Repräsentationen von natürlichen Zahlen) dar und sehen auch in dieser Darstellungsform (die noch sehr gute Dienste leisten wird):

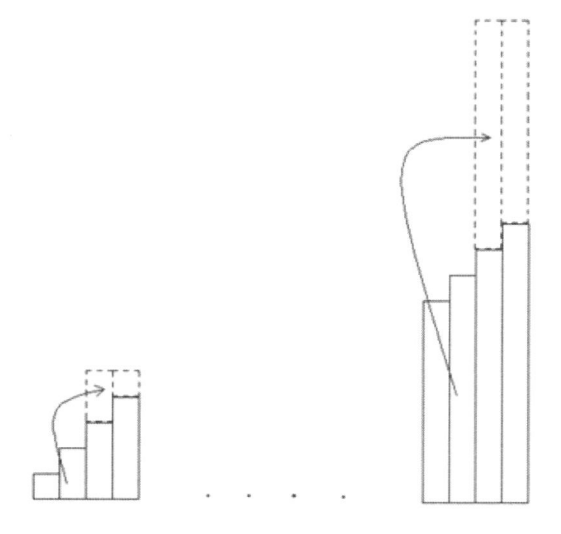

Abbildung 5 Zahlentreppe

Bei den Vielfachen von 4 kann man volle Viererblöcke (Vierertreppen) bilden und aus jeder Vierertreppe durch passendes Umlegen der ersten beiden Stäbe auf die zweiten beiden zu einem *Rechteck* mit Breite 2 machen. Alle diese Rechtecke lassen sich in der Mitte teilen: Mit den jeweils linken Hälften bildet man die eine, mit den jeweils rechten die andere Teilmenge, die dann natürlich summengleich sind.

Bei den Vorgängerzahlen der Vielfachen von 4 bleibt bei diesem Verfahren „zum Schluss" (d. h. am linken Rand) keine volle Vierertreppe über, sondern {1,2,3}; auch hier kann man durch Umlegen der 1 auf den Stab 2 ein Rechteck mit Breite 2 erzeugen und alles funktioniert analog!

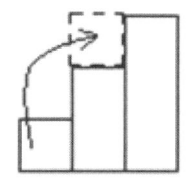

Abbildung 6 Umlegen der 1 auf Stab 2

In der Treppendarstellung sieht man also vielleicht noch unmittelbarer und klarer, dass es eine Zerlegung in zwei summengleiche Teilmengen bei den Vielfachen von 4 und deren Vorgängern gibt. Wenn Schüler/innen schon eine Art der Darstellung selbstständig gefunden haben, so können weitere Darstellungen durch die Lehrkraft dem Vernetzen von Wissen gute Dienste leisten.

Wir haben somit bei $s = 2$ alle möglichen Werte von n gefunden, so dass eine Aufteilung von 1, 2, ..., n in s summengleiche Teilmengen möglich ist. Dabei hat sich herausgestellt, dass die notwendige Bedingung $2 \mid (1 + 2 + ... + n)$ auch hinreichend ist.

Man kann es in der Schule auch bei $s = 2$ summengleichen Teilmengen belassen, aber bei weiterem Interesse der Klasse könnten in der Sekundarstufe noch andere konkrete Werte von s bearbeitet werden, z. B. $s = 3$ oder $s = 4$: Bei welchen Werten von n ist eine Aufteilung in 3 bzw. 4 summengleiche Teilmengen möglich? Kann man auch hier eine vollständige Übersicht angeben (siehe unten)?

Eine andere mögliche Fortsetzungsaufgabe im Schulunterricht (zum selbstständigen Bearbeiten durch Schüler/innen): Finde zu vorgegebenem allgemeinen s **möglichst viele** Werte von n, so dass die Zerlegung in s summengleiche Teilmengen möglich ist. Hier ist absichtlich nicht die Rede von „allen" zu s gehörigen Werten von n, sondern nur von möglichst vielen, denn eine genaue Übersicht im allgemeinen Fall entpuppt sich als gar nicht so leicht.

Aber das, was oben mit 2 und Vierergruppen funktioniert hat, funktioniert auch allgemein bei s und Gruppen zu $2s$.

Bei $n = 2s$ und $n = 2s - 1$ ist sicher eine Aufteilung in s summengleiche Teilmengen möglich.

$n = 2s$: Eine Treppe von 1 bis $2s$ kann in der Mitte geteilt werden; der linke Teil kann auf den rechten passend gelegt werden, so dass ein Rechteck der Breite s entsteht; die s Streifen des Rechtecks (Länge jeweils $2s + 1$), die aus jeweils zwei „Stäben" bestehen, sind nun die gesuchten s summengleichen Teilmengen. Hier ist die Situation am Beispiel $s = 6$ bzw. $2s = 12$ veranschaulicht.

Mögliche inhaltliche Vernetzungen 86

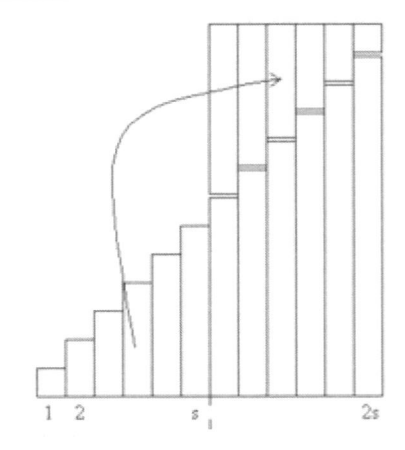

Abbildung 7 Summengleiche Teilmengen

$n = 2s - 1$: Auch hier ist dies analog möglich, wenn man die Treppe nach $s - 1$ teilt, und den linken Teil so umlegt, dass der letzte Streifen dabei unverändert bleibt und die anderen zu $2s - 1$ ergänzt werden.

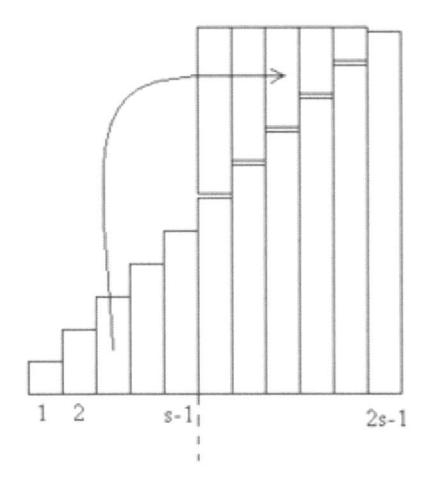

Abbildung 8 Summengleiche Teilmengen

Bemerkung: Die angegebenen Arten der Zerlegung sind bei $n = 2s$ und bei $n = 2s - 1$ sogar die *einzig möglichen;* bei anderen Werten von n kann es mehrere Möglichkeiten der Zerlegung in s summengleiche Teilmengen geben.

Auch die $2s$-Periodizität ausgehend von $n = 2s$ und $n = 2s - 1$ ist analog zu oben ($s = 2$) klar: Für alle s funktioniert es also zumindest bei

a) $n = 2s, 4s, 6s, \ldots$

b) $n = 2s - 1, 4s - 1, 6s - 1, \ldots$

Begründung: Wir beginnen von hinten, die Treppe in „volle $2s$-Treppen" einzuteilen. Bei **a)** geht diese Aufteilung glatt auf, bei **b)** bleibt zum Schluss eine $(2s - 1)$-Treppe über. Alle diese Treppen können aber durch Teilen und Umlegen in Rechtecke mit Breite s verwandelt werden (s Streifen zu je 2 Stäben[1]). Alle *ersten* Streifen zusammen bilden nun die *erste* Teilmenge, alle *zweiten* Streifen die *zweite* Teilmenge, …, alle letzten (s-ten) Streifen die s-te Teilmenge, die dann natürlich paarweise summengleich sind.

Die Frage, ob durch **a)** und **b)** *alle möglichen* Werte von n gegeben sind, ist nun im allgemeinen Fall s nicht mehr so leicht zu entscheiden. In speziellen konkreten Fällen, z. B. $s = 3$ oder $s = 4$ (siehe oben) ist dies aber noch relativ leicht möglich (siehe obige Aufgabenformulierung).

Für den wirklich allgemeinen Fall ist die notwendige Bedingung $s \mid (1 + 2 + \ldots + n)$ auch hinreichend dafür, dass es eine Aufteilung in s summengleiche Teilmengen gibt, allerdings ist der Beweis etwas komplizierter (vgl. Abschnitt 3).

Wenn allerdings s eine reine Primzahlpotenz ist, ist ein vollständiger Überblick nicht schwer zu geben.

2 Zerlegung in $s = p^k$ (p Primzahl) summengleiche Teilmengen

Wegen $1 + 2 + \ldots + n = \dfrac{n(n+1)}{2}$ (Dreieckszahl D_n) kann es eine Zerlegung in s summengleiche Teilmengen nur dann geben, wenn $s \mid \dfrac{n(n+1)}{2}$ (*notwendige* Bedingung)!

Zusätzlich muss natürlich die Summe mindestens $n \cdot s$ betragen, denn jede der s Teilsummen muss ja mindestens so groß wie der größte Summand n sein:

$$\dfrac{n(n+1)}{2} \geq n \cdot s \Leftrightarrow \dfrac{n+1}{2} \geq s \Leftrightarrow n \geq 2s - 1,$$

eine weitere notwendige Bedingung.

Diese notwendigen Bedingungen werden sich im Fall $s = p^k$ auch als *hinreichend* herausstellen. Dies zu begründen ist der Inhalt des Folgenden. Dazu ist ein in der Mathematik sehr wichtiges und typisches Prinzip nötig, und zwar das der *Fallunterscheidung*; es kann hier auf ganz elementarem Niveau thematisiert werden.

2.1 Zerlegung in eine gerade Anzahl summengleicher Teilmengen $s = 2^k$

Wie ist nun die Lage, wenn wir $s = 4, 8, 16,$ ... allgemein $s = 2^k$ summengleiche Teilmengen haben wollen?

Als *notwendige* Bedingung haben wir $s \mid \frac{n(n+1)}{2}$ bekommen. Die beiden Zahlen n und $n + 1$ sind **teilerfremd** und genau eine von beiden ist gerade. Weil wir in diesem Fall s als $s = 2^k$ voraussetzen, muss (wegen der Teilerfremdheit von n und $n + 1$) notwendig entweder $s \mid \frac{n}{2}$ oder $s \mid \frac{n+1}{2}$ gelten, je nachdem, ob n oder $n + 1$ die gerade Zahl ist; anders geschrieben: entweder $2s \mid n$ oder $2s \mid n+1$. (Die andere notwendige Bedingung $n \geq 2s - 1$ ist hier automatisch erfüllt.) Hier spielen Vernetzungen zu elementaren Teilbarkeitsbeziehungen eine wichtige Rolle.

Bemerkung: Wären in s außer der 2 noch andere Primfaktoren im Spiel, so könnte man nicht darauf schließen, dass s ganz entweder in $\frac{n}{2}$ oder in $\frac{n+1}{2}$ enthalten ist!

Es kann bei $s = 2^k$ also nur dann klappen, wenn n entweder ein Vielfaches von $2s$ ist ($n = 2s, 4s, 6s, ...$) oder ein Vorgänger eines solchen Vielfachen ($n = 2s - 1, 4s - 1, 6s - 1, ...$). Und bei diesen Werten klappt es auch, wie wir oben gesehen haben (die zugehörige Argumentation war unabhängig von s). Wir haben bei $s = 2^k$ hiermit also eine vollständige Übersicht, bei welchen Werten von n es klappt bzw. nicht klappt.

Bemerkungen:

– Die Darstellung von Summen der Art $1 + ... + n$ als Zahlentreppe (Vernetzung) entfaltet hier ihre große (Erklärungs-) Kraft.

– In den folgenden Überlegungen wird noch wichtig, dass bei dieser Art Zerlegung die Zahlen (Stäbe) $\{1, 2, ..., s - 1\}$ immer in verschiedenen Streifen liegen, daher auch in verschiedenen Teilmengen landen.

– Zunächst sollten die Schüler/innen unbedingt in selbstständiger Arbeit probieren, auf wesentliche Dinge zu kommen (Eigenaktivität). Selbst wenn dies nicht die vollständige Lösung sein sollte, so manche sinnvolle, wesentliche, selbst gefundene Erkenntnis wird sicher dabei sein (Mathematik als Prozess). Die Lehrkraft kann danach wohldosierte Hinweise geben oder im Extremfall eine Lösung bekanntgeben, aber erst a posteriori.

– Ein geeigneter Zeitpunkt für dieses Thema in der Sekundarstufe könnte z. B. sein: die Formel $1 + 2 + ... + n = \frac{n(n+1)}{2}$ oder allgemeiner die Summenformel für „arithmetische Reihen". Eine weitere Möglichkeit unabhängig von konkreten Themen wäre, eine Klasse mit diesem Problem projektartig in den letzten Schultagen eines Jahres zu konfrontieren, durchaus differenzierend: Schneller arbeitende Gruppen könnten mehr solche Fragestellungen bekommen (für mögliche Variationen siehe auch den Schluss des Aufsatzes), langsamer arbeitende Gruppen weniger. Dieses Problem wäre ebenfalls geeignet für Kurse mit Interessierten bzw. „mathematische Zirkel" (als Vorbereitung für mathematische Wettbewerbe, z. B. Bundeswettbewerb Mathematik oder Mathematikolympiade).

2.2 Zerlegung in eine ungerade Anzahl summengleicher Teilmengen $s = p^k$ (p Primzahl, $p \neq 2$)

Nun wollen wir eine **ungerade** Anzahl summengleicher Teilmengen $s = p^k$ (p Primzahl, $p \neq 2$) haben.

Als *notwendige* Bedingung haben wir oben (unabhängig von s) bekommen: $s \mid \frac{n(n+1)}{2}$.

Die beiden Zahlen n und $n + 1$ sind **teilerfremd**, und die jetzt ungerade Zahl $s = p^k$ muss also zur Gänze entweder in n oder in $n + 1$ „stecken": entweder $s \mid n$ oder $s \mid n+1$.

Bemerkung: Wären in s mehrere verschiedene Primzahlen „beteiligt", so könnte man wieder nicht darauf schließen, dass s zur Gänze entweder in n oder in $n+1$ enthalten ist!

Wegen $n \geq 2s - 1$ folgt hier: n muss also entweder ein *echtes* Vielfaches von s sein (d. h. $n = 2s, 3s, 4s, \ldots$) oder ein Vorgänger eines solchen echten Vielfachen ($n = 2s - 1, 3s - 1, 4s - 1, \ldots$). Dies ist eine *notwendige* Bedingung: Nur in diesen Fällen *kann* es überhaupt funktionieren, aber auch dies wird sich im Folgenden wieder als hinreichend herausstellen.

Wir haben oben schon gesehen, dass es für $n = 2s$ bzw. $n = 2s - 1$ eine *eindeutige* Zerlegung in s summengleiche Teilmengen gibt (diese Tatsache war sogar unabhängig von s). Außerdem haben wir gezeigt, dass es eine (nicht mehr eindeutige!) auch für $n = 4s, 6s, 8s, \ldots$ bzw. $n = 4s - 1, 6s - 1, 8s - 1, \ldots$ gibt („$2s$-Periodizität").

Wir müssen noch zeigen, dass es bei *ungeradem* s (jetzt kommt diese Bedingung zum Tragen!) nicht nur eine $2s$-, sondern sogar eine s-Periodizität gibt.

Dies ist von Schüler/innen im Regelunterricht nicht mehr in selbstständiger Arbeit zu erwarten, da kann eine wesentliche Unterstützung durch die Lehrkraft erfolgen oder überhaupt ein Lehrer/innen-Vortrag. Wenn die Schüler/innen den Fall von $s = 2$ bzw. vielleicht sogar $s = 2^k$ summengleiche Teilmengen selbstständig bearbeitet haben, so haben sie schon viel geleistet. Die Lehrkraft spräche in diesem Zusammenhang über ein Problem, an dem die Schüler/innen vorher schon alleine gearbeitet haben, so dass die Motivation für das aktive und teilnehmende Zuhören gegeben sein dürfte („jetzt will ich noch mehr wissen"). Alternativ kann dieser Fall im Regelschulunterricht natürlich einfach weggelassen werden; als weitere Alternative könnte gleich der allgemeine Fall behandelt werden (siehe Abschnitt 3).

Betrachten wir zunächst das einfachste Beispiel für ungerades s, nämlich $s = 3$, und beweisen bzw. veranschaulichen die 3-Periodizität: Dazu nehmen wir an, dass sich die Menge $\{1, 2, \ldots, n\}$ in drei summengleiche Teilmengen A, B, C zerlegen lässt. Dann müssen wir zeigen, dass sich die um drei Zahlen vergrößerte Menge $\{1, 2, \ldots, n, n + 1, n + 2, n + 3\}$ ebenfalls in drei summengleiche Teilmengen zerlegen lässt. O. B. d. A. sei $1 \in A$.

Wir nehmen die 1 aus A heraus und geben dafür $n + 3$ zu A; zu B geben wir $n + 2$ und zu C die aus A entnommene 1 und $n + 1$; die Mengensummen sind in jeder Teilmenge um $n + 2$ gewachsen somit wieder gleich!

Dies veranschaulichen wir wiederum mit (liegenden) Treppen:

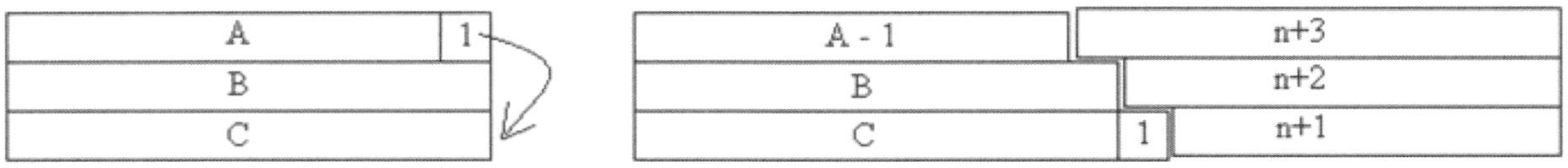

Abbildung 9 Liegende Treppe

Zerlegungen von {1, 2, ..., n} in summengleiche Teilmengen

Ähnliches lässt sich für $s = 5$ anstellen, wenn man eine kleine Zusatzüberlegung anstellt: Wir haben oben gesehen, dass es für $n = 2s = 10$ und für $n = 2s - 1 = 9$ jeweils eine Zerlegung in fünf summengleiche Teilmengen gibt, in der 1 und 2 in *verschiedenen* Teilmengen liegen. Wir können leicht zeigen, dass es eine für $n = 15$ bzw. $n = 14$ gibt, in der 1 und 2 wieder in *verschiedenen* Teilmengen liegen. Analog wird es dann auch eine solche für $n = 20, 25, 30, ...$ bzw. $n = 19, 24, 29, ...$ geben. O. B. d. A. sei $2 \in A$ und $1 \in B$:

Abbildung 10 Liegende Treppe

Damit ist also allgemein klar: Wenn sich die Menge $\{1, 2, ..., n\}$ in fünf summengleiche Teilmengen A, B, C, D, E zerlegen lässt (wobei die 1 und 2 in verschiedenen Teilmengen liegen), dann lässt sich die um fünf Zahlen vergrößerte Menge $\{1, 2, ..., n, | n + 1, ..., n + 5\}$ ebenfalls „so" zerlegen. Da wir über konkrete „Anfangszerlegungen" bei $n = 10$ und $n = 9$ verfügen, ist damit die 5-Periodizität bewiesen.

Bemerkung: Dass 1 und 2 in verschiedenen Teilmengen liegen, ist bei $s = 5$ zwar für $n = 9$ und $n = 10$ zwangsläufig erfüllt, aber für größere Werte von n nicht mehr, siehe die folgenden Beispiele mit $n = 14$ oder $n = 15$:

$\{1, ..., 14\}$ in fünf Teilmengen mit Summe 21: $\{14, 7\}, \{13, 8\}, \{12, 9\}, \{11, 10\}, \{1, 2, 3, 4, 5, 6\}$

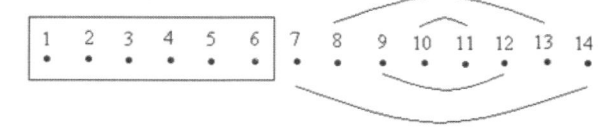

Abbildung 11 Fünf Teilmengen mit Summe 21

$\{1, ..., 15\}$ in fünf Teilmengen mit Summe 24: $\{15, 9\}, \{14, 10\}, \{13, 11\}, \{12, 8, 4\}, \{1, 2, 3, 5, 6, 7\}$

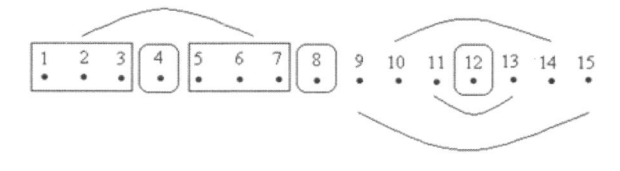

Abbildung 12 Fünf Teilmengen mit Summe 24

Dahinter steckt eine sinnvolle Strategie: Man fasst erst einmal die großen Zahlen zu passenden Teilmengen zusammen, weil man die kleinen Zahlen flexibler handhaben kann. Wir wollen sie *gierige Strategie* nennen, da man immer die größtmögliche Zahl als Summanden nimmt.

Aber wenn man jetzt um die nächsten fünf Zahlen vergrößert, dann ist die „Erweiterung" dieser Zerlegungen in obigem Sinne nicht mehr so einfach möglich. So gesehen passt diese Strategie nicht gut zu unserem Vorgehen; jedoch wird sie im allgemeinen Fall noch eine entscheidende Rolle spielen (vgl. den folgenden Abschnitt 3).

Nun ist klar, wie man bei allgemeinem $s = p^k = 2\ell + 1$ (ungerade!) argumentieren kann:

Wir haben oben gesehen (unabhängig von s), dass es für $n = 2s$ und für $n = 2s - 1$ eine (eindeutige) Zerlegung in s summengleiche Teilmengen gibt, in der die Zahlen $1, 2, ..., \ell$ in paarweise *verschiedenen* Teilmengen liegen (wir könnten mit dieser Forderung sogar bis $1, 2, ..., s - 1 = 2\ell$ gehen, aber bis ℓ reicht für unsere Zwecke). Wir ordnen diese Teilmengen so um, dass ℓ in der „obersten" liegt, $\ell - 1$ in der zweiten von oben, etc. Diese Stäbe $\ell, \ell - 1, ..., 2, 1$ nehmen wir nun von oben beginnend aus den Streifen heraus und legen sie von unten beginnend zu den Streifen rechts dazu. Dann können wir passend die s-Treppe aus den „nächsten" s Zahlen rechts dransetzen.

Somit haben wir gezeigt: Wenn sich die Menge $\{1, 2, ..., n\}$ in $s = 2\ell + 1$ summengleiche Teilmengen zerlegen lässt, so dass $\{1, 2, ..., \ell\}$ in paarweise verschiedenen Teilmengen liegen, dann lässt sich die um s Zahlen vergrößerte Menge $\{1, 2, ..., n, | n + 1, ..., n + s\}$ ebenfalls „so" zerlegen (da s ungerade ist, gibt es dabei immer einen „mittleren Streifen" bzw. eine mittlere Teilmenge mit dem Index $\ell + 1$, die dabei unverändert bleibt und zu der dann die mittlere der neuen Zahlen, nämlich $n + \ell + 1$, kommt).

Weil dies sicher für $n = 2s$ und für $n = 2s - 1$ funktioniert, so klappt es auch für $n = 3s, 4s, 5s, ...$ und $n = 3s - 1, 4s - 1, 5s - 1, ...$ Damit ist allgemein gezeigt, dass die obige notwendige Bedingung im Fall $s = p^k = 2\ell + 1$ auch hinreichend ist.

3 Der allgemeine Fall

Wir haben die *gierige Strategie* schon kennen gelernt, man kann sie im allgemeinen Fall auch zu einem Beweis durch vollständige Induktion über n „verdichten" (vgl. Straight & Schillo, 1979[2]), und zwar völlig unabhängig davon, wie viele verschiedene Primteiler s enthält. Wir werden primär die *Idee der Reduktion auf kleinere Zahlen* an einem typischen Beispiel demonstrieren und die formale allgemeine Argumentation in Endnoten verschieben. Klarerweise sind diese allgemeinen Argumentationen nicht mehr als selbstständige Schüler/innen-Leistung zu erwarten; aber zum Nachvollziehen sind sie durchaus geeignet, wenn Interesse und Bedarf besteht, den allgemeinen Fall zu verstehen und so das Thema in gewisser Weise abzuschließen. Auch in der Ausbildung für Lehrkräfte an der Universität könnte dieses Thema eine Rolle spielen, es hat genügend Substanz!

Die Behauptung lautet, dass für alle $n \in \mathbb{N}$ gilt:

> Wenn für ein $s \in \mathbb{N}$ die notwendigen Bedingungen (1) $n \geq 2s-1$ und (2) $s \mid D_n = \dfrac{n(n+1)}{2}$ erfüllt sind, dann gibt es eine Zerlegung von $\{1, 2, ..., n\}$ in s summengleiche Teilmengen.

Als Induktionsanfang überprüfen wir $n = 1$; da kommt wegen (1) nur $s = 1$ in Frage ($\{1\}$ kann klarerweise in *eine* Teilmenge $\{1\}$ „zerlegt" werden[3]).

Es sei jetzt $n \in \mathbb{N}$ beliebig aber fest, und die Induktionsannahme lautet: Die Behauptung gilt für alle $n' < n$. Wir haben dann die Richtigkeit der Behauptung für n zu zeigen.

Mit s und $s \mid D_n$ steht natürlich die jeweilige Teilsumme σ fest: $\sigma = \dfrac{D_n}{s}$.

Die Bedingung (1) kann dann so geschrieben werden: $\sigma \geq n$.

Als Beispiel wählen wir $n = 99$ mit $D_n = 99 \cdot 50 = 4950$ (für kleinere n ginge es auch, aber die Situation wird dann zu einfach).

Für kleine s kann man ggf. die $2s$-Periodizität ausnutzen, um n zu vermindern. Beispiel $s = 11$: Für $n' := n - 2s = 77$ sind noch immer die notwendigen Bedingungen $\underbrace{77}_{n'} \geq 2 \cdot \underbrace{11}_{s} - 1$ und $11 \mid D_{77}$ erfüllt, daher gilt für $n' = 77$ die Behauptung nach Induktionsannahme. Dies funktioniert analog für alle $\sigma \geq 2n$.[4]

Wir können also davon ausgehen, dass man n so nicht verkleinern kann. Konkret heißt das: $s > \dfrac{(n-2s)+1}{2} \Leftrightarrow s > \dfrac{n+1}{4} \Leftrightarrow \sigma < 2n$ (im Beispiel: $s > 25$).

Wir haben also für $\sigma < 2n$ zwei Fälle zu unterscheiden:

1. Fall: σ ist ungerade.

Beispiel mit $n = 99$: $s = 30$, somit $\sigma = 165$.

Dann bildet man zunächst Pärchen mit Summe σ, und zwar so viele wie möglich; hier sind es 17 (siehe Liste). Weil σ ungerade ist, bleiben nur noch die Zahlen kleiner als $\sigma - n = 66$ übrig.

Also ist $\{1, 2, ..., 65\}$ in die verbleibenden 13 Teilmengen mit Summe 165 zu zerlegen, und das ist laut Induktionsannahme möglich (man überzeuge sich davon, dass die notwendigen Bedingungen erfüllt sind[5]).

$$\boxed{\begin{array}{c} 99 + 66 \\ 98 + 67 \\ ... \\ 83 + 82 \end{array}}$$

2. Fall: σ ist gerade.

Beispiel mit $n = 99$: $s = 33$, somit $\sigma = 150$.

Man beginnt genauso wie oben, hier bekommt man 24 Pärchen. Weil aber σ gerade ist, bleibt die Zahl $\frac{\sigma}{2} = 75$ (arithmetisches Mittel aller Pärchen) übrig, außerdem wie oben die Zahlen kleiner als $\sigma - n = 51$.

$$\boxed{\begin{array}{c} 99 + 51 \\ 98 + 52 \\ ... \\ 76 + 74 \end{array}}$$

Problem: Zerlege $\{1, 2, ..., 49, 50, 75\}$ in die verbleibenden 9 Teilmengen mit Summe 150!

Da σ gerade ist, können wir stattdessen diese Menge in 18 Teilmengen mit Summe $\frac{\sigma}{2} = 75$ zerlegen (eine von ihnen enthält nur die Zahl 75) und sie zu Paaren zusammenfassen.

Letzter Reduktionsschritt: Zerlege $\{1, 2, ..., 49, 50\}$ in 17 Teilmengen mit Summe 75! Das ist nach Induktionsannahme möglich (auch hier sind die notwendigen Bedingungen erfüllt[6]).

Damit ist der Beweis komplett. Ein „geometrischer" Beweis des Satzes, nämlich die Dreieckszahl D_n durch eine Reihe geometrischer Operationen in ein Rechteck mit gegebener Seite s zu verwandeln, wäre sehr schön, scheint aber schwierig zu sein; jedenfalls liegt uns keiner vor.

Insgesamt ist damit gezeigt:

Die Menge $\{1, 2, ..., n\}$ lässt sich genau dann in s summengleiche Teilmengen zerlegen, wenn $n \geq 2s - 1$ und $1 + 2 + ... + n$ durch s teilbar ist. Für die kleinsten beiden solcher n-Werte ($n = 2s - 1$ und $n = 2s$) ist diese Zerlegung sogar eindeutig.

4 Zusammenfassung und kurze didaktische Reflexion

Das Thema hat ein besonders breites Spektrum von Einsatzmöglichkeiten:

– Zeitlich: Grundschule bis Klasse 10, bzw. sogar Universität (solche Themen gibt es gar nicht so viele, und damit ist dies doch etwas sehr Besonderes!)

– Inhaltlich: Nur $s = 2$ summengleiche Teilmengen, oder auch andere konkrete Werte von s bzw. den allgemeineren Fall mit $s = p^k$ summengleichen Teilmengen? Oder sogar den schwierigeren allgemeinen Fall, wenn s verschiedene Primzahlen als Teiler hat?

– Welche Methoden und Darstellungsformen werden favorisiert?

– Wo werden die Schwerpunkte gesetzt: beim Problemlösen oder beim Vernetzen?

– Wie sehr wird auf Begründungen Wert gelegt?

– Wie sehr wird auf Selbstständigkeit der Schüler/innen Wert gelegt?

– Wie viele unterschiedliche Darstellungsformen werden thematisiert? etc.

Es ist insgesamt eine interessante Aufgabe, die zu vielerlei Aktivitäten der Schüler/innen Anlass gibt, weil es eben keine zum Eintrainieren eines Kalküls (Verfahrens, Rezeptes) ist: Verstehen des Problems, Explorieren der Situation (auch mit einem großen Übungspotenzial), Probieren, Formulieren von Vermutungen, Fragen nach und Nachdenken über Begründungen, „Forschen im Kleinen", Finden von Wegen, Reden in den Gruppen über mathematische Zusammenhänge, Einsetzen von Kreativität etc.

Dabei können Schüler/innen in verschiedenen Altersstufen auf ganz unterschiedliche Ideen kommen und *Mathematik als Prozess* realisieren und wahrnehmen. Dies ist im Gegensatz zu *Mathematik als Fertigprodukt* gedacht; dabei geht es darum, ein kleines Stück Mathematik (fertig abgepackt und aufbereitet) an die Schüler/innen heranzutragen und sie zum Nachmachen durch Üben mit anderen Zahlen aufzufordern. Diese Art (Fertigprodukt) dominiert den deutschsprachigen Mathematikunterricht i. A. immer noch zu sehr. Oft entsteht dadurch ein falsches Bild von Mathematik: In Mathematik gäbe es nur viele Formeln und Verfahren (von Spezialisten gefunden), die die anderen benützen dürfen bzw. müssen. Eigenes Nachdenken über Sachverhalte und Finden von Lösungen (d. h. die Kraft der Mathematik durch eigenes Tun zu erfahren) bleibt dabei häufig zu sehr im Hintergrund. Dies ist aber ein sehr eingeschränktes und verfälschtes Bild von Mathematik, dem es entgegenzuwirken gilt.

Das Thema hat noch weiteres Potenzial (Variation der Aufgabenstellung), wir beschränken uns wieder auf *zwei* summengleiche Teilmengen:

- Gerade Zahlen: Für welche geraden Zahlen 2n ist die Menge $\{2, 4, \ldots, 2n-2, 2n\}$ in zwei summengleiche Teilmengen zu zerlegen?

  [Dies ist genau dieselbe Situation wie oben, „nur mit 2 multipliziert".]

- Ungerade Zahlen: Für welche ungeraden Zahlen 2n + 1 ist die Menge $\{1, 3, \ldots, 2n-1, 2n+1\}$ in zwei summengleiche Teilmengen zu zerlegen?

  [Hier findet man wieder durch Probieren: Es klappt bei $\{1, 3, 5, 7\}$ und bei $\{1, 3, 5, 7, 9, 11\}$; mit jeder gefundenen Zahl klappt es auch bei der um vier ungerade Zahlen vergrößerten Menge, d. h. angefangen bei $\{1, 3, 5, 7\}$ klappt es insgesamt bei „jedem zweiten Mal"; bei den anderen Malen kann es nicht klappen, weil da die Summe ungerade ist.]

Damit könnten Schüler/innen einerseits ihr beim ursprünglichen Problem selbstständig erworbenes Wissen festigen und anwenden, andererseits hätten sie dadurch eine zweite Chance, wenn es beim ursprünglichen Problem mit der Selbstständigkeit aus irgendeinem Grund nicht so ganz geklappt hat.

En weiteres interessantes Problem:

Eine Zahl $s \in \mathbb{N}$ sei gegeben. Man finde alle $n \in \mathbb{N}$, so dass $\{1, \ldots, n\}$ in s summengleiche Teilmengen zerlegbar ist.

Wenn s nur einen einzigen Primfaktor hat, ist die Antwort einfach (vgl. Abschnitt 2). Auch im allgemeinen Fall haben wir eine notwendige und hinreichende Bedingung erarbeitet:

(1) $n \geq 2s - 1$ und (2) $s \mid D_n = \dfrac{n(n+1)}{2}$.

Aber welche Zahlen n sind dies konkret, wenn s mehrere Primfaktoren hat (dann gibt es ja außer den in Abschnitt 2 angegebenen „Lösungen" noch weitere)? Wenn man eine Liste aller $n < 2s - 1$ mit $s \mid D_n$ gefunden hat, dann ist man fertig; denn wegen der $2s$-Periodizität ergeben sich alle weiteren Lösungen als $n + k \cdot 2s$ mit $k \in \mathbb{N}$, wobei n diese Liste durchläuft.

Beispiel: Für $s = 30$ findet man in einer Tabelle der Dreieckszahlen die Liste $n = 15, 20, 24, 35, 39, 44$; die Anzahl der „weiteren Lösungen" ist also nicht unerheblich; vermutlich wird sie umso größer, je mehr verschiedene Primfaktoren s hat.

Beobachtung: Die obigen Zahlen n ergänzen einander paarweise zu $2s - 1 = 59$!

Literatur

Müller, G. N.; Steinbring, H.; Wittmann, E. C. (2004). *Arithmetik als Prozess*. Seelze: Kallmeyer.

Straight, H. J.; Schillo, P. (1979). On the problem of partitioning $\{1, ..., n\}$ into subsets having equal sums. *Proceedings of the American mathematical society*, 74 (2), 229–231.

Anmerkungen

[1] In b) hat der letzte (rechte) Streifen der ersten (linken) $(2s - 1)$-Treppe nur *einen* Stab.

[2] Dort wird der entsprechende Satz nicht um seiner selbst willen bewiesen, sondern das Problem der summengleichen Teilmengen stellte sich im Rahmen eines *graphentheoretischen* Problems.

[3] Dies würde als Induktionsanfang reichen, man kann aber trotzdem für kleine n noch ein wenig konkret weiter machen: Auch bei $n = 2$ kommt nur $s = 1$ in Frage, erst bei $n = 3$ kommen dann zwei mögliche Werte für s in Frage: $s = 1$ und $s = 2$, in beiden Fällen liegt die zugehörige Zerlegung auf der Hand.

[4] Allgemein: Für $\sigma \geq 2n \Leftrightarrow s \leq \frac{n+1}{4}$ gilt:

(1) $n' := n - 2s \geq 2s - 1$ und

(2) $\frac{D_n}{s} = \sigma \underset{\text{Rechnung}}{\overset{\text{kurze}}{\Rightarrow}} \frac{D_{n-2s}}{s} = \frac{D_{n'}}{s} = \sigma - 2n + 2s - 1 \in \mathbb{N}$

[5] Allgemein: Man überzeugt sich leicht, dass es $\frac{2n - \sigma + 1}{2}$ solche Paare mit Summe σ gibt;

(1) $\sigma \geq \sigma - n - 1 =: n'$; (2) eine kurze Rechnung bestätigt:

Offenbar gibt es auch hier merkwürdige Muster; wir lassen dieses Problem als zahlentheoretische Anregung stehen.

$\frac{D_n}{s} = \sigma \Rightarrow \frac{D_{\sigma-n-1}}{\frac{\sigma-2n+2s-1}{2}} = \frac{D_{n'}}{\frac{\sigma-2n+2s-1}{2}} = \sigma \in \mathbb{N}$

(weil σ ungerade ist, ist der Nenner ganzzahlig!), daher gibt es laut Induktionsvoraussetzung eine Zerlegung von $\{1, 2, ..., \sigma - n - 1\}$ in $\frac{\sigma - 2n + 2s - 1}{2}$ viele Teilmengen mit jeweiliger Summe σ. Zusammen mit den anderen $\frac{2n - \sigma + 1}{2}$ solchen Paaren (ebenfalls Summe σ) sind dies genau s solche Teilmengen – wie gewünscht.

[6] Allgemein: Man überzeugt sich leicht, dass es $\frac{2n - \sigma}{2}$ solche Paare mit Summe σ gibt;

(1) $\sigma \geq \sigma - n - 1 =: n'$;

(2) analog:

$\frac{D_n}{s} = \sigma \Rightarrow \frac{D_{\sigma-n-1}}{\sigma-2n+2s-1} = \frac{D_{n'}}{\sigma-2n+2s-1} = \frac{\sigma}{2} \in \mathbb{N}$

(σ gerade!), daher gibt es laut Induktionsvoraussetzung eine Zerlegung von $\{1, 2, ..., \sigma - n - 1\}$ in $\sigma - 2n + 2s - 1$ viele Teilmengen mit jeweiliger Summe $\sigma/2$. Zu einer dieser Teilmengen kann man immer das übriggebliebene $\sigma/2$ dazugeben ($\rightarrow$ Summe σ); von den restlichen $\sigma - 2n + 2s - 2$ Teilmengen fassen wir jeweils zwei zusammen, so dass wir insgesamt wieder (wie gewünscht) $1 + \frac{\sigma - 2n + 2s - 2}{2} + \frac{2n - \sigma}{2} = s$ viele Teilmengen mit jeweiliger Summe σ haben.

Beschreibung als Modellbildung

Reinhard Oldenburg, Frankfurt

Modellieren wird oft ausschließlich als Beschreibung außermathematischer Objekte oder Prozesse in mathematischer Sprache gesehen. Dagegen ist das innermathematische Modellieren weit weniger in der Diskussion, obwohl es in authentischer Mathematik allgegenwärtig ist: Mathematische Beschreibungen mathematischer Objekte sind innermathematische Modellbildungen. Sie sind besonders interessant, weil sie oft verschiedene Gebiete wie etwa Algebra und Geometrie vernetzen, und weil sie meist nicht eindeutig sind.

1 Einleitung

In der Mathematik spielen Beschreibungen und Beschreibungswechsel eine zentrale Rolle, werden im Unterricht aber selten ausführlich thematisiert. Ein klassisches Beispiel sind verschiedene Darstellungen für Zahlen, insbesondere die römische Zahlschreibweise. Dass Schüler/innen wie Lehrbücher dabei gerne von römischen Zahlen sprechen, verweist schon auf ein Problem: Nicht die Zahlen sind römisch, sondern die Schreibweise; aber verschiedene Beschreibungen der gleichen Objekte kommen im Mathematikunterricht leider zu selten vor, obwohl das Finden von Beschreibungen und ihre Umwandlung zu den zentralen Arbeitstechniken der Mathematik gehört. In diesem Beitrag sollen Beschreibungen als innermathematische Modellierung thematisiert und am Beispiel von Geraden und Ebenen dargestellt werden.

Modellbilden hat in den letzten Jahren nicht zuletzt dank der KMK-Bildungsstandards in seiner Bedeutung für den Mathematikunterricht deutlich zugenommen. Allerdings gibt es eine solche Fülle von Modellen und Modellbildungen, dass es kaum möglich ist, in der Schule einen Überblick zu erreichen. Beim Blick auf die Modellbildungsaufgaben in Schulbüchern und didaktischen Zeitschriften stellt man allerdings fest, dass ein Aspekt so gut wie nicht vorkommt: innermathematische Modellbildungen. Es gibt sogar Definitionsversuche, die von Modellbildungsaufgaben nur dann sprechen wollen, wenn ein außermathematischer Ausschnitt der Realität modelliert wird. Dass man trotzdem sinnvoll von innermathematischen Modellbildungen sprechen kann, zeigen Beispiele von Beschreibungen und Beschreibungswechseln. Ein Beispiel aus der Sekundarstufe I: Man kann einen bestimmten Anteil durch einen Bruch darstellen, z. B. 7/8. Diese Zahl kann man am Zahlenstrahl finden und versuchen, ihre Position mit den Techniken des Dezimalsystems zu beschreiben. Eine solche Beschreibung ist eine Modellbildung: Zu dem gegebenen mathematischem Objekt 7/8 gewinnen wir ein Modell in Form einer Dezimalzahl. Anders als bei außermathematischen Modellbildungen hat man es bei innermathematischen in der Regel nicht mit Näherungen zu tun, aber ein Analogon bildet der Umstand, dass die Modellbildung sich oft auswirkt auf die Leichtigkeit, mit der Operationen ausgeführt werden können. Dieses Beispiel aus der Bruchrechnung ist typisch, aber zugegebenermaßen langweilig. Es werden jetzt einige interessantere Beispiele betrachtet.

2 Geraden

Im Unterricht zur analytischen Geometrie wird üblicherweise die Parameterform der Geradengleichung diskutiert. Mit diesem Mittel kann man Geraden beschreiben, die durch zwei Punkte oder durch einen Punkt und einen Richtungsvektor definiert sind. Die Lage von Geraden ist damit recht eigentümlich. Es gibt sowohl einen Konzeptwechsel von der Geradengleichung der Sek. I zur vektoriellen Form als auch einen Unterschied zur Behandlung der Ebenen in der analytischen Geometrie, für die es zwei Gleichungen gibt, nämlich Parameter- und Normalenform. Nachdem all diese Konzepte bekannt sind, kann man fragen, ob es für Geraden eine weitere Darstellung gibt, die keine Parameterdarstellung, sondern eine implizite Gleichung ist, so dass man schnell prüfen kann, ob ein Punkt auf der Geraden liegt.

Diese Frage ist erst mal gar nicht so einfach zu beantworten; aber man kann die Schüler/innen dazu auffordern, ein paar einfache Vektorterme hinzuschreiben und ihre Lösungsmenge aufzuschreiben. Ein Ausdruck wie $\vec{a} + \vec{x} = \vec{0}$ hat allerdings nur eine einzige Lösung. Aber schon bei $\vec{a} \times \vec{x} = \vec{0}$ wird man fündig. Es ergibt sich genau dann der Nullvektor, wenn die beiden Vektoren linear abhängig sind, also in die gleiche Richtung zeigen. Damit hat man eine Geradengleichung gefunden, allerdings zunächst nur für eine Ursprungsgerade. Eine beliebige Gerade kann als eine verschobene Ursprungsgerade modelliert werden und das bedeutet, dass $\vec{a} \times (\vec{x} - \vec{b}) = \vec{0}$ die Gleichung einer Geraden ist, die durch den Punkt mit Ortsvektor $\vec{b}$ geht und in Richtung $\vec{a}$ verläuft. Aus dieser Geradengleichung kann man Aufpunkt und Richtungsvektor sofort ablesen; die Umwandlung in die Parameterform bereitet also keine Probleme. Verhältnismäßig einfach gestaltet sich die Schnittberechnung mit einer Ebene in Parameterform: Man kann letztere direkt in die neue Geradengleichung einsetzen. Es ist interessant, etwas weiter „Stiftung Geradengleichungstest" zu spielen und zu überlegen, welche Rechnungen mit welcher Form am einfachsten sind.

Geraden können als Schnittgeraden von Ebenen auftreten. Der Schnitt der beiden Ebenen mit den impliziten Gleichungen $\vec{n}_1 \cdot (\vec{x} - \vec{a}_1) = 0, \vec{n}_2 \cdot (\vec{x} - \vec{a}_2) = 0$ lässt sich schreiben als:
$(\vec{n}_1 \cdot (\vec{x} - \vec{a}_1))^2 + (\vec{n}_2 \cdot (\vec{x} - \vec{a}_2))^2 = 0$.

Das ist allerdings nicht sehr praktisch, weil man die Reduktion von zwei auf eine Gleichung dadurch erkauft, dass man quadratische Gleichungen hat – nicht gerade das, was intuitiv naheliegend ist.

Handelt es sich z. B. bei der Bildung einer Geradengleichung um eine Modellbildung? Ja, denn das Ausgangsobjekt, eine Gerade, ist zunächst rein geometrisch definiert. Die Frage nach einer algebraischen Beschreibung ist die nach einem Modell der Geraden mit den Mitteln der Algebra. Hier wird die Modellbildung besonders deutlich durch das Überbrücken der Grenze der beiden mathematischen Teildisziplinen. Aber auch der Beschreibungswechsel innerhalb eines Gebietes, also von einer Form der Geradengleichung zur anderen, kann als Modellbildung gesehen werden. In jedem Falle können die folgenden Teilprozesse, die bei der Modellbildung relevant sind, identifiziert werden: a) Klärung des Ausgangsobjektes, b) Überführung in eine neue Darstellungsform, c) mathematische Umarbeitung und Vereinfachung der neuen Form, d) Validierung, also Prüfung der Frage, ob die neue Beschreibungsform das Gewünschte leistet.

3 Ebenen

Wie kommt man zu Beschreibungen von Ebenen im Raum? Die entscheidende Hilfsfrage ist, durch welche Informationen man eine Ebene eindeutig festlegen kann. Bekannte Möglichkeiten sind drei Punkte oder ein Punkt und zwei Richtungen. Aus beiden Formen gewinnt man die übliche Parameterdarstellung. Ebenso ist die Vorgabe eines Normalenvektors und eines Punktes oder des Abstandes vom Ursprung möglich. Das führt zu den Normalengleichungen. Damit endet der übliche Vorrat. Aber ist das alles? Nein:

Eine Ebene wird durch drei Punkte A, B, C bestimmt, das kann man nutzen, ohne in die Vektorrechnung einzusteigen: Die Menge aller Punkte $\lambda A + \mu B + \nu C$ mit $\lambda + \mu + \nu = 1$ bildet die Ebene.

Mittelebene: Zwei Punkte definieren eine eindeutige Mittelebene. Zu den Punkten P, Q besteht diese aus allen Punkten, die von P und Q den gleichen Abstand haben. Wie kommt man von da zu den Standardformen? Offensichtlich ist der Mittelpunkt M = (P + Q)/2 ein Punkt der Ebene und der Vektor PQ definiert die Normalenrichtung, so dass die Punkt-Normalenform sofort aufgeschrieben werden kann.

Eine Ebene kann eine Tangentialebene an eine Kugel sein. Wie kann man sie in dieser Rolle einfach beschreiben? Zunächst ist klar, dass der Kugelmittelpunkt in den Ursprung des Koordinatensystems gelegt werden kann: Wenn die Ebene fixiert ist, bläst man in Gedanken die Kugel mit Mittelpunkt im Ursprung auf, bis sie an die Ebene anstößt. Dieser Berührpunkt sei P. In der Tat definiert er allein eine Ebene, denn sein Ortsvektor steht senkrecht auf der Ebene; also hat man sofort die Daten für eine Normalenform zusammen. So knapp diese Form ist, so schwierig ist es, mit ihr z. B. den Schnitt zweier Ebenen zu bestimmen. Andererseits ist es leicht, parallele oder orthogonale Ebenen anzugeben. Störend ist bei dieser Beschreibungsform allerdings, dass Ursprungsebenen gesondert behandelt werden müssen, weil für sie P = 0 ist und damit keine Richtung angibt.

Freiheitsgrade

Es wurde schon darauf hingewiesen, dass es lohnend ist, die verschiedenen Darstellungen danach zu bewerten, welche Form für welchen Zweck praktisch ist. Ein genereller Schönheitsfehler ist, dass alle betrachteten Darstellungen von Ebenen zu viele Parameter haben. Die Parameterform der Ebenengleichung hat neun Parameter (drei Vektoren im dreidimensionalen Raum), aber diese können weitgehend willkürlich abgeändert werden. Die Normalenform kommt mit vier Parametern aus und auch sie können noch mit einer willkürlichen Konstanten durchmultipliziert werden, so dass letztlich nur drei Parameter entscheidend sind: zwei für den Winkel im Raum (Kugelkoordinaten, Orientierung auf der Erdkugel) und eine für den Abstand zum Ursprung. Das zeigt auch die Tangentenform oben.

Es ist wichtig, dass man bei der Modellierung von Objekten mittels verschiedener Beschreibungen diesen Aspekt berücksichtigt, denn durch das Bewusstmachen der Redundanz bestimmter Beschreibungen wird plausibel, dass verschiedene Beschreibungsformen unterschiedlichen Zielen dienen.

Hilfsmittel

Um den Schüler/innen das Finden von Beschreibungsmöglichkeiten zu erleichtern, kann man sie mit einem dynamischen Raumgeometrieprogramm wie Archimedes Geo3D (www.raumgeometrie.de) arbeiten lassen. Dort können sie viele Möglichkeiten erkunden, Ebenen und Geraden zu erzeugen und sich stets fragen, welche Berechnungen wohl nötig sind, um die Punkte der Ebene zu finden.

Geometrische Algebra

Abschließend sei darauf hingewiesen, dass die Modellierung geometrischer Objekte durch analytische Methoden in der Geschichte der Mathematik ein komplexer Prozess war. Die Dominanz der Vektorrechnung ergab sich nicht nur aus ihren fachlichen Stärken, sondern auch aus dem Einfluss ihrer Protagonisten. Neue Rahmenbedingungen können die fachlichen Vorteile von Alternativen neu gewichten und so zeigte sich in den letzen beiden Jahren ein enormer Aufschwung der „Geometrischen Algebra" als Erweiterung bzw. Alternative zur Vektorrechnung, die insbesondere in der Computergrafik Zulauf erfährt. Die Literatur dazu bildet somit einen Rahmen für innermathematische Modellbildung.

4 Abschließende Bemerkungen

Modellbildung wird meist mit außermathematischen, realitätsorientierten Inhalten verbunden. Die Beispiele in diesem Beitrag sollten zeigen, dass es sogar bei einem so „flachen" Thema wie Geraden- und Ebenengleichungen reizvolle innermathematische Modellierungen gibt.

Viele Autoren haben Modellbildungskreisläufe für das mathematische Modellbilden vorgeschlagen. Sie lassen sich systematisch auch auf innermathematische Modellbildungen anwenden. Die in diesen Kreisläufen – vereinfachend gesprochen – anzutreffende Unterscheidung zwischen der Mathematik und dem Rest der Welt überträgt sich dann in einen Teil der Mathematik, der die Modellbildungswerkzeuge bereitstellt und den „Rest der Mathematik". Die Validierung der Modellbildung ist dann in gewissem Sinne sogar durchsichtiger als bei außermathematischen Modellbildungen: Es ist zu bewerten, ob die neu gefundene Beschreibung die zu modellierenden Objektklassen bijektiv abbildet, in einen größeren Modellbereich einbettet oder ggf. vergröbernde Klassen bildet. Darüber hinaus werden pragmatische Kriterien angelegt, beispielsweise die Frage, welche Operationen in der neuen Beschreibung besonders einfach sind.

Je nach philosophischem Standpunkt sollte der Umstand, dass inner- und außermathematische Modellierungen strukturell ganz ähnlich sind, nicht überraschen: Hypothetischer Realismus, Konstruktivismus naturalisierte Erkenntnistheorie – um nur drei Richtungen zu nennen – stimmen darin überein, dass die Objekte der physikalischen Welt in unseren Diskursen mental konstruiert sind. Die Einbeziehung innermathematischer Modellierung kann den – aus Schülersicht zunächst großen Unterschied – zwischen Objekten wie Matrix und Mond relativieren. Beides sind mentale Konstrukte, die letztlich zur Strukturierung unsere Erfahrungswelt nützlich sind. Der Unterschied bezieht sich vor allem auf die unmittelbare Nähe zu Sinneserfahrungen. Trotzdem enthält die Konstruktion unseres mentalen Modells „Mond" eine Reihe willkürlicher und möglicherweise subjektiver Bestandteile. Die Beschäftigung mit innermathematischer Modellbildung kann dazu beitragen, diese Freiheit beim Modellieren offensichtlich zu machen.

Arbeitsblatt zur Modellierung von Ebenen

Sie kennen bereits verschiedene Möglichkeiten, Geraden in der Ebene festzulegen. Je nach Ausgangsdaten sind unterschiedliche Formen besonders praktisch:

Gegeben	Praktische rechnerische Form
Achsenabschnitt und Steigung	$y=mx+b$
Zwei Punkte auf der Geraden (x_1,y_1), (x_2,y_2)	
Lot zu $P(x_1,y_1)$ auf g: $y=mx+b$	

a) Ergänzen Sie die Tabelle um weitere Fälle. Es kann sein, dass Sie nicht zu allen Formen rechnerische Darstellungen angeben können. (Ob es welche gibt, wird in der Besprechung geklärt.) Denken Sie auch an Möglichkeiten eines Dynamischen Geometrieprogramms zur Erzeugung von Geraden.

b) Für Ebenen im Raum kennen Sie bisher die Parameter- und die Normalenform. Gibt es weitere Möglichkeiten? Erstellen Sie eine Tabelle ähnlich der hier abgebildeten.

Kommentar zum Arbeitsblatt: Das Arbeitsblatt ist für eine umfangreichere Selbstbeschäftigung ausgelegt. Die Schüler sollten mindestens eine Doppelstunde zur Verfügung haben. Es ist damit zu rechnen, dass dabei auch für den Fall in der Ebene nicht alle denkbaren Formen gefunden werden und dass nicht in allen Fällen rechnerische Beschreibungen gefunden werden. Im Gespräch sollten diese fehlenden Fälle zwischen den Arbeitsgruppen, ggf. mit Lehrerhilfe, komplettiert werden.

Der Lotto-Jackpot in der (Kurven-)Diskussion – eine vernetzende Unterrichtseinheit für den Stochastik- und Analysisunterricht der Oberstufe

Matthias Brandl, Augsburg

Im Rahmen der Begabtenförderung am Gymnasium durch vernetzende Lernumgebungen wird eine Unterrichtseinheit für die Oberstufe vorgestellt, die auf natürliche Art Elemente der Stochastik und Analysis zusammenbringt. Ausgehend von der Fragestellung, ob man einen eventuellen Jackpot-Gewinn bei der „6-aus-49"- Lotterie bei steigender Teilnehmerzahl wahrscheinlicher mit anderen Gewinnern teilen muss, mündet die mathematische Modellierung in einen Funktionsterm, dessen Diskussion zu einem – miteinander vernetzten – tieferen Verständnis mathematischer Konzepte und Begriffe führt.

1 „Begabte fördern"

Im Wissenschaftsjahr 2008 wurde mit Unterstützung des Lehrstuhls für Didaktik der Mathematik der Universität Augsburg das Portal „Begabte fördern" bei der Internet-Plattform lehrer-online ins Leben gerufen (http://www.lehrer-online.de/jahr-der-mathematik.php). Dort finden sich vielfältige Angebote, die sich zur unterstützenden Förderung begabter Schüler/innen in Form von Plus-Kursen oder unterrichtsinternen Zusatzangeboten eignen.

Im Folgenden wird eine Lernumgebung vorgestellt, die den Aspekt der Vernetzung in den Mittelpunkt stellt und so die Gebiete der Stochastik und Analysis, wie sie in der Oberstufe des Gymnasiums behandelt werden, miteinander verbindet. Zentrales Thema hierzu ist das Glücksspiel *Lotto*, dessen inhaltliche Untersuchung im regulären Unterricht zumeist nicht über die Berechnung von Trefferwahrscheinlichkeiten für ein bis sechs richtige Tippzahlen mittels der hypergeometrischen Verteilung bzw. dem „Ziehen ohne Zurücklegen" hinausgeht (vgl. z. B. Feuerpfeil & Heigl 1999 oder Barth et al. 2001). Durch die simultane Betrachtung der Teilnehmeranzahl im Kontext realistischer Fragestellungen eröffnet sich allerdings ein Blickwinkel auf die Erfolgswahrscheinlichkeit, der es ermöglicht, die Situation mit Methoden der Analysis zu untersuchen.

Darüber hinaus ergibt sich aus einer Verallgemeinerung der Ausgangsfragestellung im Sinne von Baptist (2000) die Konfrontation mit folgenden interessanten Aspekten auf ganz natürliche Weise:
- die Regel von l'Hospital zur Grenzwertberechnung,
- der Binomialkoeffizient als vertrautes Polynom,
- das Pascal'sche Dreieck als hilfreiche Struktur,
- die rekursive Definition einer Funktion,
- die Gauss'sche Summenformel als mathematisches Hilfsmittel,
- die Dreieckszahlen zur geometrischen Interpretation und
- das schnellere Wachstum der Exponentialfunktion gegenüber jedem Polynom.

Die Unterrichtseinheit hangelt sich an den Aufgaben von zwei, im Internet frei erhältlichen, Arbeitsblättern entlang (s. Brandl 2009a). Eine Übersicht, die einen Vorschlag für den konkreten Ablauf, den Umfang, den jeweiligen Inhalt und das jeweils benötigte Material der Unterrichtseinheit aufzeigt, findet sich am Ende dieses Artikels.

Im Folgenden werden die Inhalte der Unterrichtseinheit im Zusammenhang dargestellt. Eine einzeln nach den Fragen der Arbeitsblätter aufgeschlüsselte Darstellung findet sich als „Lösung" im geschlossenen[1] Bereich von lehrer-online.

2 Der Lotto-Jackpot („6 aus 49")

Hohe Jackpot-Summen führen beim „6-aus-49"-Lotto immer wieder zu Explosionen der Teilnehmerzahlen. So wurden im Dezember 2007 (Jackpot: 45,4 Millionen Euro) und Februar 2009 (Jackpot: 35 Millionen Euro) jeweils rund 20 Millionen Tippscheine abgegeben (vgl. Handelsblatt 2007, 2009).

Dies führt zu folgender Fragestellung:

F₁ *„Ist es wahrscheinlicher, dass es bei der „6-aus-49"-Lotterie mehrere Jackpot-Gewinner gibt, wenn es mehr Teilnehmer gibt?"*

Oder anders formuliert:

„Steigt die Wahrscheinlichkeit, dass ich meinen Jackpot-Gewinn teilen muss, mit der Anzahl der Teilnehmer?"

2.1 Diskussion der Fragestellung F1

In der Klasse wird sich schnell ein Konsens einstellen: ja. Offen bleibt dabei aber, auf welche Art diese Wahrscheinlichkeit von der Anzahl der Lottospieler abhängt und ob es womöglich eher günstige bzw. eher ungünstige Situationen gibt. Die gibt es nämlich in der Tat.

Die Frage F₁ lässt sich auf zwei Arten beantworten, die Ereignis und Gegenereignis repräsentieren:

Beh. A: Die Wahrscheinlichkeit P_A („*Es gibt mindestens 2 Jackpot-Gewinner*") steigt mit wachsender Teilnehmerzahl.

Oder als Negation des Gegenereignisses:

Beh. B: Die Wahrscheinlichkeit P_B („*Es gibt höchstens einen Jackpot-Gewinner*") sinkt mit wachsender Teilnehmerzahl.

Der Zusammenhang zwischen Behauptung A und B besteht in:

$P_A = 1 - P_B$

Unabhängig von der Anzahl der Lottospieler und deren Jackpot-Gewinner berechnet sich die Trefferwahrscheinlichkeit $p(r)$ für r „Richtige" ($0 \leq r \leq 6$) nach der hypergeometrischen Verteilung gemäß

$$p(r) = H(49,6,r) = \frac{\binom{6}{r}\binom{43}{6-r}}{\binom{49}{6}}$$

mit $0 \leq r \leq 6$, $r \in \mathbb{N}$.

Im deutschen „6-aus-49"-Lottosystem wird der Jackpot erst dann ausgeschüttet, wenn außerdem eine richtige „Superzahl" zwischen 0 und 9 getippt wird. Dies bedeutet:

$$p_S(r) = \frac{p(r) \cdot \binom{1}{1}}{\binom{10}{1}} = \frac{1}{10} p(r)$$

Bezieht man nun zusätzlich die Anzahl der Lottospieler n sowie die Anzahl der Jackpot-Gewinner k mit ein, so ist die Wahrscheinlichkeit $P(k, n, r)$, dass k von insgesamt n Lotterie-Teilnehmern r Richtige getippt haben, binomial verteilt:

$$P(n,k,r) = Bin(k \mid n, p(r)) = \binom{n}{k} \cdot p_S(r)^k \cdot (1 - p_S(r))^{n-k}$$

Die Wahrscheinlichkeit P_A berechnet sich als:

$P_A(n) =$
$= P(\text{„mindestens zwei Jackpot-Gewinner"})$
$= 1 - P(\text{„höchstens ein Jackpot-Gewinner"})$
$= 1 - [P(\text{„kein Jackpot-Gewinner"})$
$\quad + P(\text{„genau ein Jackpot-Gewinner"})]$
$= 1 - p_S(6)^0 (1 - p_S(6))^n - \binom{n}{1} \cdot p_S(6)(1 - p_S(6))^{n-1}$
$= 1 - \left(1 - \frac{1}{10}p(6)\right)^n - n \cdot \left(1 - \frac{1}{10}p(6)\right)^n \frac{p(6)}{10 - p(6)}$

Sie nimmt mit wachsendem n zu.

Als Nächstes sollen die Schüler/innen anhand konkreter Zahlenwerte ein Gefühl für die „Größe" dieser Wahrscheinlichkeit und deren nicht-lineares Verhalten bekommen. Dazu berechnet man z. B. folgende Werte:

$P_A(20 \text{ Millionen}) = 1 - 0,867 - 0,121 = 1,2 \%$

$P_A(10 \text{ Millionen}) = 1 - 0,9311 - 0,0652 = 0,37 \%$

$P_A(5 \text{ Millionen}) = 1 - 0,9649 - 0,0338 = 0,13 \%$

Nun bietet sich zur Bestätigung der intuitiven Vermutung eine Grenzwertbetrachtung von P_A an. Dabei ergibt sich zunächst[2]:

$\lim_{n \to \infty} P_A(n)$

$= \lim_{n \to \infty} \left\{ 1 - \left(1 - \frac{1}{10} p(6)\right)^n \right.$

$\left. - n \cdot \left(1 - \frac{1}{10} p(6)\right)^n \frac{p(6)}{10 - p(6)} \right\}$

$= \lim_{n \to \infty} 1 - \lim_{n \to \infty} \left(1 - \frac{1}{10} p(6)\right)^n$

$- \lim_{n \to \infty} n \cdot \left(1 - \frac{1}{10} p(6)\right)^n \frac{p(6)}{10 - p(6)}$

$= 1 - \lim_{n \to \infty} \left(1 - \frac{1}{10} p(6)\right)^n$

$- \frac{p(6)}{10 - p(6)} \lim_{n \to \infty} n \cdot \left(1 - \frac{1}{10} p(6)\right)^n$

Da es sich bei dem Ausdruck $1 - \frac{1}{10} p(6)$ um eine Zahl (leicht) kleiner als 1 handelt, ist

$\lim_{n \to \infty} \left(1 - \frac{1}{10} p(6)\right)^n = 0$.

Der Term $\lim_{n \to \infty} n \cdot \left(1 - \frac{1}{10} p(6)\right)^n$ ist problematischer, da der erste Faktor gegen unendlich und der zweite gegen null strebt. Somit bleibt das Verhalten im Unendlichen unbestimmt.

2.2 Die Regel von l'Hospital

Einen Ausweg aus diesem Dilemma bietet die Regel von l'Hospital (siehe Brandl 2009b):

„Wenn für $x \to \infty$ sowohl $u(x)$ wie auch $v(x)$ dem Betrag nach gegen ∞ strebt, dann ist $\lim_{x \to \infty} \frac{u(x)}{v(x)} = \lim_{x \to \infty} \frac{u'(x)}{v'(x)}$, vorausgesetzt, der Grenzwert auf der rechten Gleichungsseite existiert."

Zur Anwendung der Regel muss also der Term $n \cdot \left(1 - \frac{1}{10} p(6)\right)^n$ in einen Quotienten umgeformt werden, dessen Zähler und Nenner für wachsendes n jeweils gegen unendlich streben. Dazu bieten sich der Kehrbruch und die Anwendung eines Potenzgesetzes an:

$n \cdot \left(1 - \frac{1}{10} p(6)\right)^n = n \cdot \left(1 - \frac{1}{10} p(6)\right)^{(-1) \cdot (-n)} =$

$= n \cdot \left(\left(1 - \frac{1}{10} p(6)\right)^{-1}\right)^{-n} = \frac{n}{\left(\frac{10}{10 - p(6)}\right)^n}$

Um die Regel von l'Hospital auf den Nenner anwenden zu können, benötigen wir Kenntnis von der Ableitung einer Exponentialfunktion zu einer allgemeinen Basis $a > 0$. Offensichtlich gilt:

$a^x = \left(e^{\ln a}\right)^x = e^{x \ln a}$

und es ist bekanntlich $\left(e^x\right)' = e^x$, also gilt:

$\left(a^x\right)' = \left(e^{x \ln a}\right)' = (\ln a) e^{x \ln a} = (\ln a) a^x$

Nun lässt sich die Regel von l'Hospital anwenden und wir erhalten:

$\lim_{n \to \infty} n \cdot \left(1 - \frac{1}{10} p(6)\right)^n = \lim_{n \to \infty} \frac{n}{\left(\frac{10}{10 - p(6)}\right)^n}$

$= \lim_{n \to \infty} \frac{1}{\left(\ln\left(\frac{10}{10 - p(6)}\right)\right) \left(\frac{10}{10 - p(6)}\right)^n} = 0$

Somit ist also:

$\lim_{n \to \infty} P_A(n) = 1$ und $\lim_{n \to \infty} P_B(n) = 0$.

Damit erhält man, dass es für sehr große Teilnehmerzahlen nahezu sicher mindestens zwei Jackpot-Gewinner gibt bzw., dass die Wahrscheinlichkeit, dass der Jackpot an höchstens eine Person geht, gegen null strebt. Offen bleibt noch, auf welche Art dies geschieht. Gibt es womöglich interessante, d. h. für den potenziellen Lottospieler vorteilhafte Bereiche?

Dies verlangt nach genaueren Monotonieuntersuchungen und so berechnen wir die erste und zweite Ableitung von P_A und P_B, wobei wir uns wegen $P_B(n) = 1 - P_A(n)$, also $P_B'(n) = -P_A'(n)$, auf die Berechnung von P_B' beschränken können:

$$P_B'(n) = \left(\ln\left(1 - \frac{1}{10}p(6)\right)\right)\left(1 - \frac{1}{10}p(6)\right)^n +$$
$$+ \left[n \cdot \left(\ln\left(1 - \frac{1}{10}p(6)\right)\right)\left(1 - \frac{1}{10}p(6)\right)^n\right.$$
$$\left. + \left(1 - \frac{1}{10}p(6)\right)^n\right] \frac{p(6)}{10 - p(6)}$$

Zur Vereinfachung setzen wir

$$a = 1 - \frac{1}{10}p(6) \approx 1 - 7 \cdot 10^{-9}.$$

Damit liest sich die Ableitung wie:

$$P_B'(n)$$
$$= (\ln a)a^n + \left[n \cdot (\ln a)a^n + a^n\right]\frac{p(6)}{10 - p(6)}$$
$$= a^n\left[\ln a + (n \cdot \ln a + 1)\frac{p(6)}{10 - p(6)}\right]$$

Es ist $\ln a \approx -7 \cdot 10^{-9}$, also negativ und sehr klein. Außerdem ist $\frac{p(6)}{10 - p(6)} \approx \frac{p(6)}{10} = 7 \cdot 10^{-9}$, also positiv und sehr klein. Damit ergibt sich ungefähr:

$$P_B'(n) \approx a^n\left[(n \cdot \ln a)\frac{p(6)}{10 - p(6)}\right]$$

Dabei gilt für die einzelnen Faktoren: $a^n > 0$, $n > 0$, $\ln a < 0$ und $\frac{p(6)}{10 - p(6)} > 0$.

Somit folgt $P_B'(n) < 0$ für alle n. Die Graphen von P_A bzw. P_B steigen bzw. fallen also streng monoton.

Zur Illustration lässt sich die Wahrscheinlichkeit für „*Es gibt mindestens zwei Mitspieler, die eine Zahl richtig getippt haben*" für $n = 1$ bis 10 Spieler gut mittels eines Funktionsplotters darstellen:

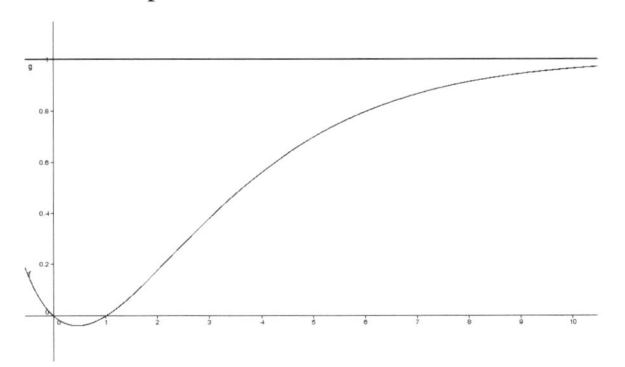

Abbildung 1 Graph von P („*Es gibt mind. zwei Mitspieler, die eine Zahl richtig getippt haben*")

Die Interpretation des Graphen ergibt natürlich erst ab $x = 2$ Sinn, da erst dann die Forderung nach mindestens zwei erfolgreichen Mitspielern erfüllt ist. Im Vergleich zu Abbildung 1 steigt der Graph für P_A wegen der sehr kleinen Jackpot-Gewinnwahrscheinlichkeit natürlich viel langsamer an; außerdem hat man dann Millionen von Mitspielern.

2.3 Der Wendepunkt

Wo liegt der Wendepunkt in Abhängigkeit von r (Anzahl der Richtigen)? Die Antwort ist von daher interessant, als es sich jenseits dieses Punktes immer mehr lohnt, Lotto zu spielen, da dann die Chance, bei einem Gewinn (dessen Wahrscheinlichkeit ja stets gleich bleibt) mit $k - 1$ anderen teilen zu müssen, nicht mehr so stark steigt wie bis dahin.

Dazu setzen wir als Vereinfachung $a = 1 - p(r)$ und berechnen die Ableitung von $P_A(x) = 1 - a^x - x \cdot p(r) \cdot a^{x-1}$.

Es ist

$$P_A'(x) = -\ln a \cdot a^x - p(r)\left(a^{x-1} + x \ln a \cdot a^{x-1}\right)$$
$$= -\ln a \cdot a^x - p(r)a^{x-1} - xp(r)\ln a \cdot a^{x-1}$$

und

$$P_A''(x) = -(\ln a)^2 \cdot a^x - p(r)\ln a \cdot a^{x-1} - $$
$$- p(r)\ln a\left(a^{x-1} + x\ln a \cdot a^{x-1}\right)$$
$$= -(\ln a)^2 \cdot a^x - p(r)\ln a\left(2a^{x-1} - x\ln a \cdot a^{x-1}\right)$$

Um die Abszisse des Wendepunkts zu erhalten, suchen wir die Nullstelle der zweiten Ableitung:

$$P_A''(x) = 0$$
$$-(\ln a)^2 \cdot a^x - p(r)\ln a\left(2a^{x-1} + x\ln a \cdot a^{x-1}\right) = 0$$
$$-\ln a \cdot a - p(r)(2 + x\ln a) = 0$$
$$2 + x\ln a = -\frac{a\ln a}{p(r)}$$
$$x = -\frac{a}{p(r)} - \frac{2}{\ln a}$$

Mit der Resubstitution $a = 1 - p(r)$ erhalten wir: $x = 1 - \frac{1}{p(r)} - \frac{2}{\ln(1-p(r))}$.

Für $r = 1$, also $p(1) = 0{,}42$, ergibt dies $x = 2{,}3$. Die Überprüfung am Graphen bestätigt uns die Richtigkeit unserer Rechnung. Bereits ab drei Mitspielern „verlangsamt" sich also das Ansteigen der Wahrscheinlichkeit des „Teilen-Müssens" mit anderen. Für den Jackpot-Gewinn, also den Fall, dass $p(r) \to \frac{1}{10}p(6) = \frac{1}{140 \cdot 10^6}$, ergibt sich nun aber $x = 280033604 \approx 280 \cdot 10^6$, also über 280 Millionen Mitspieler. Dies entspricht mehr als der dreifachen Einwohnerzahl Deutschlands. Außerdem liegen die Höchststände der Teilnehmerzahlen bei etwa 20 Millionen Tippscheinen. Somit befindet man sich also stets im ungünstigen, vergleichsweise stark ansteigenden Teil der Kurve.

3 Variation und Verallgemeinerung

Wir modifizieren die ursprüngliche Fragestellung und interessieren uns für eine allgemeine Anzahl k der Jackpot-Gewinner:

F$_2$ *„Wie verhält sich die Wahrscheinlichkeit, dass sich k Teilnehmer den Jackpot-Gewinn teilen müssen mit steigender Anzahl n der Teilnehmer?"*

3.1 Diskussion der Fragestellung F2

Natürlich sollte die Chance, dass sich genau k Teilnehmer den Jackpot-Gewinn teilen, für eine immer weiter wachsende Teilnehmerzahl (irgendwie) gegen null gehen. Um dieser Intuition gerecht zu werden, muss (für ein festes k) der Term $\binom{n}{k} \cdot \left(1 - \frac{1}{10}p(6)\right)^n$ für $n \to \infty$ gegen 0 streben.

3.2 Der Binomialkoeffizient als Polynom

Um zur Berechnung dieses Grenzwerts die Regel von l'Hospital anwenden zu können, wird nun die „Ableitung des Binomialkoeffizienten", d. h. der Funktion $f_k(n) = \binom{n}{k}$, benötigt. Die Schüler/innen erkennen aber lediglich die in der Kombinatorik übliche Darstellung $\binom{n}{k} = \frac{n!}{k!(n-k)!}$, die auf nichtnegativen ganzen Zahlen n und k beruht. Wie lässt sich die Funktion $f_k(x) = \binom{x}{k}$ aber für $x \in \mathbb{R}$ definieren? Da die Fakultät-Schreibweise hierbei nicht zur Verfügung steht, verwendet man dazu die Definition

$$\binom{x}{k} = \frac{x(x-1) \cdot \ldots \cdot (x-k+1)}{k!}$$

Dass diese Schreibweise für nichtnegative ganzzahlige x und k mit der bislang bekannten Darstellung übereinstimmt, ist leicht zu sehen.

Zeichnet man f_k für verschiedene k-Werte in ein Koordinatensystem, so ergeben sich folgende Graphen:

Der Lotto-Jackpot in der (Kurven-)Diskussion

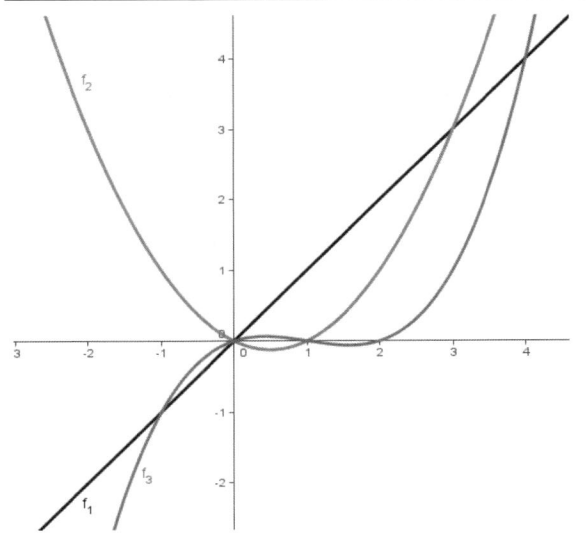

Abbildung 2 Graph von f_k für $k = 1, 2, 3$.

Aufgrund ihrer bisherigen Erfahrung mit verschiedenen Funktionsklassen werden die Schüler/innen schnell folgende Antworten vermuten: f_1 ist eine Gerade, f_2 wohl eine Parabel und f_3 sieht aus wie eine Funktion dritten Grades. Dies lässt sich auch nachrechnen:

$$f_1(n) = \frac{n!}{1!(n-1)!} = n$$

$$f_2(n) = \frac{n!}{2!(n-2)!} = \frac{n(n-1)}{2} = \frac{1}{2}n^2 - \frac{1}{2}n$$

$$f_3(n) = \frac{n!}{3!(n-3)!} = \frac{n(n-1)(n-2)}{6}$$
$$= \frac{1}{6}n^3 - \frac{1}{2}n^2 + \frac{1}{3}n$$

Die Vermutung, dass es sich dass es sich bei dem Binomialkoeffizienten $f_k(n) = \binom{n}{k}$ stets um ein Polynom k-ten Grades in n handelt, zeigt man ebenfalls schnell mittels

$$\binom{n}{k} = \frac{n!}{k!(n-k)!}$$
$$= \frac{1}{k!} \cdot n(n-1)(n-2) \cdot \ldots \cdot (n-k+1)$$

Offensichtlich ist dies ein Polynom k-ten Grades mit den Nullstellen $0, 1, 2, \ldots, k-1$.

3.3 Das Pascal'sche Dreieck

Um nähere Einsichten zum Binomialkoeffizienten zu erhalten, werden die Schüler/innen aufgefordert, die Regel

$$\binom{n}{k} = \binom{n-1}{k-1} + \binom{n-1}{k}$$

zu beweisen und damit das Pascal'sche Dreieck zu erklären. Zum Beweis schreiben wir die rechte Seite in Fakultätsschreibweise und bilden den Hauptnenner:

$$\binom{n-1}{k-1} + \binom{n-1}{k} = \frac{(n-1)!}{(k-1)!(n-k)!} + \frac{(n-1)!}{k!(n-k-1)!}$$
$$= \frac{(n-1)!}{(k-1)!(n-k)(n-k-1)!} + \frac{(n-1)!}{k(k-1)!(n-k-1)!}$$
$$= \frac{k(n-1)! + (n-k)(n-1)!}{k(k-1)!(n-k)(n-k-1)!}$$
$$= \frac{k(n-1)! + (n-k)(n-1)!}{k!(n-k)!} = \frac{n!}{k!(n-k)!} = \binom{n}{k}$$

Dabei ergibt sich ein Problem: Wegen des Nenners im zweiten Term gilt diese Schreibweise nur für $1 \leq k \leq n-1$. Doch für den fehlenden Fall $k = n$ zeigt sich die Richtigkeit sofort:

$$\binom{n}{n} = 1 = 1 + 0 = \binom{n-1}{n-1} + \binom{n-1}{n}$$

Was bedeutet die Formel anschaulich? Dazu schreiben wir die Werte des Binomialkoeffizienten $\binom{n}{k}$ in Form eines Dreiecks von oben nach unten mit Zeilenindex n und Spalten- bzw. Diagonalenindex k:

$$\binom{0}{0}$$

$$\binom{1}{0} \binom{1}{1}$$

$$\binom{2}{0} \binom{2}{1} \binom{2}{2}$$

…

Ausgerechnet ergibt dies:

$$1$$
$$1\ 1$$
$$1\ 2\ 1$$
$$\ldots$$

Aufgrund der Beziehung

$$\binom{n}{k} = \binom{n-1}{k-1} + \binom{n-1}{k}$$

ist jede Zahl im Inneren des Dreiecks die Summe der beiden unmittelbar über ihr stehenden. Dadurch lässt sich das Pascal'sche Dreieck sehr schnell berechnen und darstellen.

Die Werte des Binomialkoeffizienten bzw. der Polynome f_k lassen sich am Pascal'schen Dreieck ganz einfach ablesen: Sie befinden sich jeweils für aufsteigendes n in der „$(k+1)$"-ten Diagonale, die von rechts oben nach links unten verläuft, denn man fängt mit dem Zählen bei k = 0 an, d. h., die erste Diagonale steht für k = 0, die zweite für k = 1, … Es lässt sich außerdem eine Rekursionsformel ablesen:

$$f_2(2) = 1$$
$$f_2(3) = 3 = 1 + 2 = f_2(2) + 2$$
$$f_2(4) = 6 = 3 + 3 = f_2(3) + 3$$
$$\ldots$$

Als rekursive Definition ergibt sich also aufgrund der Ausdrücke ganz rechts:

$$f_2(n) = f_2(n-1) + (n-1)$$

Der Zusammenhang zum expliziten Funktionsterm $f_2(n) = \frac{1}{2}n^2 - \frac{1}{2}n$ lässt sich algebraisch auf folgende Art und Weise einsehen:

$$f_2(n)$$
$$= f_2(n-1) + (n-1)$$
$$= f_2(n-2) + (n-2) + (n-1)$$
$$= f_2(n-3) + (n-3) + (n-2) + (n-1)$$

$$= f_2(n-(n-2)) + (n-(n-2)) + (n-(n-3))$$
$$+ \ldots + (n-3) + (n-2) + (n-1)$$
$$= f_2(2) + 2 + 3 + \ldots + (n-3) + (n-2) + (n-1)$$
$$= 1 + 2 + 3 + \ldots + (n-3) + (n-2) + (n-1)$$

Die Summe der Zahlen 1 bis $n - 1$ lässt sich nun sehr schön mittels der Gauss'schen Summenformel zusammenfassen. Dabei gilt:

$$1 + 2 + 3 + \ldots + (n-1) =$$
$$= \frac{(n-1) \cdot (n-1+1)}{2} = \frac{n(n-1)}{2}$$

Also erhalten wir damit:

$$f_2(n) = n(n-1) - \frac{1}{2}n(n-1) =$$
$$= \frac{1}{2}n(n-1) = \frac{1}{2}n^2 - \frac{1}{2}n$$

Für f_1 ergeben sich so zum Beispiel die Werte 1, 2, 3, 4 …, für f_2 die Werte 1, 3, 6, 10, …, und für f_3 die Werte 1, 4, 10, 20, … Überprüfung am Graphen bzw. an einer Wertetabelle zeigt, dass sich diese Werte tatsächlich auch für die Polynome ergeben.

Interpretiert man die Werte der zweiten Diagonale als Anzahlen und gruppiert diese entsprechend der rekursiven Definition, so erkennt man folgende Struktur:

n	2	3	4	5	…
$f_2(n)$	1	3	6	10	…
				*	
			*	**	
		*	**	***	…
	*	**	***	****	

Tabelle 1 Figurierte Zahlen

Die Zahlen 1, 3, 6, 10, … heißen deswegen auch Dreieckszahlen. Der rekursive Zusammenhang „immer eines mehr dazu" manifestiert sich hier durch die um „immer eines mehr" anwachsende Basis des Dreiecks. Aus diesem einfachen geometrischen Zusammenhang ergibt sich durch ein „schlaues Ergänzen zu Rechtecken" (vgl. Tab. 2) schließlich die explizite Formel.

Der Lotto-Jackpot in der (Kurven-)Diskussion

n	2	3	4	5	...
$f_2(n)$	1	3	6	10	...
				*****	
			****	*****	
	*	***	****	*****	...
	*	***	****	*****	

Tabelle 2 Ergänzen zu Rechtecken

Die Fläche der Rechtecke berechnet sich über $n \cdot (n-1)$. Da es sich um jeweils zwei flächengleiche Dreiecke handelt, lautet die Formel für die Dreieckszahlen – und damit für f_2:

$$f_2(n) = \frac{1}{2} \cdot A_{\text{Rechteck}} = \frac{1}{2} n(n-1) = \frac{1}{2} n^2 - \frac{1}{2} n$$

3.4 Die Ableitung des Biomialkoeffizienten

Damit ist der Binomialkoeffizient in seiner Interpretation als Polynom für die Ableitung zugänglich geworden. Mit Hilfe der Regel von l'Hospital lässt sich nun (hier am Beispiel für $k \in \{1, 2, 3\}$) wieder zeigen, dass $\lim_{n \to \infty} f_k(n) = 0$:

$$\lim_{n \to \infty} f_1(n)$$
$$= \lim_{n \to \infty} n \cdot \left(1 - \frac{1}{10} p(6)\right)^n = \lim_{n \to \infty} \frac{n}{\left(\frac{10}{10 - p(6)}\right)^n}$$
$$= \lim_{n \to \infty} \frac{1}{\left(\ln\left(\frac{10}{10 - p(6)}\right)\right)\left(\frac{10}{10 - p(6)}\right)^n} = 0$$

$$\lim_{n \to \infty} f_2(n)$$
$$= \lim_{n \to \infty} \left(\frac{1}{2} n^2 - \frac{1}{2} n\right) \cdot \left(1 - \frac{1}{10} p(6)\right)^n$$
$$= \lim_{n \to \infty} \frac{\frac{1}{2} n^2 - \frac{1}{2} n}{\left(\frac{10}{10 - p(6)}\right)^n}$$
$$= \lim_{n \to \infty} \frac{n - \frac{1}{2}}{\left(\ln\left(\frac{10}{10 - p(6)}\right)\right)\left(\frac{10}{10 - p(6)}\right)^n}$$
$$= \lim_{n \to \infty} \frac{1}{\left(\ln\left(\frac{10}{10 - p(6)}\right)\right)^2 \left(\frac{10}{10 - p(6)}\right)^n} = 0$$

$$\lim_{n \to \infty} f_3(n)$$
$$= \lim_{n \to \infty} \left(\frac{1}{6} n^3 - \frac{1}{2} n^2 + \frac{1}{3} n\right) \cdot \left(1 - \frac{1}{10} p(6)\right)^n$$
$$= \lim_{n \to \infty} \frac{\frac{1}{6} n^3 - \frac{1}{2} n^2 + \frac{1}{3} n}{\left(\frac{10}{10 - p(6)}\right)^n}$$
$$= \lim_{n \to \infty} \frac{\frac{1}{2} n^2 - n + \frac{1}{3}}{\left(\ln\left(\frac{10}{10 - p(6)}\right)\right)\left(\frac{10}{10 - p(6)}\right)^n}$$
$$= \lim_{n \to \infty} \frac{n - 1}{\left(\ln\left(\frac{10}{10 - p(6)}\right)\right)^2 \left(\frac{10}{10 - p(6)}\right)^n}$$
$$= \lim_{n \to \infty} \frac{1}{\left(\ln\left(\frac{10}{10 - p(6)}\right)\right)^3 \left(\frac{10}{10 - p(6)}\right)^n} = 0$$

Damit bestätigt sich die Vermutung, dass diese Wahrscheinlichkeiten für sehr große Teilnehmerzahlen gegen null gehen müssen.

3.5 Eigenschaften der e-Funktion

Betrachtet man die obigen Rechnungen, so fällt auf, dass sich mit jedem „l'Hospital"-Schritt der Grad des Zählers um eins erniedrigt, wohingegen die Exponentialfunktion des Nenners stets erhalten bleibt. Dieser „Reproduktions"-Eigenschaft der Exponentialfunktion, d. h. $(e^x)' = e^x$, ist es schließlich zu verdanken, dass die Exponentialfunktion schneller wächst als jedes Polynom. Für den mathematischen Beweis genügt es, sich auf einzelne Potenzen (als Summanden von Polynomen) zurückzuziehen. Ein Potenzgesetz, ein Grenzwert und die Regel von l'Hospital liefern dann die Antwort:

$$\lim_{x\to\infty}\frac{x^n}{e^x} = \lim_{x\to\infty}\left(\frac{x}{e^{\frac{x}{n}}}\right)^n = \left(\lim_{x\to\infty}\frac{x}{e^{\frac{x}{n}}}\right)^n$$

$$= \left(\lim_{x\to\infty}\frac{1}{\frac{1}{n}e^{\frac{x}{n}}}\right)^n = 0$$

Dies bedeutet dann auch $\lim_{n\to\infty} P(n,k,r) = 0$ für alle k.

Zur vergleichenden Illustration des Monotonieverhaltens zeichnen wir für $n \leq 10$ und die Fälle $k \in \{1,2,3\}$ den Graph der Funktion, der die folgende Wahrscheinlichkeit beschreibt: „*Es gibt mindestens* k *Mitspieler, die eine Zahl richtig getippt haben*":

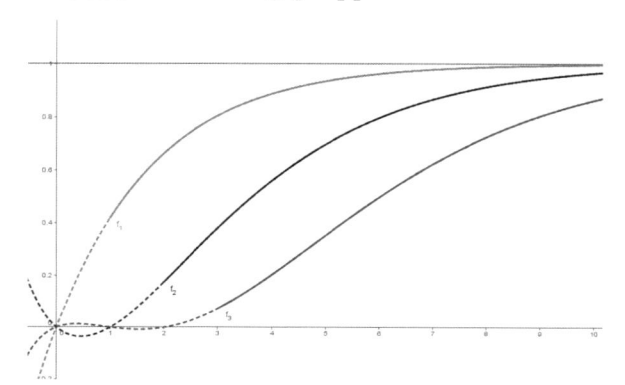

Abbildung 3 Graph von P („*Es gibt mind.* k *Mitspieler, die eine Zahl richtig getippt haben*") für $k = 1,2,3$.

Damit das Ereignis überhaupt eintreten kann, ergibt es natürlich nur Sinn, den Graph erst ab $n = k$ zu interpretieren. Es fällt auf, dass die Graphen ab $k = 2$ wohl einen Wendepunkt besitzen, d. h., für kleine Teilnehmerzahlen ist die Wahrscheinlichkeit zunächst natürlich auch klein, steigt aber stark mit jedem zusätzlichen Teilnehmer an, um dann (ab einer gewissen Teilnehmerzahl [= x-Wert des Wendepunktes]) abzuflachen und langsam gegen 1 zu gehen.

4 Ausblick

Das Lotto-Spiel beinhaltet abgesehen von der dargestellten Thematik noch mehr an potenziellen Inhalten, die sich für den Unterricht erschließen lassen. Während wir uns ausschließlich mit der Berechnung von Gewinnwahrscheinlichkeiten beschäftigt haben, bleibt die Frage offen, wie sich die tatsächliche Gewinnsumme nun tatsächlich (in Abhängigkeit von der Anzahl der Teilnehmer und Gewinner) verteilt. Dies führt dann in das stochastische Teilgebiet der Erwartungswerte, wo sich ähnliche, aber auch ganz neue Fragestellungen auftun und mit Mitteln der Analysis, d. h. insbesondere der Kurvendiskussion, behandelt werden können.

Ein weiterer Teilbereich der Stochastik, nämlich die – anschauliche, aber in den schulischen Lehrplänen oft stark vernachlässigte – deskriptive Statistik, erschließt sich durch die Untersuchung von tatsächlich abgegebenen Tippreihen. So lassen sich Zahlen identifizieren, die aufgrund ihrer höheren Tipphäufigkeit (Kombinationen, die das Datum von Geburtstagen, Primzahlen usw. symbolisieren) einen geringeren Gewinn erwarten lassen und umgekehrt (siehe z. B. Bosch 2000, Basieux 1995, S. 236 f., oder den Hinweis in Krengel 1991, S. 12).

Beide Aspekte (und viele andere mehr) gehen über den Rahmen der vorgestellten Unterrichtseinheit hinaus, zeigen aber, dass sich am Phänomen Lotto – ganz im Sinne von u. a. Brinkmann (2008) – vielfältige innermathematische Vernetzungen beobachten und thematisieren lassen.

Literatur

Baptist P. (2000). Bausteine für Veränderungen in der Unterrichtskultur. In P. Baptist (Hrsg.), *Mathematikunterricht im Wandel* (7 – 30). Bamberg: C. C. Buchners Verlag.

Barth F. et. al. (2001). *Stochastik* (7. verb. Auflage). München: Oldenbourg Schulbuchverlag.

Basieux, P. (1995). *Die Welt als Roulette – Denken in Erwartungen*. Reinbek bei Hamburg: Rowohlt Taschenbuch Verlag.

Bosch, K. (2000). *Glücksspiele: Chancen und Risiken*. München; Wien: Oldenbourg.

Brandl, M. (2009a). *Vom Lotto zum Pascalschen Dreieck – eine etwas andere Kurvendiskussion*. Verfügbar unter http://www.lehrer-online.de/dyn/bin/784996-785029-1-lotto_ab.pdf. [16.07.2010]

Brandl, M. (2009b). *Die Regel von l'Hospital*. Verfügbar unter http://www.lehrer-online.de/dyn/bin/784996-785029-2-lotto_regel_l_hospital.pdf. [16.07.2010]

Brinkmann, A. (2008). *Über Vernetzungen im Mathematikunterricht*. Saarbrücken: VDM Verlag.

Feuerpfeil, J. & Heigl, F. (1999). *Wahrscheinlichkeitsrechnung und Statistik N Grundkurs*. München: bsv, S. 107.

Handelsblatt (2007). Rekord-Jackpot lockt Tipp-Neulinge. Verfügbar unter http://www.handelsblatt.com/magazin/nachrichten/rekord-jackpot-lockt-tipp-neulinge;1360323. [16.07.2010]

Handelsblatt (2009). Alle warten auf den Jackpot-Knacker. Verfügbar unter http://www.handelsblatt.com/journal/nachrichten/alle-warten-auf-den-jackpot-knacker;2138617. [16.07.2010]

Krengel, U. (1991). *Einführung in die Wahrscheinlichkeitstheorie und Statistik* (3. erw. Auflage). Braunschweig: Vieweg.

Übersicht

Zeit	Inhalt	Methodische Vorschläge	Benötigtes Material
1. Stunde	*Lotto-Jackpot* Arbeitsblatt, Teil 1, Fragen 1.1 bis 1.7	Einstieg über Pressemitteilungen zu Lottofieber o. ä. (siehe Material).	Arbeitsblatt Brandl (2009a), Teil 1 Meldungen des Handelsblatts (Handelsblatt 2007, 2009)
2. Stunde	*Regel von l'Hospital* Arbeitsblatt, Teil 1, Fragen 1.8 bis 1.10	Einstieg über Frage 1.8 motiviert die Regel von l'Hospital.	Arbeitsblatt Brandl (2009a), Teil 1 Zusatzblatt „Die Regel von l'Hospital" (Brandl 2009b)
3. Stunde	*Wendepunkt* Arbeitsblatt, Teil 1, Fragen 1.11 bis 1.13	Evtl. Partnerarbeit; Schwerpunkt auf der Interpretation der Ergebnisse im Plenum.	Arbeitsblatt Brandl (2009a), Teil 1
4. Stunde	*Binomialkoeffizient* Arbeitsblatt, Teil 2, Fragen 2.1 bis 2.5	Ein Exkurs zu den Potenzfunktionen kann hier das Verständnis des Binomialkoeffizienten fördern.	Arbeitsblatt Brandl (2009a), Teil 2 evtl. Exkursmaterial zu Potenzfunktionen
5. Stunde	*Pascal'sches Dreieck* Arbeitsblatt, Teil 2, Fragen 2.6 bis 2.9	Frage 2.9 evtl. als Hausaufgabe (Recherche im Internet zu Dreieckszahlen), ansonsten selbst vorrecherchieren.	Arbeitsblatt Brandl (2009a), Teil 2 Internet zur Recherche (evtl. als Hausaufgabe), alternativ entsprechendes Material
6. Stunde	*Allgemeine Antwort* Arbeitsblatt, Teil 2, Fragen 2.10 bis 2.12	Aufgabe 2.11 evtl. mit zusätzlichen Beispielen versehen.	Arbeitsblatt Brandl (2009a), Teil 2 evtl. Zusatzbeispiele zu Aufgabe 2.11

Planungstabelle 1

Anmerkungen

[1] Zum geschlossenen Bereich von Lehrer-Online (Lösungsvorschläge usw.) haben Schüler/innen keinen Zugang.

[2] Die Grenzwertsätze gelten natürlich nur, wenn die Grenzwerte der einzelnen Summanden existieren. Im Verlauf des weiteren Vorgehens wird ersichtlich, dass dies hier der Fall ist. Auf eine Diskussion wird an dieser Stelle verzichtet.

„Hunger in Afrika" –
Wir vernetzen Mathematik, Geografie und Wirtschaftskunde mit Systemdynamik

Jürgen Maaß, Linz
Hans-Stefan Siller, Salzburg

Wir beschreiben ein (größeres) Unterrichtsprojekt rund um eine Wirtschaftssimulation namens „Hunger in Afrika", das in mehrfacher Hinsicht zum vernetzenden Unterricht zählt. Einerseits werden verschiedene Unterrichtsfächer miteinander in Verbindung gebracht, zunächst, um das Computerspiel zu verstehen, später, um zu gewinnen. Aus der intensiven Beschäftigung mit dem Spiel erwächst die Motivation, sich mit dem schnell verdrängten Thema „Hunger" intensiv auseinanderzusetzen. Wer das Spiel mit dem Vorurteil startet, dass Menschen in Afrika verhungern, weil sie faul und dumm sind, wird durch das Spiel schnell lernen, wie schwer es mit guter Sachkenntnis ist, wenigstens das Überleben der Familie zu sichern, die in dieser Simulation von Jahr zu Jahr geleitet wird. Gibt man nach den ersten durchaus frustrierenden Fehlversuchen nicht einfach auf, kann man sehr viel über das Leben in Afrika lernen – auch, um erfolgreicher spielen zu können. Über das Spielinteresse hinaus wächst jedoch das Interesse, diesen Teil der Welt besser zu verstehen. Wer das Spiel sicher und nicht nur einmal zufällig „gewinnen" will (also eine gute Spielstrategie entwickelt), entdeckt – vielleicht – zum eigenen Erstaunen, wie nützlich Mathematik sein kann. Methoden zur systemdynamischen Steuerung als weiterer Aspekt vernetzenden Denkens kommen zum Tragen und Methoden aus verschiedenen Teilgebieten des Mathematikunterrichts werden vernetzt, um die Black Box „Hunger in Afrika" als Computersimulation zu analysieren.

1 Das Spiel als Ausgangspunkt

An der Universität Erlangen-Nürnberg wurde vor mehr als 20 Jahren am Lehrstuhl für Didaktik der Geographie (Prof. Dr. H. Schrettenbrunner) eine Wirtschaftssimulation (Computerspiel für PC/DOS) mit dem Titel *Hunger in Afrika* entwickelt. Eine kleine Familie wird im Spiel von einem Spieler oder einer Spielerin gesteuert. Jedes Jahr (im Spiel entspricht das einer Spielrunde) kann entschieden werden, was mit den knappen Ressourcen an Land, Arbeitskraft und Werkzeugen sowie Aktionspunkten getan werden soll, etwa Hirse oder Gemüse anbauen, ein Wasserloch graben oder eine Terrasse anlegen. Zudem ist zu überlegen, ob Vieh gekauft oder verkauft wird und – wichtig für die langfristige Strategie – ein Kind zur Schule geschickt werden soll. Das kostet Arbeitskraft und Punkte, bringt aber langfristig Fortschritt und Gewinn.

Diese Simulation ist an verschiedenen Stellen im Internet zu finden (vgl. Haller, o. J.) Das Spiel wird vom Autor der Website in einem grob skizzierten methodisch-didaktischen Rahmen präsentiert, der nach Haller (o. J.) aus folgenden vier Schritten besteht:

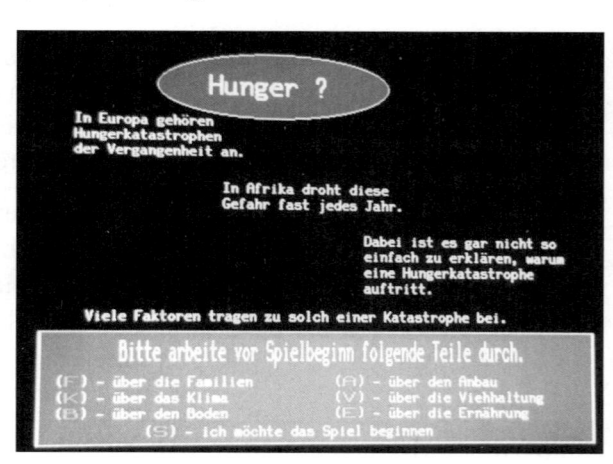

Abbildung 1 Screenshot des Spiels

– *„Starte das Programm ‚Hunger in Afrika'.*

– *Arbeite die 6 Informationsmaterialien durch.*
Schreibe dir (in ein Mind-Map?) alle Hinweise zu den Themen Ernährung, Viehhaltung, Anbau, Familien, Klima und Boden heraus.

– *Spiele das Spiel.*
  Wähle den Schwierigkeitsgrad ‚7 Kühe'.
  Wenn du in diesem Schwierigkeitsgrad mindestens 7 Jahre ‚überlebt' hast, kannst du dich an größere Schwierigkeitsgrade wagen.
– *Hausaufgabe: Die optimale Strategie.*
  Beschreibe, wie ‚man' sich verhalten sollte, um möglichst lange zu überleben, gib auch jeweils den Grund für deine Entscheidung an.
  Ein (falsches) Beispiel: ‚Ich rode alle Wälder, damit ich mehr Land zum Gemüseanbau habe'."

Wir setzen am vierten Punkt an. Fragen, die für uns von besonderem Interesse sind, lauten: Wie findet man eine „optimale Strategie"? Welchen Beitrag kann Mathematik dazu leisten? Wie kann und soll dieses Spiel in einem vernetzten oder fächerübergreifenden Mathematikunterricht stattfinden?

Dazu stellen wir zunächst folgende Vorüberlegung(en) zur Methode an.

2 Entdeckendes Lernen im Mathematikunterricht

Diese Methode ist im üblichen Mathematikunterricht eher selten zu finden. Um ihre Bedeutung in einem modernen Mathematikunterricht hervorzuheben, wird sie durch die Analyse von Black Boxes unterstützt und angereichert. Denn wer im Mathematikunterricht lehrt, selbstständig eine *„Black Box"* (vgl. Maaß & Schlöglmann, 1990) zu analysieren, schafft einen Ausgleich für die vielen Stunden, in denen nur geübt wird, wie ein Algorithmus richtig funktioniert. Für diesen Vorschlag soll entdeckendes Lernen den methodisch-didaktischen Weg zu einer brauchbaren Gewinnstrategie, auf dem vieles modelliert werden muss (vgl. Siller, 2008), wie es auch Lehrpläne und Anforderungen aus Standards für den Mathematikunterricht vorsehen, aufzeigen. Ein solch konzipierter Mathematikunterricht ist als Ergänzung zum üblichen Mathematikunterricht sinnvoll und notwendig – v. a., wenn man Freiräume interessant gestalten möchte.

Wir stellen diesen Unterricht bewusst nicht nur an Hand von Ergebnissen, sondern als Unterrichtsgang mit Hinweisen zur methodischen Umsetzung vor, insbesondere, weil ein solcher Unterricht ungewohnt ist. Wichtige allgemeine Lehrziele können u. E. nur mit Methoden erreicht werden, bei denen die Schüler/innen möglichst selbstständig arbeiten dürfen bzw. müssen.

3 Die Analyse von Strategiespielen

Strategiespiele wurden schon oft, auch mathematisch, analysiert und stellten den Ausgangspunkt für sehr gehaltvolle mathematische Theorien dar. Schachprogramme am Computer sind ein Beispiel dafür: Nicht „Der Computer" oder das bekannte Schach-Programm „Fritz" (derzeit ist Version 13 verfügbar) können heute einen Schachweltmeister besiegen, sondern die dahinter verborgene Mathematik, auf der Computer und Programme beruhen.

Wir haben die folgende Unterrichtseinheit bewusst so angelegt, dass sie bereits in der Unterstufe durchgeführt werden könnte. Dazu zeigen wir, wie Schüler/innen der Unterstufe selbstständig so viel über das Spiel herausfinden können, dass sie gute Chance zum Gewinnen haben, vorausgesetzt, das „Glück" (d. h. der Zufallsgenerator im Spiel) lässt sie nicht entgegen aller Wahrscheinlichkeit dauerhaft im Stich.

Übrigens sollen Schüler/innen im Zuge dieses Unterrichts selbst entscheiden, wann sie genug analysiert haben, um eine siegversprechende Strategie zu entwickeln. Um trotz aller Offenheit der Unterrichtssituation „ordnende Elemente" im Unterrichtsgang zu erkennen, orientieren wir ihn am Leitfaden zum Projektunterricht (vgl. BMUKK, 2001).

3.1 Die 1. Phase – der Unterrichtsstart

Zunächst soll die Motivation auf- und ausgebaut werden, indem Schüler/innen das Spiel erproben. Je nach Schulsituation kann dabei je eine Gruppe von zwei bis drei Schüler/innen vor einem PC die ersten Erfahrungen mit dieser Simulation machen. Nach einer ersten Einarbeitungsphase, in der Schüler/innen sich mit dem Spiel vertraut machen und ganz unsystematisch Erfahrungen mit verschiedenen Aktionen im Spiel sammeln, wird in der Klasse plenar über das Spiel diskutiert. Wichtig dabei ist, dass Schüler/innen bereits im Vorfeld wissen, dass anschließend an ihre Durchführung des Spiels, die Ergebnisse der Versuche diskutiert werden. Voraussetzung dafür ist, dass sie sich merken (i. d. R. durch eine ausführliche Dokumentation), was sie versucht haben und was dabei passiert ist.

In der Klasse werden Fragen gesammelt bzw. gemeinsam erarbeitet (z. B. in einem Fragenspeicher), die zu klären im Hinblick auf eine mögliche Gewinnstrategie sinnvoll erscheinen. Im Laufe der Unterrichtseinheit wird versucht, die Fragen zu beantworten und aufgrund der ersten Antworten neue, bessere oder zielführendere Fragen zu formulieren und zu beantworten. Zwischendurch wird immer wieder in der Simulation getestet, wie gut eine Hypothese oder eine Antwort ist. Das letztlich wichtige Kriterium für die Güte einer Antwort ist der (vorzeigbare) Erfolg im Spiel.

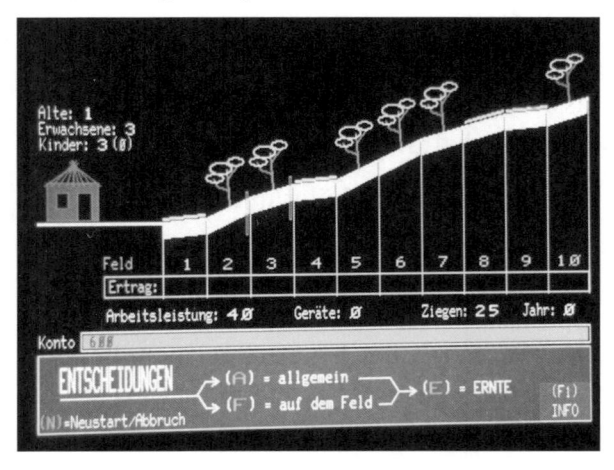

Abbildung 2 Entscheidungen im Spiel

Auch wir haben gespielt und nach einigen Spielen folgende Fragen gesammelt:

– Wie gewinne ich?

– Was soll ich am besten mit den zehn Land-Flächen tun?

– Wie viel Ertrag bringen die möglichen Nutzungen durch Wald, Weide, Hirse und Gemüse?

– Lohnt sich die Investition in Wasserlöcher oder Terrassen?

– Lohnt sich die Viehhaltung?

– Soll ich ein Kind zur Schule schicken? Was kostet und bringt es?

– Wie kann ich mich gegen ungünstige Zufälle (schlechtes Wetter etc.) schützen?

– Soll ich jedes Jahr alles investieren oder etwas für das nächste Jahr sparen?

– Wie verliere ich sicher (= was sollte ich besser nicht tun)?

Die Sammlung ist keinesfalls vollständig; sie enthält sogar bewusst Fragen, die nicht wirklich weiterhelfen (wie die erste), aber auch solche, die erst noch in Einzelfragen aufgeteilt oder umformuliert werden müssen, bis sie gut beantwortet werden können.

3.2 Die zweite Phase – eine arbeitsteilige Fragenbeantwortung organisieren

Die Schüler/innen selbst wählen sich eine der Fragestellungen für ihre Arbeitsgruppe und überlegen dann, wie sie die Frage beantworten können. Falls das gar zu ungewohnt erscheint, kann als Vorbereitung eine Fragestellung gemeinsam bearbeitet werden. Nehmen wir als Beispiel die zentrale Frage nach der Ernährung: „Wie sichere ich die Ernährung?"

Zur Beantwortung betrachten wir, wie im Spiel die Ernährung einer Familie funktioniert: In jeder Runde werden Ressourcen investiert, um Felder zu bewirtschaften. Am Ende der Runde berichtet die Simulation, was im Spieljahr passiert ist. Der erste Schritt zur Klärung sollte also eine genaue Dokumentation des vorgestellten Ablaufs sein: Welchen Ertrag bringt welches Feld?

Wie wird dieser Ertrag durch den Zufall in der Simulation beeinflusst?

Die Simulation beantwortet aber diese Fragen nicht direkt; sie weist nicht den Ertrag pro Feld aus, sondern den Gesamtertrag. Wie kann eine Beantwortung der Fragen trotzdem (erfolgreich) gelingen?

Dazu übertragen wir eine Idee der Physik in die dargestellte Situation, indem wir die Komplexität möglichst weit reduzieren, d. h., die Versuchsbedingungen möglichst weit vereinfachen. Nun bauen wir auf nur einem Feld je eine Frucht an und notieren das erwirtschaftete Resultat. Es wird durch weitere Faktoren beeinflusst; daher braucht man einige Runden, um die jeweilige Konstante zu erkennen.

3.3 Die dritte Phase – Diskussion und Reflexion der ersten Zwischenergebnisse und die Organisation einer neuen Fragenbeantwortung

An dieser Stelle findet man übrigens eine der vielen Weichenstellung für den Unterricht: Nach wie vielen Testrunden sind wir sicher, dass die gefundenen Werte stimmen? Was können wir tun, um die gefundenen Resultate zu überprüfen?

Einen Vorschlag möchten wir vorstellen: Wenn wir nicht nur ein Feld, sondern zwei, drei oder vier (je nach vorhandenen und investierbaren Ressourcen) Felder mit derselben Frucht bzw. in derselben Art bebauen, stellt sich die Frage, ob man erwarten kann, dass sich der Ertrag verdoppelt, verdreifacht, vervierfacht bzw. vervielfacht?

Eine Entscheidung soll in der Klasse getroffen werden, am besten so, dass die Gruppe, die auf diese Frage gestoßen ist, sie in der nächsten Reflexionsphase an alle stellt und diskutiert; es wird entschieden, ob in der nächsten Gruppenarbeitsphase dafür Zeit ein- bzw. verplant wird. Falls keine Einigung hergestellt werden kann, ergeben sich doch zumindest zwei oder drei verschiedene Auffassungen, die dann zu Hypothesen für Arbeitsgruppen werden können. Dabei kann eigens entschieden werden, ob jede Gruppe ihre eigene Hypothese oder die der anderen Gruppe überprüft – oder beides. Auf jeden Fall sollte in der nächsten Plenumsphase auf Basis von Testdaten diskutiert und entschieden werden, welche Hypothese stimmt. Gelingt das nicht (möglicherweise haben beide Gruppen nur einen Teil richtig vermutet), sollte als Mindestziel formuliert werden, dass zumindest eine verbesserte Hypothese zum Testen formuliert wird.

In der Reflexion eines solchen Prozesses zeigt sich oft, dass es wesentlich einfacher ist, Hypothesen zu widerlegen, als sie zu beweisen. Wenn die beobachteten Zahlen auf dem Bildschirm immer wieder nicht mit der formulierten Erwartung übereinstimmen, liegt der Verdacht nahe, dass die Erwartung falsch war. Wenn sie hingegen übereinstimmen, stellt sich immer die Frage, ob es nicht nur zufällig so ist. Eine typische Frage an dieser Stelle ist: Wie viele Runden lang muss es passen, damit wir davon ausgehen können, dass es stimmt?

Eine solche Unsicherheit tritt immer auf, wenn mindestens ein Zufallsgenerator im Spiel ist. Deshalb muss beobachtet und überlegt werden, welche Zahlen und/oder Parameter vom Zufallsgenerator beeinflusst werden bzw. welche eben nicht. Letztere sind meistens nicht direkt zu beobachten, aber fix oder möglicherweise das Resultat einer Simulations-Berechnung entsprechend einer Formel.

3.3.1 Beispiele für Untersuchungen

Wie viele Einheiten Nahrung werden pro Runde gebraucht?

Diese Zahlen hängen nicht vom Zufall ab: Pro Kind sind es stets 20 Einheiten, für die „Alten" je 30 Einheiten und für die Erwachsenen je 40 Einheiten.

Die Frage, die sich stellt, ist: Was kostet und was bringt es in dieser Simulation, ein Kind in die Schule zu schicken?

Das Schulgeld beträgt 100 Einheiten. Wenn erst die Felder bestellt werden und ein Kind erst anschließend, also zum Schluss der Spielrunde, zur Schule geschickt wird, zählt seine Arbeitskraft in dieser Runde noch mit. Das Kind muss in der Schule ernährt werden, nach der Schule trägt das Kind im Spiel bzw. der Simulation zum Haushalt bei.

Wie oft treten Zufallsereignisse auf und welche Folgen haben sie?

Der Zufallsgenerator produziert einige Streuungen und etwa folgende Werte:

- Normalwetter $-\frac{1}{3}$

- Starkregen $-\frac{1}{3}$

- Dürre $-\frac{1}{4}$

- Dürre und Starkregen $-\frac{1}{12}$
  (wirkt wie Dürre)

Wir listen hier bewusst nicht alle Ergebnisse auf, die wir herausgefunden haben, damit viel Raum für eigene Fragestellungen und Ergebnisse bleibt. Wir geben allerdings eine Strategieempfehlung wieder, die der Linzer Student Mayr (1996) im Rahmen einer Seminarausarbeitung zur Lehrveranstaltung „*Computereinsatz im Mathematikunterricht*", bei J. Maaß erstellt hat. H. Mayr hat dieses Spiel mathematisch analysiert und ein Resultat für eine günstige Strategie gefunden. Auf Basis dieses Ergebnisses führen wir ein „verfeinertes" Resultat an.

3.3.2 Das Resultat einer günstigen Strategie

Zunächst einige Grundregeln, die aus der systematischen Beobachtung und gezielten Experimenten resultieren:

- Anbau
  Wenn möglich, sollte man auf zwei Feldern mit Wasserloch und Terrassierung Gemüse anbauen. Der Grund für diese Wahl ist darin zu finden, dass ohne Wasserloch Dürre droht, ohne Terrassierung bei Starkregen eine Bodenerosion zu befürchten ist.

- Zwei Terrassen anlegen
  In einer Runde jeweils erst eine Terrasse errichten und dann das Feld bepflanzen, sonst geht die Bepflanzung verloren, wie ein Versuch schnell zeigt.

- Rinder
  Die Anzahl sollte im Intervall von fünf bis neun liegen. Ab fünf Rindern kann mit Nachwuchs gerechnet werden; bei mehr als neun besteht die Gefahr, dass sie verdursten, wenn nicht mehr als ein Wasserloch für sie vorhanden ist. Es muss immer ein freies Wasserloch für die Rinder bereit gestellt werden.

- Werkzeuge (maximal 199 kaufen)
  Sie steigern die Arbeitsleistung; ca. 50 sind als Reserve in jeder Runde sinnvoll.

- Kinder und Alte: Diese beiden Einflussfaktoren bringen pro Runde je fünf Einheiten Arbeitskraft, Erwachsene zehn. Zehn Werkzeuge ersetzen eine Arbeitskraft. Arbeitskräfte werden daher in „Portionen" von je zehn verwendet – dies ist der Grund, warum im Bedarfsfall 50 Werkzeuge als sinnvoll zu erachten sind, um z. B. die Leistung eines Kindes zu einer 10er Einheit zu ergänzen, die andernfalls nicht genutzt werden könnte.

- Kinder
  Sie sollten ab der Anzahl vier insgesamt in die Schule geschickt werden. Dabei sollen sich gleich viele in der Schule wie zuhause befinden. Kinder in die Schule zu schicken, soll immer am Schluss der Spielrunde erfolgen – um die Arbeitskraft zu erhalten.

Selbstverständlich ist es möglich, weitere Regeln zu beachten. Beachtet man jedoch diese Grundregeln, kann das Spiel erfolgreicher umgesetzt werden. Dazu ist es jedoch notwendig, einige Tipps für einen erfolgreichen Spielstart zu befolgen:

- 1. Runde: 100 Werkzeuge kaufen, ein Wasserloch auf Feld 1 errichten, Gemüse auf den Feldern 4 und 8.

- 2. Runde: Feld 4 Wasserloch und Gemüse, wenn möglich Feld 8 Gemüse. Wenn nötig, Rinder verkaufen.
- 3. Runde: Feld 4 Gemüse, Feld 8 Wasserloch. Wenn nötig, Rinder verkaufen.
- 4. Runde bis n-te Runde: wenn möglich, Terrassen auf Feld 4 und 8 errichten. Wenn hinreichend viele Kinder (4 oder mehr) vorhanden sind, maximal die Hälfte am Ende der Runde in die Schule schicken.

Außerdem sollte erreicht werden, dass immer ein freies Wasserloch auf Feld 1 (notfalls reparieren) vorhanden ist. Falls auf Feld 4 oder Feld 8 ein Wasserloch austrocknet, sollte zuerst immer Gemüse angebaut, danach das Wasserloch errichtet werden, falls die nötigen Ressourcen vorhanden sind. Außerdem sollte auf Feld 1 und Feld 9 Wald angebaut werden.

3.4 Die vierte Phase – eine Gesamtstrategie formulieren und testen

Wenn Schüler/innen selbst eine Strategie erarbeitet haben, sollten sie sie erproben. Besser für einen abwechslungsreichen Unterricht ist es, wenn verschiedene (Gruppen von) Schüler/innen unterschiedliche Ideen und Vorschläge für eine erfolgreiche Strategie haben. Diese Ideen und Vorschläge können in Konkurrenz zueinander getestet und aufgrund der Resultate erörtert sowie zu einer Gesamtstrategie zusammengefasst werden. Sie sollte ihrerseits wieder erprobt werden! Phase 4 ist nach Entscheidung der Schüler/innen dann beendet, wenn sie in der Simulation erfolgreich bzw. gut abschneiden. Was für sie „gut" oder „genügend gut" ist, sollen sie sich selbst überlegen!

Zumindest sollten ihre Familien in der Simulation viele Runden überleben!

3.5 Die fünfte Phase – der Rückblick auf die mathematische Vorgangsweise

Ist eine aus Sicht der Schüler/innen hinreichende Strategie gefunden, soll gemeinsam der Weg dorthin reflektiert werden. Von ersten Erkundungen des Spiels ausgehend, über systematische Beobachtungen von simulierten Ereignissen im Spiel und gezielten Experimente zur Analyse der Black Box „Programm zur Simulation von Hunger in Afrika" reichte der vorgestellte Unterrichtsvorschlag bis zur Formulierung von immer treffsichereren Hypothesen für Resultate von Handlungen im Spiel und erfolgreiche Gesamtstrategien.

3.6 Die sechste Phase – der Bezug der Simulation zur „realen" Situation in Afrika

Nachdem Schüler/innen sich so intensiv mit der Simulation auseinander gesetzt haben, stellt sich die Frage, wie gut die Realität wiedergegeben wird. Eine fächerverbindende/fächerübergreifende Kooperation mit dem Geografie-Unterricht erscheint als sehr sinnvoll. Eine mögliche Form könnte darin bestehen, im Mathematikunterricht gemeinsam Fragen zu formulieren, die sich aus der Beschäftigung mit der Simulation ergeben. Die Schüler/innen erarbeiten im Geografie-Unterricht dann Antworten auf diese Fragen. Daran kann sich eine weitere Phase des Projektes anschließen.

3.7 Die siebte Phase – eine Neugestaltung der Simulation

Das Spiel entspricht im Hinblick auf Grafik, Bedienung und Spielfluss vermutlich nicht den Erwartungen der Schüler/innen an ein Computerspiel, die aufgrund ihrer Erfahrungen mit aktuellen kommerziellen Spielen entstanden sind. Aus diesem Grund als auch aus einer Kritik an der Realitätsnähe, die nach der Thematisierung im Geografie-Unterricht entstehen kann, ergibt sich vielleicht die Motivation, das Spiel selbst „besser" zu gestalten. Damit ist eine Brücke zum Informatikunterricht geschlagen – und vermutlich zu viel mehr Arbeit, als die Schüler/innen vorher geahnt haben. Aber auch, wenn das tatsächliche Programmieren und grafische Gestalten der verschiedenen Szenarien im

Spiel nicht durchgeführt wird, kann sehr produktiv über ein mögliches „besseres" Spieldesign gesprochen werden.

Was aber gehört zum Spieldesign? Selbstverständlich das Design, die grafische Gestaltung der jeweiligen Bilder und Menüs, die auf dem Bildschirm zu sehen sind – also die Gestaltung der Oberfläche. Weiters stellt sich die Frage, welche Bilder wann und aus welchem Grund auf dem Bildschirm zu sehen sein sollen. Betrachten wir dazu den Starkregen im Spiel. Wie oft soll dieser vorkommen, v. a. was soll er bewirken? Am einfachsten ist es, das vorliegende Spiel zu beobachten und eine Strichliste zu führen. Bei 10 (oder 100) Zügen kommt dieses Ereignis x–mal vor. Die Tür zur Statistik wird „aufgestoßen". Wie viele Spielzüge muss man beobachten, um einigermaßen sicher sagen zu können, dass es in x Prozent der Züge Starkregen gibt. Das Ergebnis kann an die Geographen – zur Validierung – weitergegeben werden. Stimmt der Prozentsatz?

Das Spiel ist inzwischen einige Jahre alt – hat sich mittlerweile etwas verändert? Anders gefragt: Ist es sinnvoll, bewusst einen Parameter einzubauen, der den Schwierigkeitsgrad des Spiels beeinflusst? Ohne den Schaden, den solch ein Regen verursacht, spielt es sich leichter. Wenn der Parameter eingebaut werden soll, ergibt sich eine Programmieraufgabe: An welcher Stelle im Spiel soll der Parameter verändert werden (können)? Soll es Schwierigkeitsstufen geben, die man wählt, ohne dass der Spieler bzw. die Spielerin merkt, dass damit die Häufigkeit des Starkregens verändert wird? Eine Erläuterung zu Beginn – z. B. „Starkregen ist ... und bewirkt ... Nach den realen Wetterdaten für die Gegend, in der gespielt wird, tritt er in ca. 30 Prozent der Fälle auf. Er richtet folgenden Schaden an ... Dagegen kann man Folgendes tun ... Wähle den Prozentsatz, der für deine Simulation gilt!" – ist ebenfalls denkbar. Es gibt in der Simulation viele andere Parameter für die Wahrscheinlichkeit mit der ein Ereignis eintritt bzw. die Folgen eines solchen. Einige sind durch Wertetabellen, andere durch Funktionen festgelegt. Es öffnet sich ein weites Feld für Mathematikunterricht, um überhaupt zu verstehen, wie aus einer Wertetabelle oder einer Funktion ein Ereignis in der Simulation wird bzw. wie beim Spieldesign Werte in die Tabelle oder in eine Funktion (ein)gesetzt werden.

Dabei sind zwei Überlegungen gegeneinander abzuwägen: Realitätsnähe und Spielbarkeit. Jede Computersimulation und jedes Spiel wie z. B. „SimCity" oder „Die Siedler" oder „Sims" müssen solche Abwägungen durchführen. Diese erfolgreichen Spiele sind es deshalb, weil ein guter Kompromiss gefunden wurde.

Wenn Schüler/innen sich am Spieldesign oder gar an der Programmierung selbst versuchen, kann sehr viel fürs Leben gelernt werden – ganz im Sinne des bekannten Sprichworts „Non scholae, sed vitae discimus."

Literatur

BMUKK (2001). *Grundsatzerlass zum Projektunterricht – Wiederverlautbarung der aktualisierten Fassung.* Verfügbar unter http://www.bmukk.gv.at/ministerium/rs/2001_44.xml [07.07.2010]

Haller, J. (o. J.). *Hunger – (nicht nur) in Afrika.* Verfügbar unter http://www.juergenhaller.com/2004/unterr/ewg/hunger/hunger.html [07.07.2010]

Maaß, J.; Schlöglmann (1994). Black Boxes im Mathematikunterricht. *Journal für Mathematik-Didaktik, Jahrgang 15 (1994), Heft 1/2,* S. 123–147.

Mayr, M. (1996). *Analyse des Spiels „Hunger in Afrika".* Seminararbeit zur LV „Computereinsatz im Mathematikunterricht", JKU Linz, Linz.

Siller, H.-St. (2008): *Modellbilden – eine zentrale Leitidee der Mathematik.* Aachen: Shaker.

Vernetztes Denken, Stock-Flow-Diagramme und die Modellierung von Zeit

von Günther Ossimitz, Universität Klagenfurt

Unter den vier Dimensionen systemischen Denkens (vernetztes Denken, Denken in Zeitabläufen, Denken in Modellen, systemgerechtes Handeln) ist der Aspekt des Verstehens von Zeitabläufen bzw. der Modellierung von Zeit von besonderer Bedeutung. In diesem Paper wird gezeigt, dass eine Unterscheidung von Bestands- und Flussgrößen (stocks und flows) sowie entsprechende Darstellungsmittel (Stock-Flow-Diagramme) sehr hilfreich sind, um zeitliche Prozesse richtig zu beurteilen. Ausgangspunkt ist das Fallbeispiel „Spagetti-Produktion – Nimm zwei, zahl eins", das mit empirischen Untersuchungen zu „Bathtub-Dynamics" in Verbindung gebracht wird.

1 Prolog

Wie vernetztes Denken, systemische Darstellungsformen und Modellierung von Zeit miteinander zusammenhängen, soll folgende Geschichte eines Produzenten von Spagetti[1] illustrieren.

1.1 „Nimm zwei – zahl eins": eine Systemgeschichte

Zu Jahresbeginn kommt ein neuer Vorstandsvorsitzender (CEO), der gleich feststellt, dass im Fertigproduktlager mehr als eine Monatsproduktion (von ungefähr 200 Tonnen) Spagetti lagern. Der CEO fordert den Marketingchef auf: „Tun Sie was gegen den exzessiven Lagerstand, der uns nur Kosten beschert!" Der Marketingchef ist innerlich verärgert, weil er schon geraume Zeit mit dem Produktionschef über die Spagetti-Lagerstände im Clinch liegt. Der Produktionschef hat die Herstellung von ca. 200 Tonnen Spagetti pro Monat kostenmäßig optimiert und weigert sich beharrlich, kurzfristige Rückgänge im Absatz durch eine etwas geringere Produktion auszugleichen, weil ihm dies seine schöne Kostenoptimierung vermasseln würde. Daher werden fast jeden Monat etwas mehr Spagetti produziert als verkauft – und so hat sich im Laufe der Zeit ein beträchtliches Fertigproduktlager angesammelt.

Der Marketingchef nimmt die Anweisung des CEO zum Anlass für eine Kampagne „Nimm zwei, zahl eins", mit der für eine beschränkte Zeit die Nudelprodukte zum halben Preis verkauft werden, um so den Absatz anzukurbeln und das Fertigproduktlager zu räumen. Die Kampagne läuft an, wird ein voller Erfolg und die Kunden kaufen begeistert größere Mengen von Spagetti zum günstigen Preis. Ende März ist das Fertigproduktlager fast leer. Der CEO lobt den Marketingchef: „Gut gemacht!"

Etwa zur selben Zeit kommt der Produktionsdisponent zum Produktionsleiter: „Unsere Verkaufszahlen sind dramatisch gestiegen! Bis September werden wir den Absatz laut meinem Forecast von 200 auf 400 Tonnen fast verdoppelt haben! Außerdem ist unser Fertigproduktlager bereits fast leer! Wir müssen die Produktion steigern!"

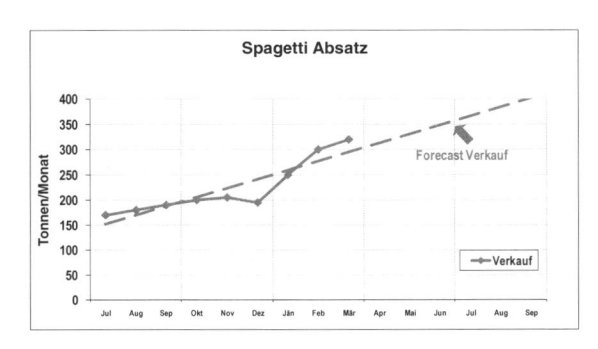

Abbildung 1 Forecast des Verkaufs durch den Disponenten mittels Trendgerade

Die Aussagen des Disponenten beruhen auf einer Extrapolation der Absatzzahlen der letzten neun Monate durch eine mit Excel errechnete „Trendgerade"[2] (siehe Abbildung 1).

Der Produktionschef sieht sich die Sache genauer an und stellt fest, dass bereits die aktuellen Daten ein immer größeres Auseinanderklaffen zwischen gleichbleibenden Produktionszahlen und den rasch wachsenden Absatzzahlen zeigen:

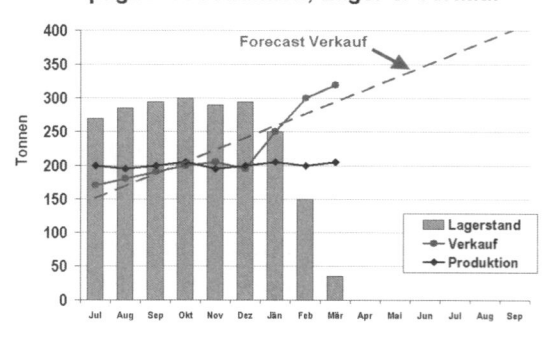

Abbildung 2 Produktion, Verkauf, Lagerstand

Der Produktionschef reagiert umgehend, indem er eine volle dritte Schicht einführt, zumal die Produktion in zwei Schichten ja schon optimal ausgelastet war und da keine Kapazitätssteigerungen mehr möglich sind. Dies bedeutet die Einstellung von zusätzlichem Personal, Ankauf neuer Rohstoffe etc. Nach einigen Wochen wird die Produktion in drei Schichten aufgenommen.

Wie haben die Konsumenten auf die Aktion „Nimm zwei, zahl eins" reagiert? Sie haben die zusätzlich gekauften Spagetti nicht gleich gegessen, sondern in ihren Speisekammern gelagert. Aus diesem Grund ist der Absatz an Spagetti nach der Aktion nicht weiter gestiegen, sondern im Gegenteil im Vergleich zum durchschnittlichen Verkauf sogar deutlich gesunken! Die Folge war, dass bei nunmehr gesteigerter Produktion der Absatz nicht weiter gestiegen ist (wie vom „Forecast" suggeriert wird), sondern eingebrochen ist.

Ende Juni ist der Lagerstand wegen der Produktionssteigerung um einiges höher als zu Beginn des Jahres. Der CEO nimmt dies zum Anlass, den Marketingchef zu feuern, weil der seiner Meinung im Anschluss an die „Nimm zwei, zahl eins"-Kampagne versagt hat. Die Produktionserhöhung sieht der CEO wegen des gestiegenen Absatzes hingegen als notwendig an. Ob mit dem Hinauswurf des Marketingchefs die Probleme des Spagettiproduzenten gelöst sind, sei dahingestellt – wir beenden die Geschichte an dieser Stelle.

1.2 Zwei Sichtweisen des Spagettilagers durch Stock-Flow-Diagramme

In obigem Fallbeispiel ist die Struktur des Spagettilagers von zentraler Bedeutung. Man kann sie gemäß der von Jay Forrester eingeführten System-Dynamics-Methode (Forrester 1961) durch Stock-Flow-Diagramme[3] (vgl. Ossimitz 1990, 2000; Ossimitz/Lapp 2006, Sterman 2000) sehr elegant darstellen. Stock-Flow-Diagramme beruhen auf einer Unterscheidung von Bestandsgrößen (Beständen, engl. stocks) und Flussgrößen (Flüsse, engl. flows)[4]. Bestandsgrößen werden in Stock-Flow-Diagrammen durch Rechtecke dargestellt; Zuflüsse zu den Beständen durch Pfeile zum Bestand hin, Abflüsse vom Bestand durch Pfeile vom Bestand weg.

Abbildung 3 Zwei verschiedene Stock-Flow-Diagramme zur Spagettigeschichte

Das obere Stock-Flow-Diagramm enthält den Bestand an Spagetti im Fertigproduktlager als einzige Bestandsgröße, die durch den Zufluss von neu produzierten Spagetti im Laufe der Zeit erhöht und durch den Verkauf von Spagetti als Abfluss wieder verringert wird. Die kleinen Wolkensymbole am äußeren Rand der Pfeile deuten den Rand des betrachteten Systemmodells an. Im oberen Stock-Flow-Diagramm interessiert man sich nicht näher dafür, woher die produzierten Spagetti kommen (kleine Wolke ganz links) und auch die verkauften Spagetti sind in diesem Systemmodell einfach weg, nachdem sie verkauft wurden – nach dem Prinzip „Aus dem Auge – aus dem Sinn" (Wolke oben ganz rechts).

Man kann an diesem ersten Stock-Flow-Diagramm schon gut erkennen, dass Zufluss und Abfluss zum Lager zwei strukturell verschiedene Größen sind. In unserer Geschichte sind sogar zwei verschiedene Abteilungen für den Zufluss bzw. den Abfluss verantwortlich: der Produktionschef für den Zufluss (Produktion) und der Marketingchef für den Abfluss (Verkauf).

Im unteren Stock-Flow-Diagramm ist ein zweiter Bestand hinzugefügt: der Bestand in den Speisekammern der Konsumenten. Dahinter steckt die Überlegung, dass beim Verlassen des Produktionslagers die Spagetti nicht einfach verschwinden bzw. sofort gegessen werden, sondern (insbesondere bei zusätzlichen Großeinkäufen) zunächst einmal bei den Kunden zu Hause in den Speisekammern gelagert werden. Erst von dort werden sie für den Verzehr entnommen und damit verbraucht.

Durch das Einführen des zweiten Bestandes „Speisekammern" wird deutlich, dass es einen Unterschied zwischen dem Verkauf von Spagetti und dem Verbrauch von Spagetti gibt. Man kann in diesem Sinne sagen, dass das obere und das untere Stock-Flow-Diagramm zwei verschiedene mentale Modelle (im Sinne von Senge 1996, Ossimitz/ Lapp 2006) repräsentieren:

– Das obere Diagramm steht für ein Denkmodell, das nur das Fertigproduktlager im Blick hat, keinen Unterschied zwischen dem Verkauf und dem tatsächlichen Verbrauch der Spagetti macht und implizit die Existenz von Speisekammern ignoriert, in denen die gekauften Spagetti vor dem Verbrauch noch einmal gelagert werden.

– Das untere Diagramm repräsentiert ein Denkmodell, bei dem Speisekammern als zweite Bestandsgröße explizit vorkommen und der Verkauf gleichzeitig Abfluss vom Produktionslager und Zufluss zu den Speisekammern ist, während der tatsächliche Verbrauch der Spagetti erst durch den Abfluss aus den Speisekammern gegeben ist.

Der Unterschied zwischen diesen beiden Stock-Flow-Diagrammen bzw. den zugrunde liegenden Denkmodellen ist von erheblicher praktischer Bedeutung. Während beim Denkmodell ohne Speisekammern ein günstiges Abverkaufen des Spagettilagers als eine durchaus probate Methode zur Reduktion des exzessiven Lagerstandes erscheint, wird beim Denkmodell mit den Speisekammern sofort klar, dass ein erhöhter Verkauf das Problem nur verschiebt: Die Kunden füllen ihre Speisekammern mit billigen Spagetti und kaufen im Anschluss noch weniger Spagetti ein, weil sie ja mehr als genügend Vorräte daheim haben.

1.3 Was können wir aus dieser Geschichte lernen?

Diese Geschichte samt ihrer Interpretation mit Stock-Flow-Diagrammen erlaubt eine ganze Reihe von Schlussfolgerungen:

a) Für das Verständnis der Situation ist eine Unterscheidung von Beständen und Flüssen samt einer Darstellung durch Stock-Flow-Diagramme sehr hilfreich.

b) Bestände verändern sich ausschließlich durch ihre Zu- und Abflüsse. Die Veränderung von Beständen ergibt sich aus dem Zusammenspiel von Zu- und Abfluss in sehr einfacher Weise: Immer dann, wenn mehr zufließt als abfließt, steigt der Bestand; wenn mehr abfließt als zufließt, dann sinkt der Bestand.

c) Wenn für das Management des Zuflusses und des Abflusses verschiedene Personen bzw. Abteilungen zuständig sind (wie beim Fertigproduktlager die Produktionsabteilung bzw. Marketingabteilung), dann lässt sich der Bestand nur durch eine Kooperation zwischen diesen beiden Partnern sinnvoll managen. Die Zuschreibung einer einseitigen Verantwortung für die Höhe des Lagerstandes ausschließlich an den Marketingchef greift zu kurz.

d) Das mentale Modell des Fertigproduktlagers *ohne* Speisekammern, bei dem nach dem Prinzip „aus dem Auge – aus dem Sinn" agiert wird, greift zu kurz. Erst wenn man berücksichtigt, dass die Kunden zusätzlich gekaufte Spagetti zu Hause lagern und daher in nächster Zeit weniger Spagetti einkaufen werden, wird klar, dass eine kurzfristige Erhöhung des Absatzes durch eine Marketingaktion das Problem der Überproduktion nur verschiebt (vom Fertigproduktlager in die Speisekammern), aber nicht wirklich löst.

e) Stock-Flow-Diagramme erlauben es, die Unterschiede zwischen verschiedenen mentalen Modellen anschaulich darzustellen. Die Stock-Flow-Diagramme machen auch klar, wie die verschiedenen Bestände und Flüsse zusammenhängen. Aus dem unteren Stock-Flow-Diagramm (mit Speisekammern) kann man leicht ersehen, dass das Gesamtsystem nur dann langfristig stabil bleibt, wenn Produktion und Verbrauch (und nicht nur Produktion und Verkauf) aneinander angepasst werden.

f) Die mathematischen Modellierungen sowohl auf der Seite der Produktion (optimale Auslastung im Zweischichtbetrieb) als auch auf Seite des Absatzes (Forecast durch lineare Excel-Trendextrapolation) greifen zu kurz bzw. gehen völlig in die Irre. Dies liegt daran, dass in beiden Fällen die dem System zugrunde liegende Stock-Flow-Struktur völlig ignoriert wird.

Im Hintergrund steht die Erfordernis, dass mathematische Verfahren immer an gewisse Voraussetzungen gebunden sind, um sinnvoll anwendbar zu sein. Eine Regressionsgerade (was dasselbe ist wie eine lineare „Trendlinie" in Excel) lässt sich rein abstrakt für jeglichen Datensatz aus zwei quantitativen Variablen errechnen – es ist nur die Frage, inwieweit eine solche Regressionsgerade von der Sache her irgendeinen Sinn ergibt. Eine Regressionsgerade ist dann sinnvoll, wenn massive Modellannahmen erfüllt sind: Die beiden Variablen müssen in einem linearen Zusammenhang stehen; die Abweichungen von der Regressionsgerade müssen annähernd normalverteilt mit Erwartungswert 0 sein und dürfen nicht von der unabhängigen Variable abhängen. All diese Annahmen sind im Fall der Absatzzahlen nicht im Geringsten erfüllt! Daher ist es kein Wunder, dass die „Trendlinie" – so schön sie aussehen mag – von der Sache her Unsinn ist.

Ähnliches gilt für die Optimierung der Kosten auf der Produktionsseite. Eine solche Optimierung ergibt von der Sache her dann Sinn, wenn die Optimierung der Produktionskosten das *einzige* relevante Kriterium ist. Dies mag innerhalb der Produktionsabteilung zutreffen – für das gesamte Unternehmen ist dies nicht mehr der Fall. Da geht es auch darum, dass der Absatz und die Produktion zueinander in einem vernünftigen Verhältnis stehen, um ein ausgewogenes Fertigproduktlager sicherzustellen.

g) Die Spagettigeschichte ist in mehrfacher Hinsicht ein schönes Beispiel für das Systemprinzip „Problemverschiebung" (Shifting the Burden) im Sinne von Peter Senge (1996, vgl. dazu Ossimitz/Lapp 2006): Durch die Aktion „Nimm zwei, zahl eins" wird zwar das Problemsymptom „hohes Fertigproduktlager" (kurzfristig) bekämpft, es erfolgt jedoch keine fundamentale Lösung des Problems (die in einer Koordination zwischen Produktion und Absatz bestehen würde). Wie bei solchen „quick-and-dirty-Lösungen" üblich, wird dadurch das Problem nur kurzfristig gemildert, langfristig jedoch (mangels Einsicht in die zugrunde liegende Systemstruktur) sogar verschlimmert. Eine weitere Form von „Shifting the burden" findet sich im Verhalten des Produktionschefs: Er optimiert die Kosten für die in seiner Verantwortung stehende Produktion und schiebt die damit verbundenen Absatzprobleme auf den Marketing-Chef. Dies lässt zwar seine Abteilung gut dastehen – verschlimmert aber langfristig die Situation des Unternehmens insgesamt. Auch die Absatzmaßnahme „Nimm zwei – zahl eins" bringt die Produktionsoptimierung unter Druck. Wie soll der kurzfristig gestiegene Absatz bei gleichbleibender Produktion gedeckt werden?

1.4 Die Spagettigeschichte und vernetztes Denken

Insgesamt ist die Spagettigeschichte ein Beispiel für die Bedeutung von systemischem Denken bzw. vernetztem Denken. Gemäß der Definition von Ossimitz (2000) umfasst systemisches Denken vier Dimensionen, die mit einander zusammenhängen – und auch alle im Spagetti-Beispiel eine Rolle spielen:

1) *Denken in vernetzten Strukturen*: Es geht darum, die Vernetzungen zwischen den verschiedenen Beständen und Flüssen zu erkennen, wie auch die damit zusammenhängenden Rückkoppelungen, z. B. die stabilisierende Rückkoppelung, dass zusätzliche Verkäufe die Bestände in den Speisekammern erhöhen, dass volle Speisekammern umgekehrt jedoch bewirken, dass die Kunden für eine gewisse Zeit *weniger* Spagetti kaufen, bis die hohen Bestände wieder abgebaut sind.

2) *Denken in Zeitabläufen und damit verbundenen Stock-Flow-Strukturen:* Dazu gehört z. B. die Erkenntnis, dass der Lagerstand im Fertigproduktlager nicht alleine von der Absatzseite her, sondern ausschließlich durch eine Koordination zwischen Produktion und Absatz gemanagt werden kann.

3) *Denken in (bewussten) Modellen*: Die beiden Stock-Flow-Diagramme (ohne bzw. mit Speisekammern) repräsentieren zwei verschiedene mentale Modelle, die einen großen Unterschied machen hinsichtlich der sich daraus ergebenden Handlungskonsequenzen. Es ist wichtig zu erkennen, dass das Denkmodell ohne Speisekammern zu kurz greift und zu Fehlschlüssen führt (z. B. kurzfristiges Ankurbeln des Absatzes als untaugliches Mittel zur Reduktion des Fertigproduktlagers).

4) *Systemgerechtes Handeln*: Das Managen des Fertigproduktlagers erfordert unbedingt eine Kooperation zwischen der Produktions- und Absatzseite. Einseitige Aktionen, wie die Maßnahme „Nimm zwei, zahl eins" auf der Absatzseite oder die einseitige Kostenoptimierung ohne Berücksichtigung des Absatzes auf der Produktionsseite, greifen zu kurz.

2 Stock-Flow-Diagramme: „Offene Mathematik" zur Modellierung von Zeitprozessen

Stock-Flow-Diagramme modellieren Situationen, in denen Bestände durch Zuflüsse und Abflüsse verändert werden. In Anlehnung an das klassische Konzept von Roland Fischer einer „offenen Mathematik" im Sinne von Mathematik als Darstellungs- und Kommunikationsmittel (Fischer 1984) kann man Stock-Flow-Diagramme, aber in einem weiteren Sinne auch systemdynamische Modellierungen als „offene Mathematik" auffassen.

2.1 Fallbeispiel „Welt-Erdölförderung"

Wir betrachten als Fallbeispiel für die Leistungsfähigkeit von Stock-Flow-Diagrammen zwei Modelle der Welt-Erdölförderung, die einander zwar sehr ähneln, aber von ihren Konsequenzen her doch einigermaßen überraschen (Näheres vgl. Ossimitz/Lapp 2006, S. 39 ff.). Das erste Modell besteht aus vier Beständen, die wir ausgehend vom Fertigproduktlager am Ende der Kette nacheinander diskutieren (Abbildung 4):

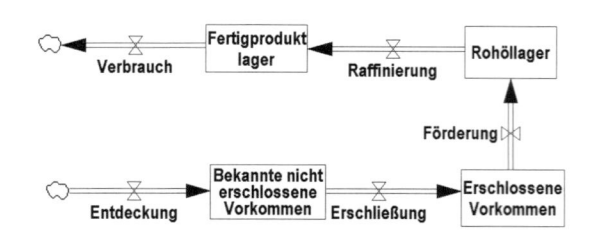

Abbildung 4 Stock-Flow-Diagramm der weltweiten Erdölförderung I

Das Fertigproduktlager repräsentiert die Gesamtheit aller weltweit vorhandenen „verbrauchsfertigen" Erdölprodukte (Benzin, Kerosin, Heizöl etc.) – egal, wo sie gelagert werden (Autotanks, Tankstellen, Öltanks in Häusern, Lagertanks von Öl-Fertigprodukten etc.) Dieser Bestand wird durch den Verbrauch der betreffenden Produkte im Lauf der Zeit reduziert, aber durch die Raffinierung von Rohöl, das aus Rohöllagern stammt, wieder ergänzt. Der zweite Bestand „oberhalb der Erdoberfläche" ist das bereits geförderte, aber noch nicht raffinierte Erdöl (in Rohöltanks, Tankern, Pipelines etc.), das durch Raffinierung als Abfluss weniger wird, aber durch Förderung immer wieder aufgefüllt wird. Die Förderung reduziert den (unterirdischen) Bestand der erschlossenen Vorkommen. Diese werde ihrerseits durch die Erschließung neuer Vorkommen ergänzt, die aus dem Bestand von bereits bekannten, aber noch nicht erschlossenen Vorkommen stammen. Dieser vierte Bestand wird seinerseits durch die Entdeckung neuer Erdölvorkommen ergänzt.

Die meisten Flüsse sind gleichzeitig Abfluss eines Bestandes und Zufluss im nachgelagerten Bestand. Insgesamt entsteht eine Abfolge von Beständen und Flüssen, die zwangsläufig ist und nicht zur Disposition steht: Weder Erdölkonzerne noch die UNO und auch keine Umweltschutzorganisation können an dieser Abfolge etwas ändern. Zur Disposition stehen ausschließlich die Größen der betreffenden Flüsse, aus denen sich die Größen der Bestände als Konsequenz ergeben.

Aus dem Erdölmodell lassen sich unmittelbar mehrere Schlussfolgerungen ziehen:

a) Damit das System über längere Zeit funktioniert, müssen alle Flüsse zueinander in etwa gleich groß gehalten werden: Der Zufluss durch Raffinierung zum Fertigproduktlager muss immer etwa gleich groß sein wie der Verbrauch, die Förderung muss etwa gleich groß sein wie die Raffinierung, die Erschließung gleich groß wie die Förderung und schließlich muss durch Neuentdeckungen gesorgt werden, dass der Bestand an bekannten, nicht erschlossenen Vorkommen nicht auf null zurückgeht. Wenn eine Steigerung des Verbrauchs durch eine annähernd synchrone Entwicklung der übrigen Flüsse begleitet wird, dann können die Bestände über Jahrzehnte auf konstantem Niveau gehalten werden – oder sogar gesteigert werden, um z. B. den Vorrat an Fertigprodukten bei steigendem Verbrauch immer in der Größenordnung des Bedarfs für drei Monate zu halten.

b) Durch eine statistische Analyse der Zeitreihen von Verbrauch, Raffinierung, Förderung, Erschließung, Entdeckung oder der Bestände (Fertigprodukte bzw. gelagertes Rohöl) kann man mögliche Probleme der Erdölversorgung nicht erkennen: Alle Flüsse, aber auch die zugehörigen Bestände können über Jahrzehnte konstant bleiben oder sogar steigen.

Dies kann aus den Daten der Vergangenheit unmittelbar abgelesen werden.

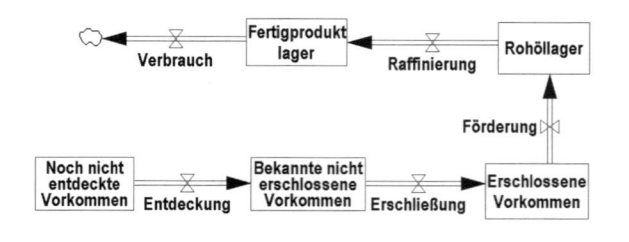

Abbildung 5 Stock-Flow-Diagramm der weltweiten Erdölförderung II

Wo liegt nun das Problem bei der Erdölförderung? Das Diagramm in Abbildung 5 unterscheidet sich vom Flussdiagramm in Abbildung 4 nur durch ein – allerdings wesentliches – Detail: Der Fluss der neu entdeckten Vorräte kommt nicht länger aus einer „Wolke" (also von außerhalb des Systems), sondern aus dem Bestand noch nicht entdeckter Vorkommen. Dieser Bestand komplettiert das Diagramm. Angesichts der Tatsache, dass sich die Bildung von Erdöl in Zeiträumen der Größenordnung von 100 Millionen Jahren abspielt, hat dieser Bestand in den für uns relevanten Zeiträumen praktisch keinen nennenswerten Zufluss.

Die Analyse des Flussdiagramms in Abbildung 5 liefert zum Teil überraschende Einsichten. Zunächst wird klar, dass es ein Problem mit den Erdölvorräten gibt: Der Bestand an nicht entdeckten Vorkommen wird immer kleiner, weil er keinen nennenswerten Zufluss, aber einen bedeutsamen Abfluss hat. Als zusätzliche Schwierigkeit kommt dazu, dass es *prinzipiell unmöglich* ist, die Größe des Bestandes an noch nicht entdeckten Vorkommen seriös anzugeben. Wie soll man wissen, wie viel Erdöl noch nicht entdeckt wurde? Als zweite Konsequenz folgt unmittelbar, dass auch die Bestimmung der Erdölvorräte insgesamt mit massiven Problemen behaftet ist, egal, wie man sie angeht. Nimmt man als konservative Schätzung die Summe der beiden unter der Erde liegenden Bestände in Abbildung 4 (erschlossene und bekannte nicht erschlossene Vorkommen), dann hat man das Problem, dass sich diese Summe an bekannten Vorkommen in den letzten Jahrzehnten trotz massiven Erdölverbrauchs nicht verringert hat, sondern gleich geblieben bzw. wegen umfangreicher Neufunde sogar größer geworden ist[5]. Nimmt man als dritten Bestand die noch nicht entdeckten Vorkommen dazu (Abbildung 5), dann hat man einen Summanden, dessen Größe man nicht kennt und gar nicht kennen kann. Das Flussdiagramm zeigt deutlich, dass es massive Schwierigkeiten gibt, die Erdölvorräte seriös abzuschätzen[6].

Insgesamt zeigen die beiden Diagramme der Erdölvorkommen, dass Stock-Flow-Diagramme (wie beim Spagetti-Beispiel) schon auf rein qualitativer Ebene sehr hilfreich sein können, um Sachverhalte zu klären.

2.2 Beispiel Bevölkerungsentwicklung

Wir betrachten zwei Stock-Flow-Modelle einer Bevölkerungsentwicklung.

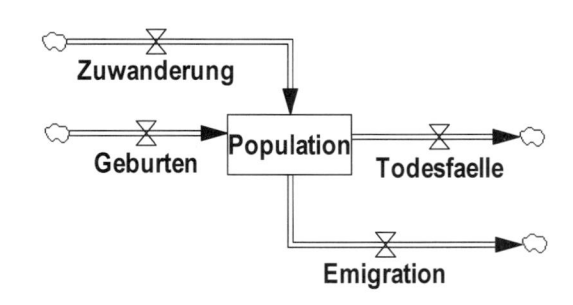

Abbildung 6 Stock-Flow-Diagramm eines Bevölkerungsbestandes mit vier Flüssen

Abbildung 6 zeigt die Bevölkerung einer bestimmten Region (Bestandsgröße *Population*), die im Laufe der Zeit durch zwei Zuflüsse und zwei Abflüsse verändert wird. Die vier Flüsse sind strukturell verschieden (z. B. Todesfälle sind keine „negativen Geburten"; alle Neugeborenen betreten die Population im Alter von 0 Jahren). Außer den vier dargestellten Flüssen gibt es keinerlei weitere Möglichkeiten, die Bevölkerungsentwicklung zu beeinflussen. Das Diagramm zeigt unmittelbar, dass die Bevölkerung dann wächst, wenn im betrachteten Zeitraum die Summe aus Geburten und Zuwanderung größer ist als die Summe aus Todesfällen und Abwanderung.

Abbildung 7 zeigt ein Stock-Flow-Bevölkerungsmodell mit vier Altersgruppen (ohne Zu- und Abwanderung). Jede Altersgruppe (mit Ausnahme des Bestandes 60+) hat einen Zufluss und zwei Abflüsse: Entweder erreicht man das Übertrittsalter in die nächste Altersgruppe oder man stirbt schon vorher.

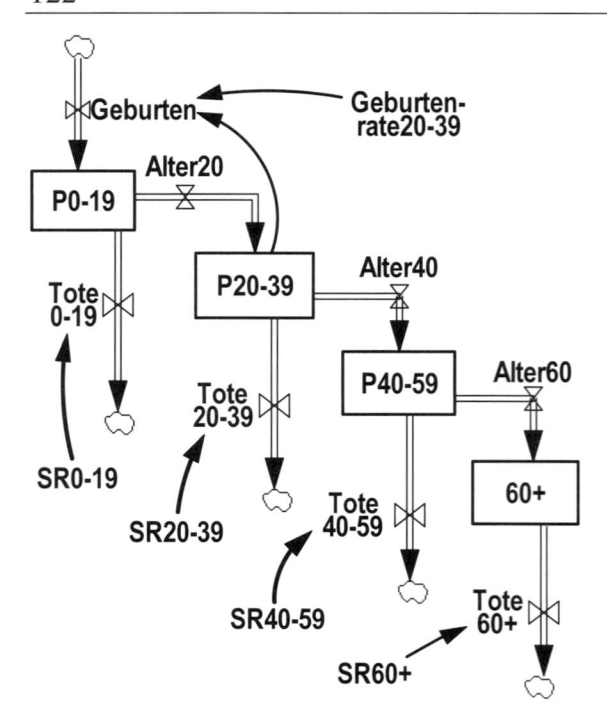

Abbildung 7 Stock-Flow-Diagramm eines Bevölkerungsbestandes mit vier Altersgruppen

Jeder der ersten drei Bestände im Modell entspricht einem Älterwerden um 20 Jahre, repräsentiert also gewissermaßen eine Zeitverzögerung von 20 Jahren. Eine Person, die als Neugeborenes den Bestand der 0–19-Jährigen betritt, verlässt ihn 20 Jahre später durch Erreichen des 20. Geburtstages (sofern sie nicht vorher stirbt). Die Anzahl der in einer Altersgruppe Verstorbenen ergeben sich aus dem Bestand der betreffenden Gruppe und der altersgruppenspezifischen Sterberate (z. B. SR40-59).

Im Modell von Abbildung 7 wurde angenommen, dass für die Reproduktion ausschließlich die Altersgruppe der 20–39 Jährigen verantwortlich ist. Die Grenzen der einzelnen Altersgruppen (20, 40, 60 Jahre) sowie die Anzahl der Altersgruppen kann man beliebig variieren. Man könnte beispielsweise nach derselben Logik ein Modell mit 20 Altersgruppen von je 5 Jahren Breite oder ein Modell mit 120 Altersgruppen zu je einem Jahr Breite bauen. Wie viele Altersgruppen es im Modell auch sein mögen: Die Sequenz der einzelnen Altersgruppen zueinander ist zwangsläufig und auch die Tatsache, dass alle Personen, die das System mit ihrer Geburt betreten, das Alter 0 Jahre haben. Ebenso ist es zwangsläufig, dass es weit mehr als ein Jahrzehnt braucht, bis Neugeborene ins reproduktionsfähige Alter kommen. Es gibt nur sehr beschränkte Möglichkeiten, steuernd einzugreifen:

– Man kann Geburten fördern oder verhindern.
– Man kann die Sterberaten für verschiedene Altersgruppen senken (Medizin) oder erhöhen (Krieg, Euthanasie …).
– Man kann (zumindest auf regionaler Ebene) die Zu- und Abwanderung regulieren.

Die Zwangsläufigkeit von Bevölkerungsentwicklungen (wie auch die der Struktur der Erdölförderung) lässt sich nicht durch politische Entscheidungen verändern: In China konnte die kommunistische Diktatur zwar ab 1980 mit der „Einkind-Politik" die Geburtenrate von ca. 4–5 Kindern je Frau auf etwa 2 Kinder je Frau drastisch senken; man versäumte es jedoch über Jahrzehnte, dem massiven Knabenüberschuss unter der Einkindpolitik entgegenzuwirken. Allein im Jahr 1990 wurden 13,3 Mio. Knaben und nur 11 Mio. Mädchen geboren, also ein Überschuss von 2,3 Mio. Knaben in nur einem Jahr! Über die Jahre akkumuliert, ergab dies einen Überschuss von ca. 40–50 Millionen männlicher Chinesen, die heute keine Frau finden können. Die Maßnahmen zur Förderung von Mädchengeburten ab dem Jahr 2000 stellten zwar für Neugeborene wieder eine ausgewogene Relation der Geschlechter her, helfen aber den erwachsenen männlichen Chinesen nicht, weil diese weiblichen Neugeborenen wiederum etwa zwei Jahrzehnte brauchen, um ins heiratsfähige Alter zu kommen (vgl. Ossimitz/Lapp 2006, S. 95 f.).

2.3 Bestandsgrößen vs. Flussgrößen

Die bisher betrachteten Stock-Flow-Diagramme stellen ein Zusammenwirken von Bestandsgrößen und Flussgrößen. Bestände und Flüsse bedingen einander:

- Bestände beziehen sich auf Zeitpunkte; Flüsse geben die Veränderung von Beständen in Zeitintervallen an.
- Zuflüsse erhöhen den zugehörigen Bestand über die Zeit, Abflüsse verringern ihn.
- Zu- und Abflüsse eines Bestandes sind typischerweise verschieden von einander.
- Ein Bestand kann auch mehrere Zu- und Abflüsse haben.
- Bestände können ausschließlich durch Zu- bzw. Abflüsse verändert werden.
- Ein Bestand steigt über ein bestimmtes Zeitintervall, wenn die Summe aller Zuflüsse in diesem Zeitintervall größer ist als die Summe aller Abflüsse. Analoges gilt für gleichbleibende bzw. abnehmende Bestände.
- Derselbe Fluss kann gleichzeitig Abfluss eines Bestandes und Zufluss eines nachgeordneten Bestandes sein. Auf diese Weise können ganze Ketten von Beständen und Flüssen entstehen, die von ihrer Sachlogik her typischerweise zwangsläufig sind.
- Stock-Flow-Strukturen ermöglichen Zeitverzögerungen.
- Bestände werden zu Zeitpunkten gemessen; Flüsse nehmen innerhalb von bestimmten Zeitintervallen konkrete Werte an.
- Insgesamt steht hinter der Stock-Flow-Modellierung eine Konzeption von Zeit, bei der Zeit in Zeitpunkte und Zeitintervalle gegliedert wird.

Wir werden diesem letzten Aspekt der Gliederung von Zeit in Zeitpunkte und Zeitintervalle im kommenden Abschnitt noch nähere Aufmerksamkeit schenken, indem wir diese Auffassung von Zeit mit einer anderen, infinitesimalen Auffassung von Zeit vergleichen.

3 Zwei Modelle von Zeit: diskret versus kontinuierlich

Wir betrachten nun zwei verschiedene Möglichkeiten, Zeit zu modellieren:

a) *Diskrete Zeit:* Zeit als Abfolge von Zeitpunkten;

b) *Kontinuierliche Zeit:* Zeit als Kontinuum von aufeinander folgenden Zeitpunkten.

Die beiden Zeitkonzepte unterscheiden sich ganz wesentlich dadurch, wie Veränderungen über die Zeit ermittelt werden. Beiden Modellen ist gemeinsam, dass Bestände zu Zeitpunkten erfasst werden. Die Art, wie Veränderungen dieser Bestände erfasst werden, ist jedoch deutlich verschieden.

3.1 Diskrete Zeit: Unterscheidung von Zeitpunkten und Zeitintervallen

Beim diskreten Zeitmodell wird eine Abfolge von einzelnen „diskreten" Zeitpunkten erfasst, zwischen denen Zeitintervalle beliebiger (endlicher) Dauer liegen. Ein besonders einfacher Fall liegt vor, wenn die Zeitintervalle alle dieselbe endliche Dauer dt[7] haben.

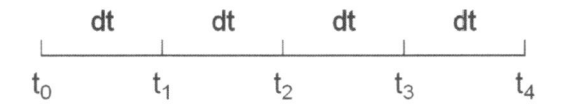

Abbildung 8 Diskrete Zeit mit konstanten Zeitintervallen der Dauer dt

In Abbildung 8 ist ein diskretes Zeitmodell mit den Zeitpunkten t_0, t_1, t_2, t_3, t_4 und den dazwischen liegenden Zeitintervallen (in diesem Fall mit konstanter Länge dt) skizziert.

Die Veränderungen von Beständen passieren beim diskreten Zeitmodell in den Zeitintervallen zwischen zwei Zeitpunkten. Daher beziehen sich beim diskreten Zeitmodell die Zu- und Abflüsse auf Zeitintervalle. Die Betrachtungsweise von Zeit in Abschnitt 2 beruht auf dieser Abfolge von Zeitpunkten und Zeitintervallen.

3.2 Kontinuierliche Zeit: Veränderungen als Ableitungen

Anders als beim diskreten Zeitmodell werden beim kontinuierlichen Zeitmodell Veränderungen über die Zeit nicht auf Zeitintervalle, sondern in Form von momentanen Änderungsraten auf Zeitpunkte bezogen. Diese momentanen Änderungsraten werden dadurch ermittelt, dass man (ganz im Stile der Differenzialrechnung) über eine Grenzwertbildung Veränderungen über unendlich kleine Zeitintervalle betrachtet. Damit ist es möglich, Veränderungen als Differenzialquotienten aufzufassen, die sich dann (genauso wie die Bestände) auf Zeitpunkte beziehen. Dabei wird (i. A. ohne nähere Diskussion) vorausgesetzt, dass die entsprechenden Differenzierbarkeitsvoraussetzungen erfüllt sind. Insbesondere muss gewährleistet sein, dass sich die Bestände kontinuierlich über die Zeit verändern und dass keine sprunghaften Veränderungen auftreten.

Im kontinuierlichen Zeitmodell ist die momentane Nettoveränderung (Saldo aller Zu- und Abflüsse) immer gleich der ersten Ableitung des Bestandes über die Zeit. Dieser Bezug auf die Infinitesimalrechnung erlaubt es im kontinuierlichen Zeitmodell, dass auch momentane Änderungen von Änderungen (zweite Ableitungen) betrachtet werden können. Dies ist im diskreten Zeitmodell schon schwieriger, weil sich dort eine Änderung auf ein Zeitintervall bezieht und die Änderung einer Änderung sich bereits auf zwei benachbarte Zeitintervalle bezieht.

Zeitintervalle endlicher Länge spielen im kontinuierlichen Zeitmodell keine besondere Rolle mehr, weil alle Veränderungen über Infinitesimalprozesse auf Zeitpunkte bezogen werden. Damit könnte man das kontinuierliche Zeitmodell grafisch als kontinuierliche Abfolge von Zeitpunkten darstellen:

Abbildung 9 Kontinuierliche Zeit mit infinitesimalen Zeitintervallen

Der wesentliche Unterschied zwischen dem diskreten und dem kontinuierlichen Zeitmodell besteht darin, dass im diskreten Zeitmodell Zeitintervalle eine bedeutende Rolle spielen; im kontinuierlichen Zeitmodell hingegen sind Zeitintervalle völlig ohne Belang. Im kontinuierlichen Modell sind alle Zeitpunkte im Zeitkontinuum gleichberechtigt, während man im diskreten Zeitmodell ausschließlich eine endliche Zahl ausgezeichneter Zeitpunkte betrachtet, die dann auch die Anfangs- bzw. Endpunkte der betrachteten Zeitintervalle darstellen.

Der Zeitschritt dt bezeichnet in der System-Dynamics-Methode ein endliches Zeitintervall und in der Mathematik ein infinitesimales Intervall. Diese Zweideutigkeit könnte man in Anlehnung an den ironischen Spruch „Österreicher und Deutsche unterscheiden sich durch die gemeinsame Sprache" wie folgt beschreiben: „Diskrete und kontinuierliche Modellierung von Zeit unterscheiden sich dadurch, dass in beiden Fällen der Zeitschritt mit dt bezeichnet wird".

Jenseits jeder Ironie hat das kontinuierliche Zeitmodell die Eigenheit, dass dort Zeitintervalle endlicher Länge keinerlei Rolle (mehr) spielen. In diesem Sinne ist das kontinuierliche Modell im Gegensatz zum diskreten Zeitmodell auch nicht besonders gut geeignet, den Unterschied zwischen Bestands- und Flussgrößen deutlich zu machen. Dies wird im folgenden Abschnitt noch näher beleuchtet.

4 Bathtub-Dynamics: Die schwierige Unterscheidung von Bestands- und Flussgrößen

Im Jahr 2000 überraschte John Sterman, einer der weltweit führenden System-Dynamics-Experten, die internationale Fachwelt auf der System-Dynamics-Konferenz in Bergen mit den niederschmetternden Ergebnissen seiner berühmten Studie zu „Bathtub-Dynamics" (Booth-Sweeney/Sterman 2000), die unter Doktoranden und Post-Docs des renommierten Massachusetts Institute of

Technology (MIT) durchgeführt wurde. Diese auf Spitzenniveau ausgebildeten Personen hatten große Schwierigkeiten, ganz einfache Aufgaben zu lösen, bei denen es darauf ankam, das Zusammenwirken von Beständen und Flüssen richtig zu beurteilen. Da eine der Aufgaben sich mit dem Füllen bzw. Leeren einer Badewanne mit Wasser beschäftigt, wurden Aufgaben dieser Art als „Bathtub-Dynamics-Aufgaben" bekannt.

Die ernüchternden Ergebnisse der Studie von Booth-Sweeney und Sterman wurden von einer ganzen Reihe von Folgeuntersuchungen bestätigt und zumeist im negativen Sinn sogar noch übertroffen (z. B. Ossimitz 2001, 2002, Kainz/Ossimitz 2002, Cronin/Gonzalez 2007, Cronin/Gonzalez/Sterman 2009, Ossimitz et al. 2009).

Eine typische Stock-Flow-Aufgabe, die von vielen Menschen nicht korrekt gelöst wird, ist die „Alpenhotel"-Aufgabe (vgl. Ossimitz 2002):

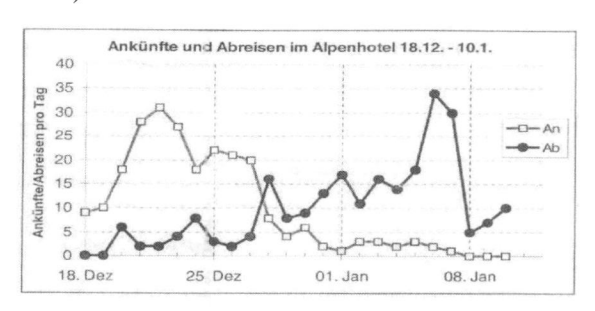

Abbildung 10 Alpenhotel-Aufgabe: Wann waren die meisten Gäste im Hotel?

Die Alpenhotel-Aufgabe konnten nur 19 % von 154 BWL-Studierenden der Universitäten Klagenfurt und Graz (von denen 40 % die Mathematik-Reifeprüfung mit sehr gut oder gut bestanden haben!) korrekt lösen. Viele Versuchspersonen gaben das Maximum der Ankünfte oder das Maximum der Abreisen als dasjenige Datum an, an dem vermeintlich die meisten Gäste im Hotel wären.

Es ist jedoch recht einfach, die Alpenhotel-Aufgabe korrekt zu lösen. Man braucht dazu nur zu wissen, dass an jedem Tag, an dem mehr Gäste ankommen als abreisen, die Zahl der Gäste steigt und umgekehrt an allen Tagen, an denen mehr Gäste abreisen als ankommen, die Zahl der Gäste sinkt. Da bis einschließlich 27. Dezember jeden Tag mehr Gäste ankommen als abreisen und es ab dem 28. Dezember genau umgekehrt ist, folgt daraus unmittelbar, dass in der Nacht vom 27. auf den 28. Dezember die meisten Gäste im Hotel sein müssen[8]. Grafisch liegt das Maximum des Bestandes dort, wo sich die Kurven der Ankünfte und der Abreisen schneiden[9] (sofern die Zahl der Ankünfte höher vor dem Schnittpunkt höher liegt als die Zahl der Abreisen, ansonsten gäbe es im Schnittpunkt der beiden Kurven ein Minimum der Gästezahl).

Die Probleme mit der Alpenhotel-Aufgabe konnten bei anderen Aufgabenstellungen mit variierenden Angaben (anderer Diagrammtyp, tabellarische Angaben) repliziert werden. Auch Aufgaben, die überprüften, inwieweit der Unterschied zwischen der Staatsverschuldung als Bestandsgröße und dem Budgetdefizit als Netto-Zufluss der Staatsverschuldung verstanden wird, lieferten katastrophale Ergebnisse. So wurde in der Untersuchung von Ossimitz (2002) z. B. die Aussage „Ein geringeres Budgetdefizit bedeutet eine geringere Staatsverschuldung" von weniger als der Hälfte der Versuchspersonen korrekt interpretiert[10].

In einer Reihe von empirischen Studien wurde versucht, die schlechten Ergebnisse der Probanden bei Stock-Flow-Aufgaben durch verschiedene Arten von Trainings zu verbessern, z. B. ein Motivationstraining, ein Konzentrationstraining, Belohnungen für richtige Antworten. Dabei erwies sich das Problem der Verwechslung von Stocks und Flows als ziemlich hartnäckig gegenüber verschiedensten Formen von Trainings bzw. Incentives.

Der einzige Ansatz, der sich empirisch bislang als tauglich erwiesen hat, um die Bathtub-Dynamics-Problematik deutlich zu lindern, basiert in einer klaren Orientierung am diskreten Zeitkonzept: Bestände beziehen sich auf Zeitpunkte, Zu- und Abflüsse werden Veränderungen von Beständen verstanden, die in bestimmten Zeitintervallen passieren. Die strikte Zuordnung von Bestandsgrößen zu Zeitpunkten und von Flussgrößen zu Zeitintervallen hat sich in den Untersuchungen von Ossimitz (Kainz/Ossimitz 2002, Ossimitz et al. 2009) als entscheidend erwiesen, um Stock-Flow-Probleme signifikant zu reduzieren.

In der Studie Ossimitz et al. (2009) wurden drei Gruppen von Studierenden in einem Pretest-Posttest-Design untersucht. Die Untersuchungsgruppe (N=120) erhielt zwischen den beiden Erhebungen ein Treatment in Form einer zweistündigen Einführung in die Unterscheidung von zeitpunktbezogenen Beständen und zeitintervallbezogenen Flüssen; eine erste Kontrollgruppe (N=65) erhielt zwischen Pretest und Posttest eine Einführung in die Differenzialrechnung und eine zweite Kontrollgruppe (N=137) erhielt zwischen den beiden Erhebungen gar kein Treatment. Die Studierenden erhielten beim Pretest und beim Posttest je zwei Stock-Flow-Aufgaben in unterschiedlichen Darbietungen (tabellarisch, grafisch als Säulendiagramm, grafisch als Liniendiagramm). Es wurde ermittelt, ob beide Aufgaben korrekt gelöst wurden. Wenn das der Fall war, wurde dies als Score 1,0 gewertet, bei nur einer gelösten Aufgabe war der Score 0,5 und bei zwei falsch gelösten Aufgaben betrug der Score 0. Wie schon bei anderen Stock-Flow-Untersuchungen zeigte sich ein massiver geschlechtsspezifischer Unterschied: weibliche Versuchspersonen schnitten deutlich schlechter ab als männliche. In der folgenden Tabelle sind daher die Daten für Frauen und Männer separat ausgewiesen.

Nur in der Gruppe mit dem zweistündigen Stock-Flow-Kurs ist ein massives Ansteigen der Scores zwischen Pre-Test und Post-Test zu beobachten. In der Analysis-Gruppe gab es weder bei den Frauen noch bei den Männern Zuwächse im Scoring; in der Kontrollgruppe gab es bei den Männern einen gewissen Zuwachs im Score, der allerdings bedingt durch die relativ geringen Fallzahlen (N = 35 Männer in der Kontrollgruppe) nicht signifikant ist.

Insgesamt zeigt die Untersuchung von Ossimitz et al. (2009), dass ein diskretes Zeitkonzept, bei dem Bestände (Stocks) zu Zeitpunkten einen bestimmten Wert haben und Flüsse (Flows) in den Zeitintervallen zwischen zwei Zeitpunkten bestimmte Werte annehmen, für das Verstehen von Stock-Flow-Strukturen entscheidend hilft. Das kontinuierliche Zeitkonzept ist zwar mathematisch besonders elegant und im Hinblick auf das Bilden höherer Ableitungen besonders leistungsfähig, hat aber den Nachteil, dass auch Veränderungen in Form von momentanen Änderungsraten auf Zeitpunkte bezogen werden. Folglich ist eine Unterscheidung der Art

– Bestände → zeitpunktbezogene Größen

– Flüsse → zeitintervallbezogene Größen

nur bei diskret modellierter Zeit möglich.

5 Überlegungen für den Unterricht

Zum Einsatz von System-Dynamics im Unterricht gibt es eine Reihe von Vorschlägen, thematisch auf verschiedene Fächer bezogen (Physik, Biologie, Wirtschaft, …) wie Ossimitz (1990), Ossimitz (2000), Ossimitz (2001) sowie Ossimitz/Lapp (2006).

In der Schweiz gibt es mit dem Verein „SysDyn – Systemdynamik im Unterricht" (www.sysdyn.ch) eine selbstorganisierte Lehrergruppe, die den Einsatz von System Dynamics in verschiedenen Unterrichtsfächern fördert. Auch wenn die dort diskutier-

	Scores Frauen			Scores Männer		
Treatment	Pre	Post	Zuw	Pre	Post	Zuw
Stockflow	0,15	0,66	**0,50**	0,31	0,81	**0,50**
Analysis	0,13	0,11	-0,02	0,49	0,51	0,03
keines	0,06	0,12	0,06	0,35	0,55	0,19

ten Anwendungsbeispiele aus Fächern wie Physik, Chemie, Biologie, Umweltkunde, Wirtschaft stammen, so sind dennoch viele davon für den anwendungsorientierten Mathematikunterricht interessant, weil die Sachkontexte thematisch oft ohne besondere fachspezifische Kenntnisse allgemein verständlich sind (Freier Fall mit Luftwiderstand, Verbreitung eines Produkts).

Die international wohl ergiebigste Quelle für Unterrichtsmaterialien zur Systemdynamik ist die „Creative Learning Exchange" (http://www.clexchange.org/) in den USA, in der von Lehrer/innen selbst entwickelte Materialien zu verschiedensten Fächern und Themen gesammelt und online angeboten werden.

Ich möchte im Folgenden auf eine interessante Dissertation zum Thema (5.1) eingehen und danach noch einige mögliche Unterrichtsbeispiele skizzieren (5.2).

5.1 Dissertation „Dynamische Prozesse im Mathematikunterricht"

In ihrer Dissertation „Dynamische Prozesse im Mathematikunterricht" beschäftigt sich Kubicek (2008) auf sehr unterrichtsnaher Ebene mit Fragen des Einsatzes von System Dynamics im anwendungsorientierten Mathematikunterricht. Sie diskutiert eine Reihe von recht umfangreichen anwendungsorientierten Mathematikaufgaben, die Schüler/innen an ihrer Schule im Rahmen eines Programmes zum Erwerb eines „International Baccalaureate Certificate" der International Baccalaureate Organization (IBO) als Qualifikationsarbeiten auszuarbeiten haben. Eine verblüffend große Anzahl dieser Aufgaben basiert auf Daten mit Zeitbezug, die mathematisch auszuwerten und zu modellieren sind, wie ein Hochwasser am Nolichucky River in Tennessee (Aufgabe „Flow Rate"), eine Aufgabe zur Altersbestimmung mittels Radio-Carbon Methode („Radiometric Dating") sowie eine Aufgabe zum Wachstum einer Fischpopulation (Aufgabe „Logistic Model"). Die von der IBO entwickelten Musterlösungen für diese Prüfungsaufgaben bieten zum Teil recht anspruchsvolle Mathematik auf, um die jeweiligen Sachverhalte ohne Rückgriff auf System Dynamics und eine Modellierung mit Stocks und Flows zu lösen. Frau Kubicek weist in ihrer Dissertation sehr eindrucksvoll nach, dass sich diese Aufgaben mit einer Konzeption, die auf einer strengen Unterscheidung von Zeitpunkten (Bestände) und Zeitintervallen (Zu- und Abflüsse von Beständen) beruht, viel einfacher und eleganter lösen lassen – ohne dass diese System-Dynamics-Lösungen ungenauer wären als die mit analytischen Funktionen gewonnenen Approximationen. Beispielsweise werden in der IBO-Musterlösung bei der Hochwasseraufgabe die jeweils im Stundentakt tabellarisch gegebenen Durchflüsse zu einer (stückweisen) Regressionsfunktion approximiert[11], die anschließend durch Integration über den gewünschten Bereich eine Näherung für den gesuchten Gesamtdurchfluss an Wasser liefert. Mit der SD-Konzeption addiert man einfach die mittleren Durchflussmengen je Stunde (genauere Daten sind ja nicht gegeben) über die besagte Zeit auf – und erhält mit elementarer Arithmetik eine Näherung für den Gesamtdurchfluss, die plausibler und sogar genauer ist als die mit trickreicher Regression und Integralrechnung über eine analytische Funktion erzielte Lösung.

5.2 Unterrichtsvorschläge

Ich möchte noch drei Unterrichtsvorschläge kurz diskutieren. Jeder dieser drei Vorschläge beschäftigt sich mit Zeitprozessen, die mit der System-Dynamics-Methode einfach modelliert werden können.

– Fluss-Hochwasser-Rückhaltebecken

– Bevölkerungsentwicklung

– diskretes logistisches Wachstum

5.2.1 Fluss-Hochwasser – Rückhaltebecken

Fluss-Hochwässer können durch ausreichend große Rückhaltebecken (Retentionsbecken) sehr effektiv begrenzt werden. Die Idee besteht darin, einen unkritischen Landschaftsbereich an einem Fluss im Falle eines Hochwassers gewollt zu überfluten und damit ein Rückhaltebecken zu bilden. Durch diesen Zwischenspeicher wird ein rascher Hochwasser-Zufluss abgepuffert. Der Abfluss des Wassers erfolgt über einen längeren Zeitraum in moderater Höhe. Dadurch bleiben flussabwärts liegende Orte vom Hochwasser verschont. Voraussetzung für ein Retentionsbeckens ist ausreichend Platz im Bereich des Flusslaufes, der gegebenenfalls überflutet werden kann. Als Retentionsbecken kommen auch Stauseen von Flusskraftwerken ideal in Frage, sofern sie nicht schon beim Ankommen des Hochwassers voll aufgestaut sind[12].

Ausgangspunkt für ein konkretes Unterrichtsprojekt könnten die beiden Wikipedia-Einträge zu „Retention (Wasserwirtschaft)" bzw. „Rückhaltebecken" sein. Dort findet man folgende Grafik, die den Zu- und Abfluss des Jägerbleeker Teiches zeigt, der bei Hochwasser als Rückhaltebecken dient.

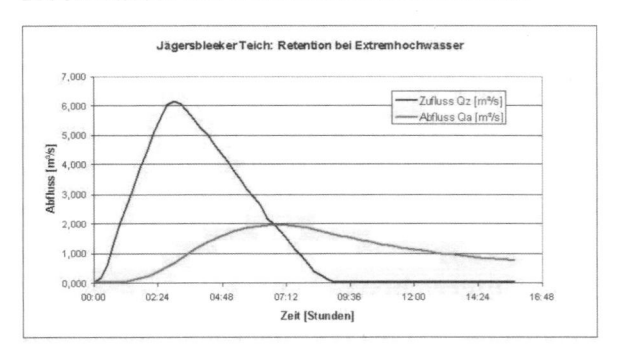

Abbildung 11 Zu- und Abfluss beim Jägersbleeker Teich bei Hochwasser

Die Grafik in Abbildung 11 ist vom selben Typus wie bei der Alpenhotel-Aufgabe. Wenn sich die beiden Kurven kreuzen, erreicht der Teich seinen maximalen Wasserstand. Beim Retentionsbecken ist allerdings zusätzlich der Abfluss in diesem Schnittpunkt am größten – weil der Abfluss proportional zum Bestand an Wasser im Becken ist. Dies kann man sich leicht überlegen, indem man annimmt, dass das Abflussgerinne einen rechteckigen Querschnitt hat. Dann ist die Abflussmenge (bei fixer Fließgeschwindigkeit) proportional zur Querschnittsfläche und diese wiederum proportional zur Wasserhöhe, die ihrerseits bei maximalem Wasserstand ihr Maximum hat.

Ausgehend von Abbildung 11 lassen sich im Unterricht einige Fragen diskutieren, die zu einer systemdynamischen Modellierung der Situation führen können.

a) Inwieweit ist die grafische Gestaltung der beiden Achsen vernünftig? Wie könnte man mit Excel eine bessere Grafik erstellen?

b) Wann war das meiste Wasser im Teich?

c) Ist es ein Zufall, dass der Abfluss genau dort sein Maximum hat, wo sich Zufluss und Abfluss schneiden?

d) Wie viel Wasser hat der Teich zum Zeitpunkt seiner maximalen Füllung gespeichert? Warum hilft bei dieser Aufgabenstellung die formale Integralrechnung wenig und wie kann man sich anders behelfen?

e) Was bedeutet die Kurve des Hochwasserzuflusses?[13] Ist so ein Verlauf realistisch? Wie würde die Kurve aussehen, wenn die Hochwasserspitze längere Zeit anhalten würde?

f) Was bedeuten Pegelstände von Fließgewässern im Hinblick auf Stocks und Flows?[14]

g) Wie könnte man das Retentionsbecken „Jägersbleeker Teich bei Hochwasser" mit System Dynamics modellieren?

Zur letzten Frage möchte ich einen Vorschlag für ein einfaches SD-Modell bringen, das auch eine Antwort auf Frage d) liefert.

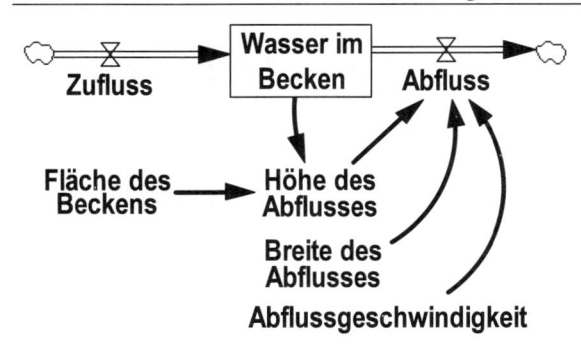

Abbildung 12 Stock-Flow-Diagramm von Retentionsbecken

Das Modell des Retentionsbeckens besteht aus einem Bestand, der die Wassermenge im Becken zu jedem Zeitpunkt angibt sowie einem Zufluss und einem Abfluss aus dem Becken. Zum Berechnen des Verlaufes brauchen wir einen Anfangsbestand an Wasser im Becken (das kann 0 sein) sowie Regeln, wie der Zufluss und der Abfluss je Zeitintervall berechnet wird. Für den Zufluss kann man die empirischen Daten aus Abbildung 11 als grafische Funktion oder als Tabellenfunktion in das System-Dynamik-Modell übernehmen. Der Abfluss des Beckens wird unter der Annahme modelliert, dass das Wasser mit konstanter Geschwindigkeit durch einen Kanal mit rechteckigem Querschnitt in einer Höhe austritt, die dem Wasserstand im Becken entspricht. Damit gilt

$$Abfluss = H\ddot{o}he \cdot Breite \cdot Flie\beta Geschw$$

Alle Größen müssen mit passenden Einheiten versehen werden. Dies könnte hier dadurch erfolgen, dass der Abfluss in m³/sec, die Höhe und Breite des Abflusskanals in m und die Abflussgeschwindigkeit in m/sec angegeben werden. Die Höhe des Abflusses kann aus dem Inhalt des Beckens und seiner Fläche errechnet werden:

$$H\ddot{o}he(m) = Wassermenge(m^3) / Fl\ddot{a}che(m^2)$$

Damit ist es möglich, mit Hilfe der extern steuerbaren Parameter Breite und Geschwindigkeit des Abflusses sowie der Fläche des Rückhaltebeckens die Abflussmenge pro Sekunde zu errechnen.

Die Berechnung des Bestandes erfolgt in der systemdynamischen Simulation in Zeitschritten gleicher Länge dt. Man errechnet den Bestand an Wasser zum Zeitpunkt $t_1 = t_0 + dt$ am Ende eines Simulationsintervalls, indem man den Bestand am Anfang des Intervalls mit den Zu- und Abflüssen während des Intervalls (t_0, t_1) saldiert:

$$Wasser(t_1) = Wasser(t_0) + dt*(Zufluss - Abfluss)$$

Dabei wird angenommen, dass der Zufluss und der Abfluss über das gesamte Simulationszeitintervall konstant bleiben[15]. Die Multiplikation mit dt ermittelt aus dem Fluss je Zeiteinheit die absolute Flussmenge über ein Zeitintervall der Dauer dt.

Durch Experimentieren mit verschiedenen Werten an Breite des Abflusses und Fläche des Rückhaltebeckens sowie der Abflussgeschwindigkeit kann man versuchen, das Abflussverhalten des Jägersbleeker Teiches aus Abbildung 11 in etwa zu rekonstruieren. Wählt man folgende Parameter: Beckenfläche = 300.000 m²; Breite des Abflusses = 2 m, Abflussgeschwindigkeit = 5 m/sec, dann ergibt sich in etwa das in der Grafik angegebene Abflussverhalten. Der Wasserstand im Teich steigt bei diesen Parametern um maximal 19 cm. Bei 100.000 m² Teichfläche müsste man die Breite des Abflusses bei gleicher Abflussgeschwindigkeit auf 70 cm reduzieren, um dasselbe Abflussverhalten zu erhalten. Der maximale Höhenzuwachs im Teich würde in diesem Fall etwa 56 cm betragen.

5.2.2 Bevölkerungsentwicklung

Ausgangspunkt für dieses Projekt ist das Stock-Flow-Diagramm von Abbildung 7. Um eine Bevölkerungsentwicklung konkret berechnen zu können, benötigt man Anfangswerte für die vier Altersgruppen, sowie altersgruppenspezifische Sterberaten und eine altersgruppenspezifische Geburtenrate. Alle diese Daten können zunächst einmal mit fiktiven Werten belegt werden, wobei die Wahl plausibler altersgruppenspezifischer Sterberaten und der altersgruppenspezifischen Geburtenrate durchaus eine kurze Diskussion wert ist. Das Berechnen der Anzahl der Personen, die in einem Jahr von einer Altersgruppe zur nächsten wechseln (z. B. die Anzahl der Personen, die in einem Jahr Alter 20 erreichen) kann durch folgende Näherung leicht bestimmt werden: Man dividiert die Anzahl der Personen in der Altersgruppe 0–19 durch die Breite der Klasse (20 Jahre) und nimmt damit an, dass jedes Jahr 1/20 aller Personen der Altersklasse 0–19 den 20. Geburtstag feiert und damit in die nächste Altersgruppe kommt.

In einer Erweiterung des Projekts kann man das Modell mit unterschiedlichen realen Daten füllen. Dabei ist die Frage der Ermittlung der Geburtenrate etwas heikel, wenn man annimmt, dass die Geburten nur von den 20–39-jährigen beigesteuert werden. Soll die Geburtenrate von der Anzahl aller Personen in der Population der 20–39-jährigen abhängen oder nur von der Zahl der Frauen in dieser Altersklasse? Eine einfache Lösung für diese Frage besteht darin, dass man ein Modell nur für die weibliche Bevölkerung rechnet und dabei die Geburtenrate nur für Mädchengeburten nimmt und auch die altersgruppenspezifischen Sterberaten nur für die weibliche Bevölkerung erhebt. Das empirische Erheben dieser Daten macht einigen Aufwand, weil dazu Rohdaten aus der öffentlichen Statistik entsprechend aufbereitet werden müssen, bis sie für die Simulation direkt verwendbar sind. Dieser Teil der Datenrecherche und der Datenaufbereitung ist vermutlich aufwändiger als die eigentliche Berechnung. In diesem Sinne kann man die Sache durchaus einfach halten, indem nur mit fiktiven Zahlen gerechnet wird.

5.2.3 Diskretes logistisches Wachstum

Das diskrete logistische Wachstum kann durch folgendes Stock-Flow-Diagramm dargestellt werden:

Abbildung 13 Stock-Flow-Diagramm logistisches Wachstum

Im Grunde basiert das logistische Wachstum auf dem Konzept eines exponentiellen Wachstums, das allerdings zusätzlich durch eine *Kapazitätsgrenze* beschränkt ist.

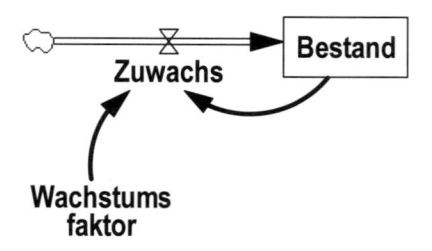

Abbildung 14 Stock-Flow-Diagramm Exponentielles Wachstum

Beim exponentiellen Wachstum ist der *Zuwachs* proportional zu *Bestand* und *Wachstumsfaktor*:

Zuwachs = Bestand · Wachstumsfaktor

Die Kapazitätsgrenze beim logistischen Wachstum kann man sehr einfach dadurch in das exponentielle Modell integrieren, indem man eine zusätzliche Größe *Freiraum* einführt, die angibt, welcher Anteil der möglichen Kapazität noch nicht genutzt wird. Der Freiraum ist eine Zahl zwischen 0 und 1. Er hat den Wert 1, wenn *Bestand* = 0 ist (und damit noch die gesamte mögliche Kapazität ungenutzt ist) und hat den Wert 0, wenn der *Bestand* die *Kapazitätsgrenze* erreicht hat. Es gilt:

Freiraum = 1 – Bestand/Kapazitätsgrenze

Der Zuwachs ist im logistischen Modell proportional zu allen drei Eingangsgrößen Bestand, Wachstumsfaktor und Freiraum:

Zuwachs = Bestand · Wachstumsf · Freiraum

Wenn der *Bestand* sehr klein (im Vergleich zur *Kapazitätsgrenze*) ist, dann ist der *Freiraum* nur knapp unterhalb von 1 und das Wachstum entspricht in etwa dem Wachstum beim exponentiellen Modell. Bei Erreichen der *Kapazitätsgrenze* wird *Freiraum* = 0 und damit auch der *Zuwachs* = 0, egal, wie groß der *Bestand* bzw. der *Wachstumsfaktor* sein mögen. Mit dem Konzept des *Freiraums* lässt sich ein diskretes logistisches Modell mit elementaren Mitteln modellieren.

Mit dem vorliegenden logistischen Modell lassen sich eine Reihe von schönen Anwendungsphänomenen zeigen. Wenn man das Modell etwa als Modell der Verbreitung eines Produkts bei beschränkter Marktkapazität sieht, dann kann man in der Simulation schön nachweisen, dass eine Erhöhung der Kapazitätsgrenze bei gleichbleibenden Wachstumsfaktor den Zeitraum, bis diese Grenze erreicht wird, nur unwesentlich verlängert. Will man den Zuwachs (der im Falle der Produktverbreitung der Produktion des betreffenden Produkts entspricht) auf einen längeren Zeitraum ausdehnen, dann ist eine *Reduktion* des Wachstumsfaktors das einzige probate Mittel.

Ein weiteres interessantes Phänomen kann beobachtet werden, wenn die Information über den gewachsenen Bestand den Zuwachs erst mit einer gewissen Zeitverzögerung erreicht. Diese Zeitverzögerung kann am einfachsten durch eine Verlängerung des Zeitschritts *dt* modelliert werden. Bei Verlängerung des Zeitschritts bei ansonsten gleich bleibenden Modellparametern zeigt das Modell das typische Verhalten der logistischen Iteration $x_{n+1} = r \cdot x_n \cdot (1-x_n)$. Bei einer Erhöhung des Parameters *r* (was analog einer Erhöhung des Zeitschritts *dt* im logistischen Simulationsmodell entspricht) strebt das System zunächst zu einem Fixpunkt, oszilliert nach einer Bifurkation bei weiterer Erhöhung zwischen zwei Punkten, danach bilden sich Grenzzyklen von vier, acht sechzehn, ... Punkten aus (Periodenverdopplung), um schließlich für noch größere Werte von *r* (bzw. *dt*) chaotisch zu werden[16]. Auf diese Weise kann das logistische Simulationsmodell durch eine simple Erhöhung des Zeitschrittes *dt* auch als ein Einführungsbeispiel in oszillierende bzw. sogar chaotische Systeme dienen. Es lässt sich auch ganz einfach experimentell zeigen, dass der einzige Weg, die Oszillationen bzw. das Chaos wieder zu stoppen, entweder durch eine Reduktion des Zeitschritts *dt* oder eine Reduktion des Wachstumsfaktors möglich ist.

Die Problematik, dass Systeme bei großem Zeitschritt und großen Veränderungsfaktoren instabil werden, findet sich genauso bei Regelsystemen, bei denen durch Rückkoppelung ein Gleichgewicht erreicht werden soll (z. B. einen Thermostaten). Ist in die Rückkoppelung eine Zeitverzögerung eingebaut, so kann dies das System vollkommen instabil machen. Zum Stabilisieren muss dann der Anpassungsfaktor (der ganz grob gesprochen dem Wachstumsfaktor beim logistischen Modell entspricht) verringert werden. In Situationen, bei denen ein großer Zeitschritt *dt* unvermeidlich ist (ein Bauer kann z. B. nur einmal im Jahr entscheiden, wie er seine Felder anbaut), ist es für eine langfristig stabile Entwicklung unerlässlich, dass Anpassungsschritte zum Erreichen eines Gleichgewichts nur sehr behutsam erfolgen, um das System nicht in eine turbulente Entwicklung zu stürzen.

6 Conclusio

Systemdenken hat oft mit dem Verstehen von zeitlichen Prozessen zu tun. Dabei ist in vielen Fällen eine Unterscheidung von Beständen und Flüssen unerlässlich. Umgekehrt führt eine Verwechslung von Beständen und Flüssen zu fatalen Fehlschlüssen. Obwohl es sich um eine elementare Kompetenz handelt, zeigen Untersuchungen, dass auch hochgebildete Menschen bei der Unterscheidung von Beständen und Flüssen große Probleme haben. Hier hilft ein Zeitkonzept, das Zeit als

Abfolge von Zeitpunkten und Zeitintervallen sieht und die Bestandsgrößen Zeitpunkten und die Flussgrößen Zeitintervallen zuordnet.

Anwendungsorientierter Mathematikunterricht bietet sich an, diese Fragen der Modellierung von Zeit zu thematisieren und ein Verständnis für den Unterschied zwischen Stocks und Flows zu entwickeln. Dies ist schon anhand von elementaren Beispielen mit einem gewissen Anwendungsbezug möglich.

Literatur

Booth Sweeney, L.; Sterman, J. (2000). Bathtub Dynamics: Initial Results of a Systems Thinking Inventory. *System Dynamics Review, 16, Nr. 4*, S. 249–286.

Cronin, M. A.; Gonzalez, C. (2007). Understanding the building blocks of dynamic systems. *System Dynamics Review, 23, Nr. 1*, S. 1–17.

Cronin, M A.; Gonzalez, C.; Sterman, J. (2009). Why Don't Well-Educated Adults Understand Accumulation? A Challenge to Researchers, Educators, and Citizens. *Organizational Behavior and Human Decision Processes, 108, Nr. 1*, S. 116–130.

Hirsch, R. (2005). The Inevitable Peaking of World Oil Production. *Bulletin of the Atlantic Council of the United States, Vol. XIV, No 3*, October 2005.

Kainz, D.; Ossimitz, G. (2002). Can Students Learn Stock-Flow-Thinking? An Empirical Investigation. *Proceedings of the International System Dynamics Conference*. Palermo, Italy.

Kubicek, A. (2008). *Dynamische Prozesse im Mathematikunterricht Dissertation*, Johannes-Kepler-Universität Linz, Linz.

Ossimitz, G. (1990). *Materialien zur Systemdynamik*. Wien: hpt.

Ossimitz, G. (2000). *Entwicklung systemischen Denkens. Theoretische Konzepte und empirische Untersuchungen*. München: Profil.

Ossimitz, G. (2001). *Endbericht zum Projekt: Unterscheidung von Bestands- und Flussgrößen*. Manuskript, Universität Klagenfurt.

Ossimitz, G. (2002). Stock-flow-thinking and reading stock-flow-related graphs: An empirical investigation in dynamic thinking abilities. *Proceedings of the International System Dynamics Conference*. Palermo, Italy.

Ossimitz, G.; Lapp, C. (2006). *Das Metanoia-Prinzip. Eine Einführung in systemgerechtes Denken und Handeln*. Hildesheim: Franzbecker.

Ossimitz, G.; Mrotzek, M. (2008). The Basics of System Dynamics: Discrete vs. Continuous Modelling of Time. *Proceedings of the International System Dynamics Conference*, Athens, Greece.

Ossimitz, G.; Hanfstingl, B.; Mrotzek, M.; Schenk, M. (2009). *A Discrete Concept of Time helps to discern between Stocks and Flows: Findings of an Empirical Study*. Manuskript, Universität Klagenfurt.

Senge, P. (1996). *The Fifth Discipline. the art and practice of the learning organization*. New York: Doubleday.

Sterman, J. (2000). *Business Dynamics. Systems Thinking and Modeling for a Complex World*. Boston: Irwin McGraw-Hill.

Links[17]

http://jsterman.scripts.mit.edu/On-Line_Publications.html

http://jsterman.scripts.mit.edu/On-Line_Publications.html

http://newwebsite.pagnet.org/documents/GTSEP/HirschPOintro.pdf

http://wwwu.uni-klu.ac.at/gossimit/pap/kainz_ossimitz.pdf

http://wwwu.uni-klu.ac.at/gossimit/proj/bf/bf_endber.pdf

http://wwwu.uni-klu.ac.at/gossimit/pap/sfthink.pdf

http://wwwu.uni-klu.ac.at/gossimit/pap/GO.albuquerque.pdf

Anmerkungen

[1] Diese Geschichte ist nicht völlig frei erfunden, sondern ist stark vereinfacht einer klassischen Studie zum Supply-Chain-Management beim italienischen Pasta-Produzenten Barilla nachempfunden.
http://home.comcast.net/~wade.mckelvey/barilla.pdf

[2] Dahinter verbirgt sich einfach eine lineare Regression, angewandt auf die Zeitreihe der Absatzdaten.

[3] Die deutschsprachige Bezeichnung „Flussdiagramm" ist mehrdeutig: Neben Stock-Flow-Diagrammen werden auch Programmablaufpläne der Informatik oder auch Organisationsablaufpläne werden als Flussdiagramme bezeichnet.

[4] Sowohl im Deutschen als auch im Englischen sind mehrere synonyme Bezeichnungen üblich. Für Bestandsgrößen werden auch die Bezeichnungen *Zustandsgröße* bzw. englisch *state variable* oder *level* verwendet, für Flussgrößen gibt es auch die Bezeichnungen *Veränderungsgröße*, *Rate* bzw. *Flussrate* sowie Englisch *rate* bzw. *flow-rate*.

[5] Bis Mitte der 1990er sind die bekannten Erdölvorräte der Welt sogar gestiegen, weil mehr Vorkommen entdeckt wurden als gefördert wurde. In den letzten Jahrzehnten häufen sich allerdings die Verdachtsmomente, dass die damals publizierten „Erdölvorräte" aus politischen Gründen höher angesetzt wurden. (vgl. Hirsch 2005).

[6] Dies erklärt, warum Schätzungen der weltweiten Erdölvorräte (auch jenseits politisch motivierter Manipulationen) im Laufe der Jahre immer wieder revidiert wurden.

[7] Die Bezeichnung dt ist in der Systemdynamik für die (endliche) Simulationsschrittweite üblich. Dass diese Bezeichnung mit dem infinitesimalen dt der Mathematik übereinstimmt, ist eine gewisse Pikanterie, die die Unterscheidung zwischen dem diskreten und dem kontinuierlichen Zeitmodell schwierig macht.

[8] In der Auswertung dieser Aufgabe wurden sehr großzügig jede der Lösungen 27. Dez. / Nacht von 27. auf 28. Dez. / 28. Dez. als korrekt gewertet.

[9] Diese Zusatzhilfe hat man nur dann, wenn die Daten als Liniendiagramm gegeben sind.

[10] Da hier nur die zwei Antwortmöglichkeiten „stimmt" bzw. „stimmt nicht" zur Auswahl standen, erreicht man eine Performance von etwa 50 % auch dann, wenn alle Versuchspersonen gar kein Wissen einsetzen und ihre Antwort rein per Zufall durch Münzwurf ermitteln.

[11] Dabei gibt es in der IBO-Musterlösung noch Zusatzpunkte, wenn die Schüler/innen experimentell ermitteln, ob eine lineare oder exponentielle Regressionsfunktion zu einem besseren Fit der Daten führt.

[12] An der Drau in Kärnten werden Hochwässer seit Jahrzehnten erfolgreich abgefangen, indem die Kraftwerksbetreiber unmittelbar nach hohen Niederschlägen im Einzugsgebiet die Stauseen der Draukraftwerkskette so weit leeren, dass die Flutwelle über die einzelnen Stauseen verteilt abgepuffert werden kann. Wesentlich dafür ist ein rechtzeitiges Öffnen der Schleusen schon vor Eintreffen der Flut, damit für die Flut ausreichend Füllraum vorhanden ist.

[13] Die Kurve zeigt ein rasantes lineares Ansteigen auf eine kurze Hochwasserspitze, danach sofort wieder Rückgang des Zuflusses.

[14] Diese Frage ist insofern trickreich, als ein Pegel „stand" in Wahrheit keinen Bestand, sondern einen Durchfluss an Wasser an einer bestimmten Stelle des Flusslaufes misst. Da es möglich ist, zeitpunktbezogen eine momentane Durchflussmenge (anhand des momentanen Pegelstandes und der momentanen Durchflussgeschwindigkeit) zu ermitteln, haben wir hier einen Fall vor uns, der für das kontinuierliche Zeitmodell typisch ist: Die Unterscheidung von Stocks und Flows ist nicht mehr so einfach.

[15] Durch die Wahl entsprechend kleiner Zeitintervalle kann der dabei entstehende Fehler klein gehalten werden. Oder man nutzt mit einer Systemdynamiksoftware höhere Integrationsverfahren, wie Runge-Kutta 4. Ordnung. Wenn man die Simulation mit Excel rechnet, ist die Wahl einer ausreichend kleinen Schrittweite die einfachste Option.

[16] Näheres dazu in Ossimitz/Lapp 2006, S. 123 ff.

[17] Alle Web-Links wurden am 12. 7. 2010 überprüft.

Die Herausgeberin und die Herausgeber, die Autorinnen und Autoren

Astrid Brinkmann ist seit 2006 Dozentin am Institut für Didaktik der Mathematik und Informatik der Westfälischen Wilhelms-Universität Münster.

Nach dem Studium der Mathematik, Chemie und Physik lehrte sie an verschiedenen Schulen und Hochschulen und arbeitete an mehreren Projekten an der Schnittstelle Schule-Hochschule. 2002 promovierte sie mit einer Arbeit „Über Vernetzungen im Mathematikunterricht" an der Universität Duisburg. Im Mittelpunkt ihrer Forschungs- und Entwicklungsarbeit stehen Vernetzungen im Mathematikunterricht und mathematischen Anwendungen. 2009 gründete sie den GDM-Arbeitskreis „Vernetzungen im Mathematikunterricht".

Jürgen Maaß ist Professor für Didaktik der Mathematik an der Johannes Kepler Universität Linz in Österreich.

Seine Arbeitsschwerpunkte sind: Mathematiklehrer/innenaus- und -weiterbildung, Realitätsbezogener Mathematikunterricht, Mathematik in der Erwachsenbildung, Computer und Lernen, gesellschaftliche Verantwortung von Wissenschaft.

Hans-Stefan Siller ist Fachdidaktiker aus Mathematik an der Paris Lodron Universität Salzburg. Er ist zudem Projektmitarbeiter am Österreichischen Kompetenzzentrum für Mathematikdidaktik, im Rahmen der standardisierten schriftlichen Reifeprüfung aus Mathematik.

Seine Arbeitsschwerpunkte sind: Mathematische Modellierung (Entwurf und Ausarbeitung von Aufgaben zum Modellbilden bzw. zur Modellierung), Entwurf und Bewertung von Unterrichtsmodellen für den Einsatz Neuer Medien im Mathematikunterricht mit besonderer Berücksichtigung von Computer Algebra Systemen, Methodik und Didaktik der Unterrichtsfächer Informatik – Kompetenzen für einen sinnstiftenden Informatikunterricht, Neue Aufgabenkultur bei der Einführung von Bildungsstandards im Fach Mathematik, standardisierte schriftliche Reifeprüfung aus Mathematik

Christoph Ableitinger arbeitet als wissenschaftlicher Mitarbeiter im Bereich Didaktik der Mathematik an der Universität Duisburg-Essen.

Er beschäftigt sich mit Anwendungen im Mathematikunterricht und mit Mathematikdidaktik an der Schnittstelle zwischen Schule und Hochschule.

Matthias Brandl studierte Mathematik, Physik und Erziehungswissenschaften an der Universität Bayreuth. Seit 2007 arbeitet er am Lehrstuhl für Didaktik der Mathematik der Universität Augsburg. Sein Forschungsfeld ist u. a. die adäquate Förderung von begabten und interessierten Schülerinnen und Schülern im Mathematikunterricht.

Hans Humenberger ist seit 2005 Professor für Mathematik mit besonderer Berücksichtigung der Didaktik der Mathematik an der Fakultät für Mathematik der Universität Wien. 2000 – 2005 war er Oberassistent an der Universität Dortmund.

Seine Arbeitsgebiete sind: Didaktik der Mathematik (Mathematik als Prozess, realitätsbezogener Mathematikunterricht – „Anwendungsorientierung", Problemlösen – Heuristik) und Elementarmathematik.

Swetlana Nordheimer arbeitet an der Humboldt-Universität zu Berlin.

Im Rahmen ihres Dissertationsvorhabens beschäftigt sie sich mit dem Thema innermathematischer Vernetzungen im Unterricht der Sekundarstufe I. Gemeinsam mit Lehrer/innen und Schüler/innen entwickelt sie dafür Lernumgebungen und probiert diese an verschiedenen Grund-, Gesamtschulen und Gymnasien aus.

Reinhard Oldenburg ist Professor am Institut für Didaktik der Mathematik und Informatik an der Goethe-Universität Frankfurt/Main.

Seine Arbeitsschwerpunkte sind: Didaktik der Algebra, insbesondere Computereinsatz und Modellbildung im Algebraunterricht; Genetischer Informatikunterricht.

Günther Ossimitz arbeitet als Professor für Didaktik der Mathematik am Institut für Mathematik der Universität Klagenfurt. Seine Forschungsschwerpunkte liegen im Bereich systemisches/vernetztes Denken und Handeln, Modellierung von Systemen – insbesondere mit Zeitbezug; System Dynamics sowie Selbstorganisation.

Seit 2000 lehrt er regelmäßig als Gastdozent im Bereich Umweltsystemwissenschaften an der Universität Graz.

Berthold Schuppar ist seit 1982 Studienrat i. H. am Institut für Entwicklung und Erforschung des Mathematikunterrichts der TU Dortmund.

Seine Arbeitsgebiete sind: Elementarmathematik im Hinblick auf die Lehrer/innen-Ausbildung für die Primarstufe und die Sekundarstufe I, mit besonderer Berücksichtigung des Einsatzes von Computerwerkzeugen.

Michael Wildt, Münster, ist Gesamtschullehrer mit den Fächern Mathematik, Pädagogik, Informatik und Ethik, praktischer Lehrerausbilder (Mathematik) am Studienseminar Münster und Mitglied der regionalen Lehrerfortbildungsstruktur in Nordrhein-Westfalen (Kompetenzteam Steinfurt). Überregional arbeitet er als Schulberater für heterogenitätsorientierte Unterrichtsentwicklung. Er ist Vorstandsmitglied des ‚Systemischen Forums Niedersachsen'.

Schriftenreihe

Mathe vernetzt

Anregungen und Materialien für einen vernetzenden Mathematikunterricht

E-Mail-Liste der Autoren

Christoph Ableitinger
christoph.ableitinger@uni-due.de

Matthias Brandl
matthias.brandl@math.uni-augsburg.de

Astrid Brinkmann
astrid.brinkmann@math-edu.de

Hans Humenberger
Hans.Humenberger@univie.ac.at

Jürgen Maaß
juergen.maasz@jku.at

Swetlana Nordheimer
nordheim@mathematik.hu-berlin.de

Reinhard Oldenburg
oldenbur@math.uni-frankfurt.de

Günther Ossimitz
guenther.ossimitz@uni-klu.ac.at

Berthold Schuppar
berthold.schuppar@tu-dortmund.de

Hans-Stefan Siller
hans-stefan.siller@sbg.ac.at

Michael Wildt
miwildt@freenet.de